AF349211

La invasión de los robots y otros relatos de economía en colores

La invasión de los robots y otros relatos de economía en colores

XAVIER SALA I MARTÍN

Traducción de
Gustau Raluy Bruguera

conecta

Papel certificado por el Forest Stewardship Council®

Título original: *La invasió dels robots i altres relats d'Economia en colors*

Primera edición: marzo de 2019

Printed in Spain — Impreso en España

ISBN: 978-84-16883-48-6
Depósito legal: B-10.835-2018

Compuesto en La Nueva Edimac, S. L.

Impreso en Black Print CPI Ibérica
Sant Andreu de la Barca (Barcelona)

C N 8 3 4 8 6

Penguin
Random House
Grupo Editorial

Para Sílvia, con todo mi amor

Índice

El cristal transparente 15

1
Los enemigos de la innovación

El fracaso de Nokia 23
El fundamentalismo religioso 25
La autarquía 27
Una educación inadecuada 32
La centralización del conocimiento 34
El ludismo 36
El enemigo en casa: el éxito de Nespresso 41

2
Paciencia y tentación

Ulises y las sirenas 47
La paciencia en la economía 50
El Marshmallow Test 51
Y vosotros, ¿sois pacientes? 54
¿Estamos condenados? 56

La familia 60
Ulises y las sirenas 63

3
Lo que no se ve

Los aborígenes de la Melanesia y Sherlock Holmes 65
El efecto cobra 67
El coste de oportunidad 73
Los costes no monetarios 75
La paradoja de los cristales rotos 77
La falacia de composición 79
¿Causalidad o casualidad? Angela Merkel y los aborígenes
    de la Melanesia 82

4
La tiranía de los expertos

Los augures de Roma 87
Un coche con el parabrisas tapado 90
Cisnes negros. 97
El efecto aura 100
El coste de ir a la hemeroteca 101
Ilusión estadística 103
¿Cinismo o psicología? 104
La diana de ESADE y los augures del César 106

5
Las reglas del juego

David y Goliat 109
Las luces de Corea 113

¿Por qué fracasan los países? 118
De nuevo, el problema de los incentivos 120
Hombre rico, hombre pobre 124
¿De dónde provienen las instituciones?: las colonias
    españolas 126
Estados Unidos y las colonias inglesas 131
El papel de las personas 135
De nuevo David y Goliat 136

6

La invasión de los robots

El fin del imperio del caballo 139
La creación de ocupación 143
El abaratamiento de los productos 145
La transición 149
¿Qué hacer? 150
La invasión de los robots 153
Adán y Eva 155

7

Tramposos, mentirosos y estafadores

El caballo de Troya 159
Fraudes por doquier 161
La estafa piramidal 163
Elixires mágicos y drogas milagrosas 165
Publicidad engañosa 168
Políticos mentirosos y corruptos 170
Estafas bancarias 171
Los abusos de los monopolios 173
¿Por qué hay estafadores?: Gary Becker y la escuela de
    Chicago 174

¿Por qué existen los estafadores?: la economía conductual . . 176
¿Coste-beneficio o cultura? 178
Finalmente: ¿por qué picamos? 180
Epílogo 182

8
¿Cobra demasiado Messi?

El meme de Michael Jordan 183
Salarios y ética 185
Salarios y productividad 186
Capital físico, capital humano, progreso tecnológico 188
Henry Ford y los salarios de eficiencia 189
Los goles de Messi: bienes no rivales 191
Bienes no excluyentes 193
Bienes públicos 194
Los clubes de fútbol 195
Productos relativos 196
Economía de las superestrellas 198

9
La propiedad

El contrato de Xiaogang 201
La economía de mercado: cooperación a gran escala 205
Fracasos del mercado (1): las externalidades 212
El teorema de Coase 215
Fracasos del mercado (2): bienes públicos 219
Fracasos del mercado (3): bienes comunales 222

10
La «fiesta perfecta»

Los regalos de Navidad 227
El papel de los precios en la economía de mercado: las flores 231
La discriminación de precios: los libros 235
La paradoja de la Barbie 237
La economía del amor 238
Información incompleta y selección adversa 241
Citas rápidas 243
Economía de los regalos: teoría de las señales y la paradoja
    de la elección 246

11
¿El dinero da la felicidad?

Canciones preferidas 249
La paradoja de Easterlin 250
¿Qué es la felicidad? 252
La biología de la felicidad 254
El budismo y la felicidad 257
Daniel Kahneman: la psicología aplicada a la economía . . . 259
El dinero sí compra la memoria de la felicidad… 265
… pero no siempre da la felicidad instantánea 266

12
Los datos de nuestra historia

El naufragio del *Essex* 269
El stick de hockey 274
¿Qué significa ser «pobre»? 278
Individuos y no medias: la distribución mundial de la renta 283
Desigualdades de renta 293

Mortalidad infantil 295
Salud: esperanza de vida 298
La natalidad 300
Población mundial 303
El mundo mejora, y mejora mucho... 306
... ¡pero la gente no lo sabe!: Proyecto ignorancia 306

Epílogo

El cristal de Murano 311

Agradecimientos 317

El cristal transparente

El 12 de abril de 1204 Constantinopla cayó en manos de las tropas cruzadas. Al no haber querido rendirse el rey bizantino a los invasores, estos saquearon brutalmente la ciudad. El antiguo derecho militar amparaba el saqueo de una ciudad cuando esta no había aceptado la rendición ofrecida por los atacantes. Así pues, durante tres días los soldados cruzados robaron todo lo que pudieron e hicieron uso de una violencia y una crueldad inusitadas. La caída de Constantinopla marcó un punto de inflexión en la historia de Occidente. Se han escrito centenares de libros y trabajos de investigación en los que se explica cómo este saqueo redibujó fronteras, provocó la caída de imperios y dinastías, o cambió el equilibrio del poder religioso en el seno del cristianismo y entre el cristianismo y el islam.

Sin embargo, los analistas de la época no se percataron de un fenómeno aparentemente insignificante, pero que acabó teniendo una importancia mucho más fundamental de lo que cuentan los libros de historia: una pequeña comunidad de vidrieros perdió sus negocios y se escapó de la ciudad. La huida de Constantinopla de miles de trabajadores de todo tipo de oficios fue un fenómeno generalizado. Pero pocas migraciones tuvieron tanto impacto como la de los vidrieros que se instalaron en Venecia, una ciudad próspera donde creyeron que sus productos podrían tener un buen mercado.[1]

1. Para leer una versión mucho más completa y detallada de la historia del cristal, véase *How We Got to Now* de Steven Johnson, Riverhead Books, Nueva York, 2014.

Emplazados en el centro de la ciudad, los recién llegados tardaron poco en convertir su producto, el vidrio, en uno de los productos preferidos de los comerciantes venecianos, que lo exportaron a los rincones más lejanos del mundo conocido, como China, India, África o el norte de Europa. Este comercio les generó una prosperidad económica que duró casi cien años. Sin embargo, en el año 1291 las autoridades de la ciudad decidieron cerrar todas las fundiciones de vidrio y echar de Venecia a todos los vidrieros. Esta sorprendente decisión política quizá pueda parecernos delirante, habida cuenta de la riqueza que el negocio de los vidrieros generaba para la ciudad. Pero hay dos factores importantes que hay que tomar en consideración: el primero es que para obtener vidrio se debe fundir dióxido de silicio, y para ello hay que disponer de hornos que alcancen una temperatura de 1.400 grados centígrados. El segundo factor es que los edificios que había en Venecia en aquella época eran todos de madera, ya que los grandes palacios y las casas de piedra que los turistas identificamos con la arquitectura veneciana no fueron construidos hasta siglos más tarde. Y, claro está, cuando hay docenas de talleres con hornos a 1.400 grados de temperatura en medio de una ciudad de madera, se corre el riesgo de que un leve incidente acabe convirtiendo toda la ciudad en un gigantesco montón de ceniza. Después de varios incendios catastróficos, las autoridades, cansadas del peligro que suponían los vidrieros y sus hornos, tomaron la decisión de expulsarlos.

Pero el negocio del cristal era tan provechoso para Venecia que el propio duque ordenó habilitar una isla que se encuentra a un kilómetro de la ciudad para acoger a los manufactureros del vidrio. Aquella isla se llamaba (y todavía se llama) Murano. Las autoridades obligaron a los vidrieros a emigrar a la isla, y les prohibieron por ley salir de allí, bajo pena de muerte. Eso sí, dentro de la isla, gozaban de todo tipo de libertades e incluso privilegios. Por ejemplo, podían llevar espada (lo que no podía hacer el resto de la población veneciana) y no podían ser perseguidos por las autoridades de la República. Además, en Murano tenían libertad total para crear, innovar y producir tanto cristal como desearan, y podían hacerse ricos con los frutos del trabajo. ¡Y vaya si lo hicieron! Al tener a tantos expertos concentrados en un área tan pequeña, se creó una especie de «Silicon Valley del cristal» donde la creatividad y la innovación transformaron el sector. Debido a la competencia entre las diferentes familias, todos intentaban mejorar sus diseños, aumentar la calidad y realizar productos nuevos y diferentes. Y, aún más, la proximidad entre unos y otros posibilitó que los nuevos conocimientos, los nuevos diseños o las nuevas formas de manufacturar el vidrio se extendieran inevitablemente a toda la comunidad de Murano: cada innovación era conocida de inmediato por el resto de los habitantes que, a su vez, la utilizaban como base para nuevas innovaciones. El resultado de todo ello fue que aquel pequeño grupo de vidrieros se convirtió en un gran polo innovador, en el que las ideas aparecían y fluían constantemente. Sin saberlo o quererlo, el gobierno de Venecia había creado lo que hoy en día los economistas llaman «clúster de innovación» en el sector del cristal.

En pocos años, Murano pasó a ser conocida como «la isla del cristal» y sus cristalerías, barrocamente ornamentadas, se convirtieron en un símbolo de riqueza y ostentación entre la nobleza y la cada vez más rica burguesía europea. Todavía hoy, más de ocho siglos después de que aquellas familias escaparan despavoridas de Constantinopla, sus descendientes continúan diseñando, ideando, inventando y fabricando unos productos de vidrio que gozan de fama y reputación mundial. Además de nuevas maneras de diseñar cristalerías, los vidrieros de Murano crearon el vidrio esmaltado (*smalto*), el vidrio con hilos de oro (*aventurine*), el vidrio multicolor (*millefiori*), el vidrio de leche (*lattimo*) o las gemas de cristal.

Sin embargo, el invento que cambió el mundo fue idea de un tal Angelo Barovier. Después de experimentar con todo tipo de materiales, Barovier tomó unas algas ricas en óxido de potasio, las quemó y mezcló sus cenizas con el vidrio fundido. El resultado fue un vidrio extraordinariamente claro y transparente. Él lo llamó *cristallo* (cristal). El vidrio transparente era bello porque dejaba pasar la luz y permitía ver perfectamente lo que había al otro lado, una característica de gran utilidad para las ventanas que conocemos hoy en día. Pero tenía otra característica aún más importante: distorsionaba y doblaba la luz que lo atravesaba. En parte gracias a los experimentos del monje inglés Roger Bacon, los vidrieros se dieron cuenta de que si fabricaban un vidrio transparente dándole una forma convexa (forma de lenteja), los objetos del otro lado del cristal se veían aumentados. Es decir, el vidrio se convertía en una lupa que permitía ver cosas que a simple vista a veces no podían ser observadas.

El nuevo invento fue como el agua bendita caída del cielo para todos aquellos orfebres, joyeros y monjes que, de pronto, pudieron poner una gran lupa entre su cara y el papel sobre el que estaban escribiendo o la joya que estaban diseñando. Y así pudieron continuar trabajando cuando empezaban a perder la vista.

Varios años más tarde (no se sabe exactamente cuántos), en algún lugar del norte de Italia (no se sabe con exactitud cuál), otro vidriero (no se sabe exactamente quién) tuvo la idea de sustituir aquellas lupas gigantes por dos pequeños cristales redondos en forma de lenteja de unos centímetros de diámetro y fijarlos a un arco metálico para apoyarlos justo sobre la nariz. Y así inventó las gafas. A raíz de la forma de lenteja de los cristales, aquel nuevo aparato fue bautizado con el nombre de «lentes» (*lente* en latín significa «lenteja»).[2]

De entrada, el invento de las lentes benefició a muy pocos. Supongo que, igual que hoy en día, en aquella época había gente que no veía bien de cerca porque sufría hipermetropía, astigmatismo o presbicia (vista cansada). Lo que ocurría es que la mayor

---

2. Las primeras gafas carecían de las varillas de apoyo en las orejas y se sostenían únicamente sobre la nariz. Otras gafas iban montadas en una varilla que el usuario utilizaba para acercárselas a la cara cuando quería mirar de cerca. Las gafas con varillas laterales, tal como las conocemos hoy en día, no llegaron hasta 1727.

parte de ellos no lo sabía. Para darte cuenta de que no ves bien de cerca debes tener la costumbre de mirar objetos pequeños desde cerca. Actualmente nos enteramos de que tenemos vista cansada cuando no vemos bien las letras de un libro o de un menú de restaurante. El problema, en el siglo xiv, era que la mayor parte de la gente era analfabeta y, por lo tanto, no leía. Tampoco practicaba ninguna actividad que requiriera ver objetos pequeños a poca distancia. Los únicos que lo hacían eran los artesanos (como joyeros y orfebres) que manipulaban objetos pequeños, y los monjes de los monasterios, que escribían los libros a mano bajo la luz temblorosa de las velas.

Todo esto cambió con la llegada de la imprenta. En 1450 Johannes Gutenberg inventó una manera de reproducir documentos mecánicamente y eso redujo los costes de producción de los libros. De repente, las masas pudieron permitirse algo que hasta entonces solo estaba al alcance de los monjes y los nobles: ¡leer! Millones de personas de todo el mundo aprendieron a leer y las tasas de analfabetismo empezaron a bajar. El proceso se aceleró con la aparición del primer periódico, el *London Gazette*, en 1665. La democratización de la lectura tuvo una consecuencia inesperada: ¡muchísima gente se dio cuenta de que no veía bien! Y, a consecuencia de ello, las gafas se convirtieron en un objeto de primera necesidad para millones de lectores… ¡y en un negocio para los emprendedores que supieron verlo! Durante el siglo que siguió al de la invención de la imprenta aparecieron miles de fabricantes de gafas en todo el mundo. El negocio de las gafas no ha parado de crecer desde entonces, y se calcula que hoy en día genera unos 90.000 millones de dólares anuales.

Pero la cosa no acabó con las gafas. A mediados del siglo xvi, en Europa había infinidad de innovadores que experimentaban con las propiedades ópticas del vidrio transparente. En 1590, en un pequeño pueblo holandés, dos fabricantes de gafas llamados Hans y Zacharias Janssen (que eran padre e hijo) colocaron dos lentes no de lado, sino una detrás de la otra. Después de cientos de pruebas, acabaron patentando un aparato que tuvo unas consecuencias sobre el bienestar de la humanidad aún más importantes que las de las gafas: el microscopio. Gracias a aquel artefacto, los científicos descubrieron un mundo de seres vivos que convivían con los humanos, pero que nunca habían podido ser observados: virus, bacterias, hongos y todo tipo de microbios. Enseguida se descubrió que algunos de estos microorganismos eran esenciales para nuestra supervivencia, pero también que muchos otros eran los causantes de las enfermedades y las epidemias que han devastado a la humanidad a lo largo de la historia. Gracias a este descubrimiento los científicos desarrollaron vacunas, medicamentos, antibióticos y normas sanitarias de higiene, como el hecho de que los médicos se laven las manos antes de tocar a los pacientes. También descubrieron que si añadían un poco de cloro al agua se evitaban epidemias como el tifus o el cólera.[3] Todos estos descubrimientos redujeron drásticamente la mortalidad infantil y contribuyeron a aumentar nuestra esperanza de vida. Es difícil pensar en algo que haya tenido más impacto en el bienestar humano que la disminución del número de niños que mueren antes de la edad de cinco años.

Casi veinte años después de haber inventado el microscopio, en 1608, el propio Zacharias Janssen, juntamente con otros ópticos holandeses, inventó el telescopio. Los militares no tardaron ni un minuto en dar una utilidad bélica a aquel nuevo artefacto que permitía observar desde la distancia los movimientos del enemigo con detalle y precisión. Pero el impacto realmente impor-

---

3. Cuando el doctor norteamericano John Leal, de New Jersey, propuso clorar el agua para limpiarla de los patógenos que mataban a los seres humanos, los químicos de la época lo acusaron de terrorista. En efecto, los químicos argumentaban que el cloro es un producto tóxico que mata a los humanos si se toma en cantidades elevadas. Sin embargo, Leal demostró que pequeñas cantidades de cloro en el agua son mortales para los microbios, pero inofensivas para los humanos. Para llegar a esta conclusión, tuvo que llevar a cabo miles de pruebas con diferentes proporciones de cloro y agua hasta encontrar la medida correcta. Para realizar estos experimentos utilizó, lógicamente, el microscopio, pero también utilizó otro aparato de vidrio transparente que resultó clave para la historia de la ciencia: ¡la probeta!

tante de aquel invento holandés llegó al cabo de dos años, cuando Galileo lo mejoró y apuntó con él al firmamento para analizar los puntos luminosos que aparecían cada noche en el cielo y que intrigaban a la humanidad desde el principio de los tiempos. Al observar Júpiter, vio que a su alrededor giraban cuatro lunas, a las que dio los nombres de Calisto, Europa, Ganímedes e Io. También se dio cuenta de que el movimiento de aquellas lunas alrededor del planeta no era circular sino elíptico, tal como había predicho el astrónomo alemán Johannes Kepler. Fue un descubrimiento muy significativo porque la «teoría» convencional aceptada por la Iglesia cristiana era que el Sol, la Luna y los planetas estaban pegados a una especie de esferas transparentes que daban vueltas alrededor de la Tierra impulsadas por unos ángeles. Cuando Galileo vio que había lunas que no giraban alrededor de la Tierra, sino alrededor de Júpiter, y observó que el movimiento de estas lunas era elíptico (lo cual lo hacía incompatible con la teoría de las megaesferas transparentes), la visión cristiana del universo empezó a agrietarse. La estocada final llegó con Isaac Newton, que utilizó la información de Galileo para formular su teoría de la gravitación universal. Fue el momento culminante de la revolución científica en la que el *Homo sapiens* tuvo conocimiento de su lugar real en el universo. La muerte de los ángeles. La domesticación de los cielos. El poderoso cerebro humano había establecido los cimientos científicos que nos conducirían a las revoluciones industriales, el progreso y la prosperidad económica.

Y todo empezó con un grupo de vidrieros bizantinos que huyeron del horror del saqueo de Constantinopla, fueron a parar a la República de Venecia, y de allí fueron expulsados a Murano para evitar que sus hornos causaran incendios en la ciudad. ¡Por increíble que pueda parecer, una pequeña migración de vidrieros, tan pequeña que pasó inadvertida a ojos de los historiadores del siglo XIII, ha acabado repercutiendo masivamente en el bienestar de millones de seres humanos en el siglo XXI! Dice la Biblia (Rom 11, 33) que los caminos que elige el Señor para dibujar nuestro destino son inescrutables. Para la mayor parte de los mortales, los caminos que elige la economía a menudo son igual de oscuros, incomprensibles y misteriosos. Este libro intenta hacerlos un poco más amenos, un poco más accesibles y un poco más… transparentes. Como el cristal de Murano.

1

Los enemigos de la innovación

El fracaso de Nokia

Día 3 de abril de 1973. El responsable de investigación y desarrollo (I+D) de la empresa Motorola, Martin Cooper, convoca una rueda de prensa en el hotel Hilton de Nueva York. Dice que va a realizar un anuncio muy importante. Los periodistas de periódicos, televisiones y radios de todo el mundo asisten a la convocatoria movidos por una gran curiosidad: ¿qué es esto tan importante que el científico de Motorola quiere explicarles?

Empieza la rueda de prensa. Cooper aparece en escena con actitud ceremoniosa llevando algo que tiene el aspecto de una caja de zapatos. Poco a poco, de la caja saca un objeto de la medida y forma de un ladrillo de color gris claro. Y parece que lleva un teclado. Muestra el aparato al público y, lentamente, pulsa siete teclas. Se lleva el ladrillo al oído derecho. Se producen unos instantes de silencio y, a continuación, pronuncia las siguientes palabras: «Joel, te llamo desde mi nuevo teléfono móvil celular». Estas fueron las primeras palabras pronunciadas a través de un teléfono celular. En efecto, lo que parecía un ladrillo era, en realidad, el nuevo gran invento de Motorola: el teléfono móvil celular. La persona a quien Cooper llamó era Joel Engel, responsable de I+D de Bell Labs, la empresa que competía con Motorola para la producción del primer teléfono móvil.

Con esta rueda de prensa, Cooper quiso realizar un escarnio

público a Bell Labs, dejando muy claro ante la prensa mundial que Motorola había vencido la carrera tecnológica de la telefonía celular. Pero estaba equivocado. No era el final de ninguna carrera, sino el principio. Porque aquel ladrillo, llamado DynaTAC, tenía poco valor comercial: era demasiado grande y demasiado pesado para ser un verdadero teléfono portátil (medía más de 33 centímetros y pesaba más de un kilo. ¡Imaginad lo que habría representado llevar aquel monstruo en el bolsillo!). Además, su batería tardaba diez horas en cargarse y veinte minutos en descargarse. Ah, y no olvidemos que su precio rondaba lo que hoy en día serían 9.000 dólares. Al final, solo lo compraron algunos ricos con poco gusto y ganas de aparentar. De hecho, el DynaTAC apareció en la película *Wall Street* en manos del inefable Gordon Gekko, en una escena en la que paseaba por la playa haciendo negocios a través de su megaaparato.

Lo que sí consiguió el DynaTAC fue que todas las compañías electrónicas y de telecomunicaciones del mundo se dieran cuenta de que tenían que empezar a pensar cómo producir teléfonos mucho más pequeños y realmente portátiles.

Veintitrés años después de aquel episodio, en 1996, Motorola sacó al mercado el StarTAC, un teléfono pequeño y barato, asequible para las masas. En Motorola volvieron a creer que habían ganado la carrera de la telefonía móvil. Pero, una vez más, estaban equivocados. Los clientes de casi todo el mundo se decantaron masivamente por los teléfonos fabricados por una pequeña empresa finlandesa llamada Nokia. Nokia entendió enseguida que, además de querer llevar un teléfono en el bolsillo para llamar, la gente deseaba aparatos que fueran estéticamente atractivos. El móvil se convirtió en un complemento de moda, con cubiertas personalizadas, tonos y politonos que mostraran la personalidad individual de cada consumidor. Los teléfonos Nokia se convirtieron en un fenómeno de masas: del modelo 1110 se vendieron 250 millones (todavía hoy, es el teléfono más vendido de la historia). De hecho, en la lista de los diez teléfonos más vendidos de todos los tiempos, ocho son de Nokia. La empresa finlandesa fundamentó su liderazgo en un gasto masivo en investigación y desarrollo (I+D). Nokia gastaba más en I+D y obtenía más patentes que ninguna otra compañía del sector de las comunicaciones. De hecho, realizaba tanta I+D como las empresas farmacéuticas, informáticas y automovilísticas, que son las que tradicionalmente invierten más dinero en intentar descubrir productos nuevos.

En el año 2000, las acciones de Nokia valían 56 dólares cada una. No solo era una de las empresas más valiosas del planeta, sino que era un modelo admirado que todos querían copiar. Pero ¿sabéis dónde está Nokia hoy? ¡Pues resulta que quebró! En el año 2013, la rama de telefonía móvil de Nokia fue adquirida por el gigante informático de Bill Gates, Microsoft. El precio fue de saldo: 3 dólares por acción. Pese a ser la empresa que gastaba más en I+D, la que más patentes obtenía, la que más teléfonos vendía y la más admirada en el mundo, Nokia quebró. Nokia y Motorola son un ejemplo de que el éxito a la hora de inventar no comporta necesariamente la victoria económica. ¿Por qué razón? Pues porque la innovación tiene muchos enemigos.

El fundamentalismo religioso

Uno de los grandes enemigos de la innovación a lo largo de los siglos ha sido el fundamentalismo religioso. Uno de los casos más flagrantes es el cristianismo durante sus primeros 1.500 años. Antes del cristianismo, «Europa» había liderado el mundo intelectual con los avances realizados por griegos y romanos en campos como la filosofía, la astronomía, las matemáticas, la tecnología o la medicina. Pero los líderes religiosos cristianos se dedicaron a perseguir todo lo que pusiera en duda su particular interpretación del universo. Ellos decidían las leyes de la naturaleza a partir de su fe y su interpretación de los textos sagrados: que si el universo había sido creado en seis días, que si Dios había creado al hombre a su imagen y semejanza, que si el diluvio universal y el arca de Noé, que si el Sol gira alrededor de la Tierra, que si la mujer había sido creada a partir de la costilla del hombre… Y aquel que osara cuestionar estas creencias era perseguido sin piedad. La persecución de intelectuales por parte de los tribunales religiosos (como el Tribunal de la Inquisición) logró detener el progreso científico durante más de quince siglos.

Incluso en épocas tan tardías como el siglo XVI, el matemático, astrónomo y filósofo napolitano Giordano Bruno fue condenado por la Inquisición a morir en la hoguera purificadora por su teoría del «pluralismo cósmico». ¿Cuál fue el crimen de Bruno? Argumentar que en el universo había muchas estrellas parecidas al Sol y que existían muchos planetas como la Tierra que orbitaban alrededor de estas estrellas. Hoy sabemos que tenía razón, pero como su teoría contradecía la visión estática del clero cristiano oficial de la época, los tribunales eclesiásticos lo ejecutaron. Incluso en el año 1600 (¡principios del siglo XVII!) Galileo Galilei fue obligado a retractarse de su teoría heliocéntrica, que sostenía que en el centro del sistema solar no estaba la Tierra, con el Sol girando a su alrededor, sino que era al revés: el Sol se encontraba en el centro y la Tierra giraba a su alrededor. Galileo se retractó para no ser quemado vivo.

Por culpa de la Iglesia, aquella «Europa» que había dado a Pitágoras, Platón, Tales o Aristóteles permaneció 1.500 años en la oscuridad intelectual. Por esta razón, a esta etapa de la historia europea se la conoce como la época oscura.

Curiosamente, quien acogió y protegió buena parte del pensamiento de filósofos, matemáticos y astrónomos griegos y romanos fue un mundo dominado por otra religión que inicialmente era más abierta que el cristianismo: el islam. Digo «curiosamente» porque hoy en día tendemos a considerar el islam una religión llena de fundamentalismos que persiguen los avances científicos y la libertad de pensamiento y que no tienen ningún reparo en destruir monumentos, museos u obras de arte simplemente porque ellos consideran que son ofensivas a su dios. Sin embargo, en aquella época, los musulmanes no solo recogieron gran parte del pensamiento griego y romano que los cristianos destruían, sino que sus intelectuales hicieron grandes contribuciones en el terreno de las matemáticas (inventaron el álgebra, por ejemplo), la astronomía, la medicina, la química, la farmacia o la geografía.

Pero allá por el año 1450, el islam se radicalizó. Los otomanos utilizaron su superioridad científica y tecnológica para derrotar al Imperio bizantino y conquistar Constantinopla. Irónicamente, al mismo tiempo que ganaban Constantinopla, el orfebre alemán Johannes Gutenberg inventaba la imprenta en Europa. Este invento abarató la reproducción del conocimiento a través de los libros y marcó el punto de partida al renacimiento del mundo cristiano. La ironía, sin embargo, no es que los europeos inventaran la imprenta. La ironía es que aquellos musulmanes que habían usado las últimas tecnologías militares para conquistar Constantinopla decidieron prohibir el invento de Gutenberg. Esta prohibición resultó ser fatal, ya que señaló el inicio de la radicalización y del fundamentalismo islámico. A partir de aquel momento, fue el mundo musulmán el que empezó a rezagarse en lo que respecta a progreso científico e intelectual. La imprenta —y, por lo tanto, la democratización del conocimiento— no entró en el mundo islámico hasta 1729. Es decir, tres siglos después de que fuera inventada en la Europa cristiana. La decadencia intelectual es un ejemplo de cómo la religión se postula como el primer gran enemigo de la innovación.

La autarquía

En el libro *Economía en colores* —publicado en 2016— describí mi visión de la economía de las ideas como «una gran casa mágica» que se expande con cada nueva idea. Al principio, la casa tenía una sola habitación con varias puertas. Nuestro conocimiento era limitado. Pero un día, uno de nuestros antepasados tuvo una idea y con ella, simbólicamente, abrió una de las puertas. Como por arte de magia apareció una nueva habitación que tenía otras puertas. Varios años más tarde, alguien abrió una de esas puertas y apareció una tercera habitación. Y después una cuarta, y una quinta. Las ideas se acumulan sobre las ideas. Y así, la gran casa del conocimiento fue creciendo a medida que los humanos íbamos abriendo puertas y descubriendo nuevas habitaciones. La historia de la humanidad es la historia de esta expansión de la gran casa de las ideas.

Para obtener el conocimiento que se encuentra en la habitación 125, tenemos dos posibilidades. Una es abrir nosotros mismo la puerta de la habitación 125. O lo que es lo mismo, podemos crear nosotros el invento. La otra alternativa es hablar con alguien que ya haya visitado aquella habitación. Por ejemplo, para utilizar la idea de la agricultura, o bien la inventamos nosotros o bien nos ponemos en contacto con alguien que ya la utiliza y se la copiamos. Esto implica que, para tener acceso a todas las ideas que hay en el mundo, hace falta estar bien comunicado.

A lo largo de la historia de la humanidad, las sociedades que han estado mejor comunicadas han progresado con mayor rapidez. Un buen ejemplo de ello es el «experimento» que tuvo lugar de manera natural al final de la última glaciación. Hace unos 12.000 años, el calentamiento global derritió gran parte del hielo que llevaba miles de años cubriendo la Tierra, y el agua producto del deshielo fue a parar al mar. A causa de ello, los grupos humanos que vivían en las Américas —que habían llegado allí caminando desde Asia a través del estrecho helado de Bering— quedaron aislados. También quedaron aislados los grupos que estaban en Australia y en las pequeñas islas del Pacífico. Por el contrario, las gentes que vivían en Europa y Asia y, en menor medida, en África, continuaron manteniendo el contacto entre ellos. El contacto no era fácil, ya que no había internet, ni televisión, ni teléfonos móviles, pero a lo largo de los siglos el contacto llegaba. Esto significa que cualquier idea que fuera inventada en cualquier punto de Europa o Asia, tarde o temprano llegaba al resto de los pueblos de esta megarregión. Por ejemplo, hace 6.000 años, en alguna zona de lo que hoy es Siria se inventó la rueda. Unas semanas, unos meses, o unos años después, los pueblos vecinos vieron que aquella gente transportaba sus mercancías en unas plataformas con ruedas, y decidieron hacer lo mismo. Durante los años y las décadas siguientes, los comerciantes que viajaban hacia el este explicaron el invento a las gentes de lo que hoy es Irán, y los que fueron hacia el oeste lo contaron a los pueblos del Mediterráneo. De este modo la idea se fue extendiendo poco a poco hasta que todos los pueblos, desde la China oriental hasta la península Ibérica, acabaron utilizando la rueda. Fijaos en que ninguno de ellos la había inventado, simplemente había estado en contacto con alguien que utilizaba ruedas. El contacto entre los pueblos posibilitó que, a la larga, todos tuvieran acceso a aquella idea tan útil. Este proceso contrasta con lo que ocurrió en las Américas. Como los pueblos americanos no podían comunicarse con la gente de Europa y Asia, el invento de la rueda no les llegó. Y cuando los españoles redescubrieron América, encontraron grandes civilizaciones (los mayas, los aztecas o los incas) que no utilizaban la rueda. ¡En 1492!

De hecho, el descubrimiento de América por parte de los europeos y, más tarde, el descubrimiento de Australia y las islas del Pacífico confirman el resultado del experimento natural: después de 14.000 años aislados, los humanos de todo el planeta se reencontraron. En aquel momento, los más adelantados desde el punto de vista tecnológico eran los pueblos de Europa y Asia (¡no es casual que fueran los europeos los que viajaran y redescubrieran América y no los americanos los que viajaran a Europa!). Los segundos más avanzados eran los pueblos americanos. Los terceros, los australianos. Y los más primitivos, los de las islas del Pacífico. Fijaos bien: cuanto mejor comunicada estaba la gente de una región, más se había desarrollado. ¿Por qué? La explicación es muy sencilla: cuanta más gente habita una región, más ideas se desarrollan en ella. Al fin y al cabo, las ideas siempre surgen de un cerebro humano, por lo que cuanta más población más ideas aparecen. Además, todas las ideas que durante 12.000 años se desarrollaron en la región de Europa y Asia, tarde o temprano acabaron siendo conocidas por los restantes pueblos de Eurasia. Por consiguiente, cada pueblo de esta megarregión se acaba beneficiando no solo de las ideas que generan sus ciudadanos, sino también de las que se generan en cualquier otra parte de Europa y Asia con las que tiene comunicación. Por esta razón en el área euroasiática se acumularon tantas ideas durante 12.000 años. En cambio, en las pequeñas islas del Pacífico, al haber pocos habitantes, hubo pocas ideas. Y como, además, estaban incomunicados, no se enteraron de que en el resto del mundo se había inventado la rueda, la agricultura, la escritura, la fundición de metales, la pólvora, el dinero o la imprenta. Si se hubiesen podido comunicar con los europeos, habrían podido servirse de todos estos inventos. Pero estaban aislados, y esto les estuvo condenando a ser primitivos.

Una vez nos redescubrimos los unos a los otros, casi todos los humanos del mundo empezamos a comunicarnos con más frecuencia y, a consecuencia de ello, las diferencias en cuanto a tecnología se redujeron rápidamente: los americanos empezaron a utilizar las ruedas, los australianos a escribir y los de Nueva Guinea a plantar arroz. Y las diferencias en cuanto a la utilización de tecnología se empezaron a reducir.

El aislamiento geográfico no es el único factor que hace que una sociedad esté incomunicada. En ocasiones, algunos países se aíslan a propósito por cuestiones políticas. El ejemplo actual de mayor relevancia es el de Corea del Norte: los líderes norcoreanos no quieren que su población sepa cómo se vive en el resto del mundo (seguramente porque piensan que, si la gente descubre que es mucho más pobre que sus primos del sur, se pondría en peligro el régimen del dictador Kim Jong-un) y ese aislamiento hace que el país sea muy primitivo desde un punto de vista tecnológico y, en consecuencia, sus ciudadanos sean extraordinariamente pobres.

La historia nos da otros ejemplos de aislamiento provocado por malas decisiones políticas. Un ejemplo lo tenemos en la China de la dinastía Ming. Cuando Marco Polo visitó China entre

1271 y 1291, el gigante asiático se encontraba bajo el dominio de la dinastía Yuan y de los mongoles descendientes del gran Gengis Kan. Marco Polo se quedó deslumbrado por el progreso que la sociedad china había alcanzado:[1] los chinos tenían pólvora, sofisticadas redes de canales de riego con compuertas, papel, imprenta con bloques de madera, porcelana, papel moneda, correos, barcos con timón de popa, brújula magnética y una gran variedad de tecnologías muy superiores a las que en aquel entonces se podían encontrar en su Venecia natal. Una de las razones que explican la superioridad china del momento es su extensa red comercial. China no solo comerciaba con India, Oriente Próximo y Europa a través de la ruta de la seda, sino que, gracias a una flota que en su momento más álgido llegó a constar de más de treinta mil barcos, también comerciaba por el océano Índico con África, Arabia, India, Indonesia y otros lugares de Asia. La época de máxima riqueza china coincide con la época de máxima exposición comercial.

Varios años después de que Marco Polo visitara China, los Yuan fueran derrocados por la dinastía Ming. Y, con el tiempo, los emperadores Ming perdieron el interés por mantener los potentísimos lazos comerciales con India, Arabia, África o Indonesia. Entre todos se dedicaron a aislar a China de las influencias exteriores y a hacerla cada vez más autárquica, burocrática y cerrada. Incluso llegaron a desmantelar la flota de treinta mil barcos que habían recorrido el océano Índico en busca de oportunidades comerciales. Algunos economistas sostienen que esta es la verdadera razón que explica la larga decadencia de China. Es un hecho que el cierre de la economía china coincide perfectamente con su decadencia intelectual y económica, ya que pasó de ser el país más rico del mundo en el siglo XIII a ser uno de los más pobres a mediados del siglo XX.

Todos estos ejemplos nos demuestran la importancia de tener países abiertos y bien comunicados. Es necesario que los ciuda-

---

1. Marco Polo, *Libro de las maravillas* (1300).

danos, que al fin y al cabo son los que tienen ideas, puedan acceder a todas las innovaciones que se producen en el mundo. Este mensaje es especialmente importante en una época donde el autarquismo parece resurgir en el mundo y donde políticos como Trump en Estados Unidos, Teresa May y los líderes del Brexit en Reino Unido o los líderes neonazis en numerosos países europeos parecen tener cierto atractivo electoral. A todos ellos hay que recordarles que el aislamiento y la autarquía son ¡el segundo gran enemigo de la innovación!

Una educación inadecuada

El tercer enemigo de las nuevas ideas es la educación inadecuada. Durante los siglos XIX y XX, los colegios han sido herramientas para uniformizar a los estudiantes: todos los niños aprendían lo mismo, al mismo tiempo, en la misma aula y con el mismo profesor. Y los niños que no seguían el ritmo eran obligados a repetir o a abandonar el sistema educativo. La educación ponía el énfasis en dos de las inteligencias que posee el ser humano (la lógico-matemática y la lingüística) e ignoraba, o daba mucha menos importancia, a las inteligencias musical, visual-espacial, corporal-cinestésica, interpersonal, intrapersonal o natural.[2] Los sistemas educativos de los siglos XIX y XX enseñaban a los niños a solucionar problemas y no les permitían plantear demasiadas preguntas. En efecto, cuando un niño preguntaba demasiado en clase, la maestra lo mandaba callar para poder continuar el temario, y el resto de la clase se reía del preguntador. A consecuencia de ello, la curiosidad natural que tienen todos los niños iba desapareciendo a medida que se hacían mayores.

Los colegios de los siglos XIX y XX delimitaban claramente las

2. «The Theory of Multiple Intelligences: As Psychology, As Education, As Social Science», Howard Gardner (PDF). *Howardgardner01.files.wordpress. com*. Retrieved 11 October 2014.

asignaturas: a las nueve de la mañana se daba historia; a las diez, matemáticas, y a las once, biología. Cada asignatura era independiente de las otras, hasta el punto de que las impartían profesores diferentes en aulas diferentes: lo que se aprendía en la clase de historia no tenía aplicación alguna en la de matemáticas, ni en la de biología, y viceversa. En las escuelas tradicionales se fomentaba la disciplina sin cuestionar nada: los niños aprendían lo que les decía la maestra y, aunque ellos investigaran y descubrieran que aquello estaba equivocado, sabían que para aprobar el examen había que decir lo que quería la maestra y no lo que ellos creían que era verdad. Esto desincentivaba la búsqueda de «otros puntos de vista», de «otras verdades» o de «otras maneras de ver la verdad».

La educación que recibimos en los siglos XIX y XX fue muy buena para la era industrial de los siglos XIX y XX. Al fin y al cabo, la economía de entonces necesitaba ingenieros, abogados o fontaneros disciplinados, que supieran solucionar problemas sin cuestionar demasiadas cosas y que supieran más o menos lo mismo. Así, cuando una empresa perdía a un ingeniero, un abogado o un fontanero, ponía a otro igual, y la gran maquinaria industrial continuaban funcionando. Por tanto, la educación que recibimos no era mala… para nosotros.

El problema de esta visión de la educación —que, por cierto, se sigue utilizando en una gran parte de los colegios de todo el mundo— es que elimina la capacidad innovadora de los jóvenes escolarizados. Porque, para ser creativos, los niños han de saber solucionar problemas, pero es más importante aún que sepan formular preguntas. Para lograr que los jóvenes tengan ideas, deben tener inteligencia matemática y lingüística, pero también emocional, musical, interpersonal o creativa. Deben ser capaces de conectar ideas (Steve Jobs decía que todas las ideas son, en el fondo, una conexión) y la separación del conocimiento por asignaturas tiende a impedirlo. Deben entender que todas las verdades tienen diferentes caras y que para saberlas todas hay que mirar todas las perspectivas y no solo el dictado del profesor. Y, sobre todo, el fomento de la creatividad exige prestar una atención especial y diferente a cada niño. Los niños y las niñas no son hamburguesas y, por tanto, «MacDonalizarlos» es un error que provoca que muchos abandonen el sistema educativo sin sacar de él ningún provecho real.

Un buen sistema educativo genera ciudadanos creativos, curiosos y con ganas de hacer cosas nuevas. Un mal sistema educativo puede matar la innovación. En definitiva, una educación inadecuada puede ser otro de los grandes enemigos de las nuevas ideas.[3]

La centralización del conocimiento

A veces, los sistemas de organización estatales impiden el progreso de las ideas. Un ejemplo de ello lo tenemos en la larga decadencia que ha sufrido China desde su época dorada en el siglo XIII hasta el siglo XX. Unas líneas más arriba hemos explicado que algunos economistas identifican la decadencia china con la política autárquica y aislacionista de la dinastía Ming. Otros analistas afirman que el principal problema de China fue que el Estado «centralizó el conocimiento».

Las dinastías chinas Song (960-1239) y, sobre todo, Ming (1368-1662) introdujeron un complicado sistema de exámenes para escoger a los burócratas que podían dirigir mejor el país. Este sistema de «exámenes imperiales» era parecido a las actuales oposiciones a funcionario del Estado de muchos países europeos o latinos. En China, eran una especie de exámenes extraordinariamente complicados que requerían la memorización de los textos clásicos de Confucio (un total de 431.286 caracteres diferentes). Los más listos, que podían memorizar doscientos caracteres por día, tardaban seis años en memorizar todo el texto. Los aspi-

---

3. Para una explicación más extensa de los problemas que tiene el sistema educativo tradicional y de cómo deberíamos reformarlo, véase el Capítulo Naranja de *Economía en colores* (por Xavier Sala i Martin, Conecta, 2016).

rantes tenían que estudiar también otros textos de filosofía, poesía e historia. Hasta 1313 los exámenes incluían preguntas de matemáticas y astronomía, pero a partir de aquel año fueron suprimidas. La idea era que, para que un país funcionara, debía estar gobernado por los mejores, y para escoger a los mejores no había nada mejor que unos exámenes en los que compitieran todos los niños del país. Un aspecto positivo de este sistema es que permitía a los hijos de los campesinos y de los ciudadanos más pobres de China competir por estas posiciones privilegiadas, es decir, que actuaba como una especie de ascensor social.

El problema es que estas posiciones de élite atraían a todas las grandes mentes del país, que se pasaban años memorizando temas para aprobar los exámenes y, por lo tanto, no tenían ni un minuto para reflexionar sobre cuestiones que quedaban al margen de los exámenes imperiales. Lo único que importaba a los intelectuales chinos eran los exámenes, y todo lo que no salía en los exámenes no importaba. Sucedía algo parecido a lo que ocurre hoy con los alumnos que preparan los exámenes de ingreso a la universidad: ¡durante un año no les interesa nada que no entre en el examen! Lógicamente, si lo único sobre lo que cabe pensar son los doscientos temas que entran en el examen, los intelectuales del país dejan de pensar en las fronteras del conocimiento. Los exámenes acaban matando la curiosidad y, por lo tanto, el progreso científico y tecnológico. Volviendo al símil de la casa de las puertas, los exámenes hacen que se deje de abrir puertas. Y al dejar de abrir puertas, se deja de ampliar la gran casa del conocimiento. Algunos investigadores, como Yifu Lin (1995),[4] creen que esta es la verdadera razón que explica el declive de la cultura china después de su época dorada durante la Edad Media.

Aparte de ser una curiosidad histórica, el caso chino tiene una cierta relevancia para los estudiantes europeos, ya que, sin darse

---

4. Justin Yifu Lin, «The Needham Puzzle: Why the Industrial Revolution Did Not Originate in China», *Economic Development and Cultural Change*, The University of Chicago Press, vol. 43, nº 2 (enero de 1995), pp. 269-292.

cuenta, los políticos de la Unión Europea podrían estar cometiendo un error similar al que cometieron los líderes medievales chinos. Uno de los programas que más gustan a los jóvenes europeos es el programa de intercambio universitario Erasmus, que ofrece a los universitarios de todos los países de la Unión Europea la posibilidad de estudiar una parte de los cursos universitarios en otro país europeo. En principio eso parece una buena idea. Los creadores de Erasmus pensaron que, si los ciudadanos de la Unión conocían personalmente a ciudadanos de otros países europeos, las posibilidades de que se produjesen guerras como la Primera o la Segunda Guerra Mundial —que básicamente fueron guerras entre europeos— se reducirían drásticamente. Erasmus busca la paz y la concordia entre los ciudadanos europeos. Fantástico.

Pero detrás de esta buena idea hay un problema potencial: si queremos que el tiempo que los estudiantes pasan en el extranjero no sea un año perdido, las asignaturas han de poder ser convalidadas. Y para que puedan ser convalidadas, los conocimientos que se dan en todas las universidades europeas deben ser similares. De esta manera, y sin proponérselo, los europeos están centralizando el conocimiento igual que hizo China en el siglo XIII. Y eso puede acabar reduciendo la creatividad y la innovación en Europa. No digo que esta centralización dentro de la UE acabe condenando a Europa a ochocientos años de decadencia intelectual como ocurrió en China. Lo que estoy planteando es que debemos procurar no crear instituciones educativas y universitarias que limiten la capacidad crítica de los estudiantes y los incentivos para explorar más allá de las fronteras del conocimiento.

El ludismo

El cuarto factor que puede evitar el progreso tecnológico es que las élites económicas y empresariales que se ganan la vida con las tecnologías ya establecidas intenten por todos los medios evitar que entren nuevas ideas que les quiten el negocio. Cuando la revolución industrial introdujo la mecanización en las fábricas inglesas, los artesanos que hasta aquel momento habían producido la ropa a mano se agruparon y atacaron las fábricas modernas, quemando y destruyendo las máquinas que perjudicaban a su negocio. Afirmaban que eran seguidores de una figura ficticia a la que llamaron el Rey Ed Ludd, de ahí que este movimiento se conociera con el nombre de «ludismo». Hoy en día, el ludismo describe cualquier movimiento que intenta utilizar la presión política o la violencia para evitar que el progreso tecnológico se implemente por considerarlo perjudicial.

El ludismo existe en todo el mundo. El problema es que existen países donde los luditas ganan sistemáticamente. Y cuando los luditas ganan, el progreso tecnológico se detiene. Los intereses creados, pues, son otra razón que explica el avance desigual de las ideas en diferentes países del mundo.

Veamos dos ejemplos reales que ilustran cómo la respuesta al ludismo puede afectar al progreso. En los años noventa, cuando internet daba sus primeros pasos, aparecieron una serie de programas que permitían a los aficionados a la música compartir canciones a través de la red. Uno de los que tuvo más éxito fue Napster, que apareció en 1999. La idea era que, si yo me instalaba Napster en el computador, todas las canciones que tenía grabadas eran vistas por todos los demás usuarios de la aplicación. Cualquier persona que estaba conectada a Napster podía ver qué canciones tenía yo y se las podía copiar en su computador. Del mismo modo, yo podía copiar todas las canciones que los centenares de miles de usuarios de todo el mundo tenían en sus computadores. Napster tenía un menú en el que aparecían los millones de canciones que, entre todos los usuarios, estaban colgadas en internet, ¡y yo podía descargarlas al momento! Recuerdo que el primer día que tuve acceso a Napster me pasé horas buscando las canciones que había escuchado durante mi infancia y me descargué todas las canciones de Supertramp. Con la aparición de esta aplicación, los amantes de la música podíamos tener acceso instantáneo a cualquier canción de la historia sin tener que ir a la tienda de discos a comprar aquellos CD envueltos con un plástico impenetrable. Además, Napster permitía obtener una sola canción sin necesidad de comprar un disco entero, lleno de canciones que en realidad no queríamos.

La legalidad de las aplicaciones de *file sharing* era dudosa. No era ilegal, porque no existía ninguna ley que dijera que alguien que había comprado un CD legalmente no podía «compartir» las canciones con los amigos. Durante muchos años habíamos comprado discos y CD y los habíamos copiado en los antiguos casetes o grabado en CD para darlos a amigos o familiares. Por otro lado, compartir aquellas canciones con millones de usuarios que no eran amigos directos comportaba una pérdida de ventas a los cantantes, músicos y productores de aquellas canciones. De alguna manera, Napster permitía que los usuarios «robaran» los ingresos a los autores. Como internet acababa de nacer, la ley no preveía aún la legalidad de las aplicaciones de *file sharing*.

Las grandes empresas propietarias de los derechos musicales, lideradas por A&M Records, decidieron llevar a Napster a los tribunales y pedir su cierre a los jueces. Querían impedir que los usuarios de internet compartieran ficheros electrónicos. El caso «A&M Records contra Napster» salió en las portadas de todos los periódicos del mundo durante meses hasta que A&M Records consiguió que los jueces les dieran la razón: Napster fue obligada a cerrar operaciones en julio de 2001. Pero los tribunales no pudieron detener ni internet ni a las empresas que distribuían música a través de la red: Napster fue sustituida inmediatamente por otras aplicaciones. Aparecieron Kazaa, Pirate Bay o Emule, y las personas que querían compartir canciones a través de las redes pudieron continuar haciéndolo. Por lo que respecta a A&M Records, cabe decir que ganó el juicio, pero perdió la guerra. Tanto es así que aquel gigante de la discografía, creado en 1962, quebró en 1998, y aquel mismo año fue absorbido por Universal Grup.

No todas las empresas reaccionaron ante la aparición de

Napster y del *file sharing* de la misma manera. Algunas entendieron que la red de internet representaba el futuro de la economía y que, en lugar de luchar contra ella, lo mejor era abrazar el cambio. Una empresa que así lo entendió fue Apple. Apple se preguntó qué ofrecía Napster para ser tan atractivo para tantos clientes. ¿El hecho de poder obtener música gratis? ¿O la posibilidad de obtenerla de manera instantánea a través del computador sin tener que ir a la tienda a comprarla? ¿La posibilidad de poder bajarse canciones individualmente en alternativa al CD, que a menudo llevaba canciones que no nos interesaban? ¿O quizá era el hecho de disponer de un catálogo con todas las canciones y músicas de la historia? Una vez entendieron que lo que movía a la gente a bajarse canciones de internet no era necesariamente que fueran gratis, Apple creó una empresa que ofrecía todo lo que los consumidores habían visto en Napster. Con una diferencia: en lugar de que la música fuera gratuita, la ofrecía a un precio ridículo de menos de 99 céntimos por canción. Y así fue como apareció iTunes, una de las ramas de Apple que más éxito financiero ha tenido para la empresa de Steve Jobs.

Las reacciones de A&M Records y Apple para afrontar un mismo problema nos demuestran que el modo más inteligente de actuar ante el cambio tecnológico es asumirlo y no intentar detenerlo. Quien abraza la innovación y se suma al cambio suele salir ganando. Quien se opone a ella a menudo sale perdiendo o, incluso, desaparece.

Un reto similar al que planteó Napster en su momento es el que presenta Uber actualmente. Uber es una aplicación que permite conectar al cliente con un chófer con disponibilidad para transportarlo al destino deseado. La aplicación es fácil de usar y ofrece muchas ventajas al usuario. En la pantalla del teléfono celular aparece un mapa que muestra exactamente dónde está el coche que lo irá a buscar y le dice con precisión los minutos que tendrá que esperar. Además de la ruta que seguirá el chófer el cliente sabe exactamente el precio que le costará el trayecto, lo cual elimina algunas de las incertidumbres que a menudo se tienen cuando se para un taxi en la calle. La aplicación cobra automáticamente la tarifa, de modo que no es necesario utilizar ni dinero efectivo ni tarjeta de crédito al final del trayecto. Es más, Uber ofrece la posibilidad de compartir el viaje con otros pasajeros que van a la misma destinación, lo cual puede reducir sustancialmente los costes del desplazamiento. Por último, cuando el pasajero ya está fuera del coche, puede poner nota al conductor y al vehículo. Dado que el chófer sabe que solo hará negocio si obtiene una nota entre mediana y alta, tiene incentivos para trabajar bien y llevar el coche limpio y sin olores de humo o de comida. Y no solo esto, sino que muchos chóferes ofrecen botellines de agua o wifi a sus clientes.

Uber es, por tanto, una aplicación que aporta una gran cantidad de beneficios a los usuarios. Pero tiene un «pequeño» problema: arruina el negocio a los taxistas. Por esta razón los sindicatos de taxistas de centenares de ciudades de todo el mundo están en pie de guerra contra este servicio y contra los chóferes que lo ofrecen. Han llevado a cabo huelgas y manifestaciones, y han usado su poder político para obligar a las autoridades a prohibir cualquier aplicación que les suponga competencia. En muchas ciudades del mundo lo han logrado. Sin embargo, la pregunta es: ¿son los tribunales la mejor manera de afrontar el cambio tecnológico? La respuesta es, claramente: ¡no! Si los jueces o los políticos consiguen prohibir Uber, aparecerán otras aplicaciones similares y el problema no desaparecerá. Por lo tanto, yo recomendaría a los taxistas que, en vez de luchar contra Uber, intentaran hacer lo mismo que hizo Apple con Napster: que se pregunten por qué tiene tanto éxito entre los usuarios. ¿Qué quiere, qué busca, la gente que usa Uber? ¿Se debe su éxito a que la aplicación comunica con precisión al cliente dónde está el coche que lo va a recoger? ¿Se debe a que se paga a través de la red y no con dinero o tarjeta? ¿Se debe a la posibilidad de poder valorar la calidad del servicio o el coche? ¿A que se puede compartir el trayecto con otros viajeros para abaratar el coste? Una vez hayan hallado la respuesta a todas estas preguntas, ellos podrán ofrecer los mismos servicios creando aplicaciones similares. De hecho, todas estas propuestas no son ninguna entelequia, ya que hay grupos de taxistas que ya lo han hecho creando aplicaciones como My-Taxi, Hailo, JoinUp Taxi o PideTaxi. Los taxistas que acojan el cambio y lo utilicen en beneficio propio son los que, a la larga, sobrevivirán. Los demás se extinguirán.

El enemigo en casa: el éxito de Nespresso

Finalmente, ha llegado el momento de responder a la pregunta de por qué Nokia acabó por quebrar habiendo realizado un esfuerzo tan ingente para crear y patentar ideas. Está claro que ni el fundamentalismo religioso, ni la autarquía, ni una educación inadecuada, ni la centralización del conocimiento, ni el ludismo ni ninguno de los enemigos que hemos señalado en este capítulo explican el motivo del fracaso de Nokia en su carrera hacia la innovación tecnológica. La razón es que hay un último enemigo que debemos añadir a la lista. Es un enemigo a menudo difícil de detectar, pero que puede ser el más determinante de todos: ¡las propias empresas! Sí, sí. Lo habéis leído bien: ¡A menudo los peores enemigos de las empresas innovadoras son ellas mismas! Y, más concretamente, lo son todos aquellos ejecutivos encargados de mantener los beneficios a corto plazo con el objetivo de cuidar el negocio central de la empresa (el llamado *core business*) para, de este modo, mantener alto el precio de las acciones. La lógica interna de los altos ejecutivos los lleva a pensar que, si algo funciona, más vale no tocarlo. Y, a decir verdad, durante los primeros años de la década de los 2000, Nokia iba como un cohete. Ya hemos explicado que en el año 2003 lanzó el 1100, un teléfono del que se vendieron 250 millones de unidades y que, dos años más tarde, en 2005, lanzó el 1110, del que se vendieron 250 millones más. Sin duda, Nokia estaba teniendo un éxito espectacular con las ventas de teléfonos no inteligentes (no sé si tendríamos que llamarlos teléfonos «tontos») en todo el mundo.

Hoy sabemos que los investigadores de Nokia disponían de todos los elementos necesarios para desarrollar teléfonos inteligentes (desde la pantalla táctil hasta la plataforma de acogida de aplicaciones). Pero los altos directivos consideraron que la introducción de aquellos cambios podría acabar perjudicando un negocio que ya les funcionaba: el de los teléfonos «tontos» en todo el mundo. De ahí que decidieran no seguir la vía del teléfono inteligente.

Pero Steve Jobs pensaba lo contrario y, en 2007, Apple lanzó su primer iPhone. La revolución del teléfono inteligente estaba servida… y el final de Nokia, también. Por querer «proteger» el negocio tradicional (el *core business*) impidieron la innovación y se arruinaron. ¡El enemigo de Nokia estaba en casa!

Una historia parecida a la de Nokia es la de la empresa de material fotográfico Kodak, fundada por uno de los inventores de la fotografía, George Eastman, en 1888. Durante ciento veinte años, Kodak se dedicó a vender cámaras, carretes de fotos, papel y productos químicos para el revelado fotográfico. En los años setenta, el 90 % de los carretes y el 85 % de las cámaras vendidas en Estados Unidos eran Kodak. La aparición de la competencia japonesa (sobre todo Fujifilm) provocó un ligero descenso de las cuotas de mercado, pero el dominio mundial de Kodak en el mercado de la fotografía tradicional era absoluto.

Sin embargo, el éxito económico no evitó que en enero de 2012 Kodak se declarara en quiebra técnica. ¿Por qué? Pues claramente porque en el mundo de la fotografía había una nueva tecnología que no usaba ni los carretes, ni los productos químicos de revelado, ni el papel, ni las cámaras tradicionales que tantos beneficios habían aportado a Kodak. Esta nueva tecnología era la fotografía digital y la incorporación de minicámaras en todos los teléfonos inteligentes del mundo. La innovación había matado el negocio tradicional (el *core business*) y Kodak se había adaptado tarde y mal a la nueva realidad tecnológica.

Lo más curioso del caso es que… ¿sabéis quién inventó la fotografía digital? La respuesta es tan obvia como sorprendente:

¡Kodak! Es decir, quien acabó matando a Kodak fue un invento que ella misma había realizado. ¿Cómo es posible? Pues, esto ocurrió porque los directivos de Kodak hicieron lo mismo que los de Nokia: para proteger el *core business* optaron por no apostar por la nueva idea e intentaron ocultarla. Pasó el tiempo y otras compañías acabaron descubriendo la fotografía digital y esta acabó dominando el mercado. Cuando Kodak se dio cuenta del error y trató de entrar en el mercado digital, ya era demasiado tarde y su proceso de bancarrota estaba escrito. Una vez más, el empeño de los ejecutivos empresariales para preservar el beneficio de lo que funciona impide la introducción de nuevas ideas y detiene el progreso tecnológico, con el riesgo de que a menudo acaban destruyendo la propia empresa.

¿Cómo deben afrontar las nuevas ideas las empresas que ya tienen éxito? La historia de Nokia nos enseña que impedir el cambio puede ser un gran error. Pero también puede ser un error tirar por la borda todo lo que ha tenido éxito hasta el momento con el objetivo de implementar nuevas ideas, cuando se sabe con seguridad que estas nuevas ideas van a funcionar. ¿Qué deben hacer las empresas ante los retos de la innovación?

Encontramos la respuesta en una empresa suiza que está ganando cantidades ingentes de dinero con la venta de cápsulas de café: Nespresso. El invento de Nespresso ha sido la salvación para muchos consumidores de café expresso, como es mi caso, ya que nos permite preparar en casa un café perfecto cada vez que nos apetece. Cuando queremos tomar un café bueno, ya no nos vemos obligados a ir a un bar o a un restaurante, porque lo podemos preparar nosotros mismos en la intimidad del hogar. Para la mayoría de nosotros, Nespresso es un producto relativamente nuevo que ha invadido la mayor parte de los hogares de nuestro país. Sin embargo, lo que la mayoría de nosotros no sabemos es que Nespresso fue inventado en ¡1976! En efecto, hace ya cuarenta años que los ingenieros de Nestlé encontraron la manera de crear una máquina pequeña que genere la presión necesaria para hacer un buen café expresso (antes, para obtener aquella presión se necesitaban unas máquinas enormes de café que solo podían tener los bares y restaurantes).

La pregunta es: si el invento de Nespresso existe desde hace cuarenta años, ¿por qué no ha aparecido en nuestros hogares hasta hace relativamente poco? La respuesta es que, de entrada, los ejecutivos de Nestlé intentaron matar la idea… y lo consiguieron: en la década de los setenta, el principal negocio de Nestlé en el mercado del café era el café soluble instantáneo, el famoso Nescafé. Los ejecutivos de Nestlé pensaron que una máquina que hiciera café exprés en los hogares acabaría matando el negoció de Nescafé que en aquel momento era su gallina de los huevos de oro. Así que fueron los propios directivos de la compañía quienes boicotearon el nuevo invento hasta conseguir que la empresa lo congelara totalmente.

Hubo que esperar hasta 1986, diez años después del invento, para que el director general de la compañía tomara la decisión de fundar una empresa totalmente separada. El director general pensaba que las máquinas Nespresso eran una buena idea, pero sabía que nunca iban a poder ser desarrolladas dentro de la compañía debido a la oposición de los altos ejecutivos, por lo que decidió crear una empresa separada a la que llamaría Nespresso. La nueva empresa tendría el 100 % de capital propiedad de Nestlé, pero iba a ser una compañía independiente, de modo que los ejecutivos de Nestlé no podrían interferir en sus decisiones. Así, Nespresso empezó a caminar sola y a experimentar. Primero intentó vender las nuevas máquinas a oficinas. Y fue un fracaso. Después intentó venderlas a los hoteles. Fracaso. Después a los hogares. Fracaso. Después pensó que no había que vender máquinas, sino que debía concentrarse en vender las cápsulas de café. Y lo intentó de nuevo en las oficinas. Y cosechó un nuevo fracaso. Después volvió a probar en los hoteles. Fracaso…

Transcurrieron quince años más, hasta que en 2001 (¡veinticinco años después de la primera patente!) alguien tuvo la idea de disfrazar el producto y darle un aura de sofisticación. Alguien pensó que la mejor manera de vender las cápsulas Nespresso era diseñarlas para que fueran atractivas no solo por el sabor, sino también a la vista. Además, pensó que, en lugar de venderlas en los supermercados normales, las venderían en boutiques exclusivas. Y fue un éxito rotundo. La primera boutique fue abierta en 2001 en París. Hoy Nespresso cuenta con más de 450 en todo el mundo.

La campaña para disfrazar Nespresso y darle un aura de sofisticación alcanzó su punto álgido con la contratación de George Clooney para que fuera la imagen de la compañía. Se rodaron anuncios en los que Clooney aparecía en hoteles de lujo, con coches de alta gama y rodeado de bellas mujeres, dando así la impresión de que solo la gente rica y sofisticada compraba Nespresso. El éxito de Nespresso ya no se podía detener. Se calcula que Nestlé ingresa más de 6.000 millones de dólares gracias a Nespresso.

La lección que se desprende de todo esto es que, tal como hicieron Nokia y Kodak, la primera reacción de Nestlé fue matar la innovación. A diferencia de los dos primeros, Nestlé supo rectificar a tiempo, y lo hizo protegiendo la idea de los tiburones que la querían matar dentro de la compañía. La solución adoptada por Nestlé fue crear una compañía aparte para que los ejecutivos que buscaban el beneficio a corto plazo no pudieran matar la innovación. La lección no es que cada empresa establecida que tenga una idea nueva y que encuentre oposición entre su clase ejecutiva tenga que crear una compañía aparte. La lección es que hay que encontrar el modo de realizar una «experimentación equilibrada». Es decir, la empresa debe encontrar la manera de experimentar sobre la introducción de la nueva idea, al tiempo que no pierde el *core business*, o negocio tradicional.

La ironía del caso Nespresso es que, visto el éxito formidable que Nestlé ha tenido con las ventas de las cápsulas Nespresso, los ejecutivos de la rama Nescafé pensaron que aquello también les podía interesar. Y por esto han desarrollado Nescafé Dolce Gusto, una nueva tecnología de máquinas y cápsulas similares a las de Nespresso, a través de las cuales venden el Nescafé. El círculo se ha completado: los que querían matar la idea de las cápsulas han acabado cediendo ante la superioridad evidente del nuevo invento. En efecto, Nestlé ha conseguido ganar la guerra a sí misma, porque muy a menudo la propia empresa es el peor enemigo de la innovación.

2

Paciencia y tentación

Ulises y las sirenas

Finalizada la guerra de Troya, el héroe Ulises emprendió el camino de vuelta a su isla, Ítaca. El viaje no fue fácil. Fue una odisea llena de aventuras, peligros, trampas y encuentros con seres míticos de todo tipo. Cuenta Homero que un día la nave de Ulises se detuvo en una isla donde vivía un hada divina llamada Circe. Después de obsequiarlo con un gran recibimiento, el hada y Ulises mantuvieron una larga conversación acerca de los peligros del viaje de vuelta y, muy concretamente, de lo que le esperaba en el «estrecho de las sirenas». Las sirenas eran tres criaturas bellísimas y diabólicas con cuerpo de pájaro y cabeza de mujer.[1] Tenían un don especial para cantar dulces melodías con las que atraían a los barcos que pasaban por el estrecho. Los marinos, embobados por aquel hechizo musical, acababan estrellando sus navíos contra las rocas de la isla y morían en el naufragio. Hasta entonces, ningún ser humano había conseguido sobrevivir a su canto. Pero los dioses habían advertido a las sirenas que, si alguien era capaz de escucharlo y no morir al hundirse el barco, una de ellas sería sacrificada, ahogada en el mar.

Ulises, que era un hombre curioso, quería escuchar la música

---

1. Las sirenas que conocemos ahora, mitad pez y mitad mujer, no aparecen en la literatura hasta finales de la Edad Media y son, probablemente, una adaptación de seres míticos nórdicos o germánicos.

prohibida, pero sin morir en el intento. Por esto preguntó a Circe si había algún modo de lograrlo. El hada le respondió que sí, y se lo explicó: «Cuando estéis cerca del estrecho de las sirenas, di a tus marineros que te aten al palo mayor de la nave y ordénales que no te desaten bajo ningún concepto. Debes saber que la melodía de las sirenas te hará enloquecer y tú les pedirás que te liberen para dirigirte hacia ellas. Es muy importante que no lo hagan, porque de lo contrario acabaréis todos ahogados en el mar». Ulises se dio cuenta rápidamente de que el plan tenía un problema grave: los marineros no estarían atados, por lo cual serían ellos los que chocarían contra las rocas. Pero Circe, que era todo inteligencia, le entregó una barra de cera de abeja y le dijo: «Cuando te hayan atado al mástil, da esto a los marinos. Cada uno tomará un trozo de cera y, con el calor de las manos, lo fundirá para modelar tapones para las orejas. Así, los marineros no podrán escuchar los cantos de sirena y podrán seguir remando con energía y determinación hasta salir de aquellos parajes tan peligrosos».

Con las instrucciones bien aprendidas, Ulises y sus hombres zarparon hacia el estrecho de las sirenas. Siguiendo las instrucciones de Circe, cuando se acercaron al lugar los marineros ataron a Ulises al palo mayor y este les ordenó que no lo desataran bajo ningún concepto. A continuación, los marineros calentaron la cera con las manos, modelaron los tapones, se los pusieron en las orejas y empezaron a remar con fuerza hacia el estrecho. Las sirenas, al ver llegar un barco lleno de humanos, empezaron a cantar. Gracias a los tapones de cera, los marineros no oían nada y seguían remando con determinación. En cambio, Ulises sí escuchaba aquella canción tan extrañamente deliciosa. Expertas en el arte de la seducción, las sirenas sabían perfectamente cómo tocar la fibra sensible a los humanos. Y a Ulises le cantaban:

> *Ulises, ¡gloria para los griegos! Héroe de Troya, viajero hacia Ítaca.*
> *¡Detén la nave! ¡Acércate y sabrás lo que significa pasárselo bien y ser feliz!*

Nadie como tú es merecedor de nuestros favores.
No des crédito a lo que te han dicho. Nadie quiere hacerte
daño.
¡Te deseamos! ¡Somos para ti!
Nuestros palacios te harán gozar de la vida como nunca has
gozado.
Siempre estarás a tiempo de regresar a la nave que te lleva a
Ítaca.
¡Ven!

Como era de esperar, Ulises fue víctima del encantamiento irresistible de las sirenas. Primero intentó desatarse de las cuerdas que lo encadenaban al mástil. Era como si, por arte de magia, se le hubiera olvidado que aquella música celestial le causaría la muerte. Aun sabiéndolo, quería desatarse e ir a gozar de los placeres y la felicidad que le prometían las sirenas. Pero las cuerdas estaban tan firmemente anudadas que su esfuerzo titánico no hizo sino causarle laceraciones y heridas en brazos y piernas, muñecas y tobillos. Viendo que no podía soltarse, ordenó a gritos a los marineros que le desataran. Pero ellos no le hicieron caso y continuaron remando con resolución.

Cuando las sirenas se dieron cuenta de que el barco no cambiaba de rumbo para chocar contra las rocas, intensificaron los cantos y magnificaron las tentadoras promesas. Ulises luchaba cada vez con más fuerza para desatarse. Los brazos y las piernas le sangraban y sus gritos eran ensordecedores. Pero los marineros lo ignoraban y remaban con fuerza y decisión. Y así, entre los cantos de unas, los alaridos del otro y el sonido rítmico de los remos, la nave consiguió salir del estrecho y llegar a una zona segura, lejos de la influencia y el encantamiento de las sirenas. Una vez allí, Ulises recuperó la sensatez y los marineros lo desataron. El héroe de Troya describió entonces las sensaciones inimaginables que había tenido al escuchar aquella melodía deliciosa y mortífera. Era el único hombre de la historia que había sobrevivido a aquella experiencia y podía contarla a sus compañeros de viaje. Estaba eufórico.

La historia acabó bien para Ulises, pero no para las sirenas. Cuando los dioses vieron que un ser humano había conseguido escuchar la música sin estrellar su barco contra las rocas, cumplieron su promesa de sacrificar a una de las sirenas. La elegida fue Parténope. La mujer pájaro fue lanzada al mar y murió ahogada. Su cuerpo sin vida fue arrastrado por las olas hasta la costa, donde fue enterrada con todos los honores. Alrededor de su tumba se construyó un pueblo que se llamó Parténope. Años después, el pueblo cambió de nombre y hoy en día se conoce con el nombre de Nápoles.

Esta es la historia de la creación de Nápoles y del origen de la expresión «canto de sirena». También es uno de los relatos más conocidos que trata dos de los problemas económicos más importantes de nuestro tiempo: la paciencia y la tentación.

La paciencia en la economía

La paciencia tiene un papel muy importante en la economía. Las personas pacientes son capaces de sacrificar la gratificación instantánea a cambio de obtener algún tipo de compensación en el futuro. Las impacientes, por el contrario, prefieren obtener placer inmediato, aunque esto les cause perjuicios a largo plazo. Los buenos estudiantes, por ejemplo, sacrifican el tiempo de juego, de mirar la televisión, de dormir o de salir de fiesta ahora, y dedican su tiempo a estudiar y esforzarse. Normalmente, este sacrificio se ve recompensado con buenas notas y mejores oportunidades laborales y salariales en un futuro lejano.

Las personas que ahorran sacrifican el placer de comprar cosas ahora a cambio de disponer de dinero en el futuro, ya sea para disfrutar de una jubilación más cómoda, financiar la educación de los hijos o eludir la ansiedad que pueden causar situaciones adversas o imprevistas como accidentes, incendios, enfermedades o la pérdida del puesto de trabajo.

En el terreno de la salud, las personas pacientes que llevan un ritmo de vida saludable sacrifican el consumo de pasteles, carne roja, bebidas azucaradas, marisco y otros alimentos que seguramente les generarían placeres inmediatos, porque esperan un premio en forma de una salud mejor (menos colesterol, menos obesidad, menor propensión a padecer cáncer, etc.). Por el contrario, las personas que tienen malos hábitos alimentarios obtienen el placer de comer sin restricciones hoy, por el precio a pagar es una mala salud o incluso la muerte prematura.

Los emprendedores son otro ejemplo de personas pacientes que sacrifican la seguridad y los ingresos que aportan las ocupaciones «funcionariales» (trabajos para el gobierno o para grandes empresas), a cambio de la posibilidad de implementar sus ideas y quizá de hacerse ricos en un futuro más o menos lejano.

Las personas con «paciencia» no consultan compulsivamente WhatsApp, el correo electrónico, Twitter, etc. mientras conducen, y tienen una probabilidad menor de morir en accidente de tráfico. Tampoco suelen caer en la tentación de practicar sexo poco seguro y sacrifican el placer sexual instantáneo a cambio de no contraer enfermedades de transmisión sexual. Ah, y la gente paciente no cae en la tentación de enriquecerse rápidamente y no es víctima de las trampas de los estafadores que ofrecen retornos elevados a corto plazo.

Hoy en día sabemos que los países en los que hay más educación, más ahorro, más salud y más emprendedores tienden a crecer más y a ser más ricos. Por lo tanto, si los ciudadanos de un país son, en términos generales, más pacientes, la economía de todo el país mejora. La paciencia es una virtud.

El Marshmallow Test

La pregunta es: ¿por qué unas personas son más pacientes que otras? O, dicho de otro modo, ¿por qué algunos de nosotros somos capaces de evitar la tentación del placer inmediato? La respuesta nos lleva al terreno de la psicología, un ámbito de conocimiento cada día más relacionado con la economía, en la medida en que los economistas necesitan entender cómo funciona el cerebro humano a la hora de tomar decisiones.

En los años sesenta, el psicólogo Walter Mischel, que ahora es profesor en la Universidad de Columbia de Nueva York pero que en aquel momento era profesor en Stanford (California), realizó el que seguramente sea el experimento psicológico más famoso de todos los tiempos: el Marshmallow Test (un *marshmallow*, en inglés, es aquella golosina que en español se llama «nube»). El experimento consistió en preguntar a niños y niñas de entre cuatro y cinco años cuál era su golosina preferida y sentarlos en una habitación con una silla, una mesa y un plato con la golosina elegida. La maestra explicaba al niño que se quedaría a solas con el dulce y que, si quería, podía comérselo en cualquier momento. Ahora bien, si no se lo comía, la maestra iba a darle dos a su regreso. Es decir, a los niños pacientes se les prometía un premio en forma de ¡dos golosinas!

En el programa de televisión *Economía en colores* reprodujimos el experimento de Mischel delante de las cámaras de televisión con niños y niñas reales y resultó divertidísimo ver las caras que ponían mientras esperaban que pasara el tiempo. Algunos tomaban la golosina con la mano, la olían y la volvían a dejar en el plato. Otros se levantaban y se iban a otro lado de la sala porque no querían tener aquella cosa tan deseable ante sus ojos. Algunos se ponían las manos debajo de los muslos, como si intentaran evitar que las manos se les escaparan a buscar el dulce. Otros silbaban o cantaban mirando al techo. Hubo un niño que se puso a hablar con un perchero que había en la pared, como si de un ser humano se tratara. Era como si intentara desviar la atención de su cerebro para no caer en la tentación de comerse la golosina. Finalmente, hubo niños impacientes que decidieron comer el caramelo. Unos no tardaron nada en tomar la decisión. Otros cayeron en la tentación después de una agonía más o menos larga. Incluso hubo una niña (que había escogido una galleta Oreo) que abrió la galleta por la mitad, lamió la nata blanca de su interior… ¡y volvió a cerrarla pensando que nadie lo iba a notar!

El profesor Mischel fue el primero en realizar este experimento con niños y niñas. Y lo más interesante no fueron las caras divertidas de los escolares mientras decidían si se dejaban arrastrar por la tentación. Lo más interesante fue lo que ocurrió al cabo de unos años. Resulta que entre los estudiantes analizados estaban las hijas gemelas del propio Mischel y, curiosamente, una de ellas había caído en la tentación y la otra no. Varios años después del experimento, Mischel observó que la que se había contenido sacaba mejores notas que la otra. Esto le llevó a pensar que quizá el distinto grado de paciencia mostrado cuando eran pequeñas tenía que ver con las notas que sacaban de mayores. Recuperó los datos del estudio y se dedicó a seguir a todos los niños y niñas que habían formado parte del experimento y… ¡bingo!: los niños y niñas que habían sido pacientes y no se habían comido los caramelos sacaban mejores notas que los demás. También concluyó otra cosa: ¡los que habían sabido esperar eran menos propensos al sobrepeso!

Esto intrigó a Mischel y, a partir de entonces, ha ido siguiendo y analizando a todos los escolares que habían participado en su experimento hasta el día de hoy (que ya tienen alrededor de cincuenta y cinco años) y los resultados son fascinantes: los que fueron pacientes a la edad de cuatro o cinco años cursaron más estudios superiores, fueron admitidos en mejores universidades, sacaron mejores notas y accedieron a mejores puestos de trabajo con salarios más altos. También sufrieron menos problemas de obesidad, de adicción a las drogas y al alcohol, de relaciones sociales (menos propensión a divorciarse, por ejemplo), de agresividad o hiperactividad. Es decir, la capacidad de autocontrol que habían mostrado de pequeños acabó teniendo impacto en el resto de sus vidas.

¿Puede ser que el autocontrol tenga una importancia tan grande en nuestra vida? La psicóloga de la Universidad de Pennsylvania Angela Lee Duckworth (que, por cierto, fue alumna de Mischel) es ahora maestra de escuela y trata constantemente con niños. Pues bien, la doctora Duckworth se pregunta por qué hay niños en sus clases que sacan buenas notas y niños que no. Su respuesta es que los alumnos que logran mejores resultados no es que sean los más listos, es decir, los que tienen un coeficiente intelectual más alto, sino los que tienen más «control cognitivo». Según Duckworth, el control cognitivo determina la capacidad de autogestión, de autoconvencerse de que el esfuerzo y el trabajo son importantes y merecen la pena. La capacidad de autocontrol es más importante que la inteligencia natural. Dicho de otro modo, si un estudiante carece de la disciplina necesaria para estudiar y esforzarse en pensar, la inteligencia natural sirve de poco. Y lo mismo sucede en otros ámbitos de la vida, como el deporte, la música, el teatro, el ajedrez o el trabajo: si uno no tiene la capacidad de sacrificarse y perseverar en la práctica o el entrenamiento, no llegará a ser buen deportista, buen pianista, buen actor, buen jugador de ajedrez o buen trabajador, por mucho talento natural que posea.

La capacidad de sacrificarse, de perseverar, de autocontrolarse, de insistir y de ser constante deciden si uno es buen estudiante, buen trabajador, buen jugador de fútbol o buen cocinero. Por el contrario, aquel que tiene mucho talento natural, pero carece del control necesario para desarrollarlo, no triunfará en su carrera, ya sea una carrera académica, deportiva, artística, laboral o del tipo que sea.

Y vosotros, ¿sois pacientes?

Aparte de encerrarnos en una habitación con unas golosinas para probar si caemos o no en la tentación, ¿hay alguna manera de saber si somos pacientes? Según el profesor Daniel Kahneman (el único psicólogo que, hasta hoy, ha ganado el premio Nobel de Economía), existe un modo relativamente sencillo: el test de «flexión cognitiva», desarrollado por el psicólogo Shane Frederick.

Pese a que Frederick no lo diseñó con este objetivo, Kahneman explica que el test de Frederick puede ser un buen estimador de la paciencia. El test consiste en responder, de manera más o menos rápida, a las tres preguntas siguientes.

Pregunta 1: Si una pelota y un bate de béisbol cuestan 1,10 dólares entre los dos, y el bate vale un dólar más que la pelota, ¿cuánto cuesta la pelota?

Pregunta 2: Si 5 máquinas producen 5 caramelos en 5 minutos, ¿cuánto tardarán 100 máquinas en producir 100 caramelos?

Pregunta 3: En un lago hay nenúfares. Cada día, el área ocupada por los nenúfares se duplica. Si ha tardado 48 días en cubrir todo el lago, ¿cuánto tardó en cubrir la mitad del lago?

De entrada, estas tres preguntas pueden parecer ridículas y poco indicativas de la paciencia que tiene la persona que contesta. Pero fijaos en que las tres tienen una respuesta «obvia e inmediata» pero equivocada: es la respuesta que se da a primera vista y que las personas impacientes dan como buena. En cambio, las personas pacientes y con autocontrol piensan un poco más, descubren que la respuesta obvia es errónea y no paran hasta hallar la solución correcta. Veamos.

La solución que nos viene a la mente a la primera pregunta es que la pelota vale 10 céntimos y el bate vale 1 euro. Pero si pensamos un poco, nos daremos cuenta enseguida de que esta respuesta no puede ser válida, ya que si la pelota cuesta 10 céntimos y el bate cuesta un dólar más que la pelota, el bate tiene que valer 1,10 dólares. Entones, si sumamos 1,10 más 0,10 nos da que los dos juntos cuestan 1,20 dólares, y no 1,10 como dice el enunciado. Así, pues, la respuesta inmediata es incorrecta. La respuesta correcta es que la pelota cuesta 5 céntimos y el bate 1,05 dólares. En este caso, el bate sí cuesta un dólar más que la pelota y, además, ambos suman 1,10. No era esta la respuesta inmediata, pero ¡tampoco era tan difícil!

La respuesta impulsiva a la segunda pregunta es que, si 5 máquinas tardan 5 minutos en producir 5 caramelos, entonces 100 máquinas tardarán 100 minutos en producir 100 caramelos. Supongo que esta respuesta «intuitiva» viene de la secuencia 5/5/5 y 100/100/100. Pero si pensamos un poco, veremos que, si 5 máquinas hacen 5 caramelos en 5 minutos, significa que cada máquina produce un caramelo cada 5 minutos. Por lo tanto, en 5 minutos, 2 máquinas producirán 2 caramelos, 3 máquinas producirán 3… y 100 máquinas producirán 100 caramelos. La respuesta correcta es, pues, que 100 máquinas tardarán 5 minutos (y no 100 minutos) en producir 100 caramelos. Una vez más, la respuesta «obvia e inmediata» es un anzuelo para que piquen los impacientes que no tienen ganas de discurrir más allá de lo que parece obvio.

En la tercera pregunta, la intuición rápida nos lleva a responder 24. Si el número de nenúfares se dobla cada día y ha tardado 48 días en llenarse, entonces el lago tardó 24 días en estar medio lleno. Supongo que la falsa intuición proviene del hecho de que 24 es la mitad de 48. Pero, una vez más, la respuesta inmediata es incorrecta, puesto que, si el área se dobla cada día, y el día 48 el lago está lleno, significa que el día antes (es decir, el 47) estaba medio lleno. Por tanto, ¡el lago estaba medio cubierto no el día 24, sino el día 47!

¿Cómo os ha salido el test? ¿Habéis acertado las tres respuestas? ¿Solo dos? ¿Una? ¿O ninguna? Según Kahneman, el número de respuestas correctas es un pequeño indicador del grado de paciencia y autocontrol. Si habéis dado por buena la respuesta anzuelo (la respuesta «obvia» pero equivocada), no habéis tenido suficiente paciencia para seguir pensando más allá de lo que era intuitivo. Si os habéis dado cuenta de que la solución «obvia» era incorrecta y habéis continuado calculando, tenéis un poco más de paciencia y autocontrol.

¿Estamos condenados?

Este análisis psicológico de nuestra capacidad de autocontrol puede resultar sorprendente y deprimente a la vez. En efecto, parece que digamos que estamos predeterminados, ya que, si a la edad de cuatro años ya caemos en la tentación de las golosinas, el resto de nuestra vida será un gran desastre: sacaremos malas notas, tendremos malos trabajos, sueldos bajos, seremos obesos, tendremos adicción al alcohol y a las drogas, nos divorciaremos tres veces, moriremos de enfermedades venéreas y no llegaremos a la vejez. A todos los que habéis pensado esto, dejadme que os diga algo: ¡no seáis tan impacientes, ni saquéis conclusiones precipitadas porque esta no es la verdadera lección de este capítulo!

La clave de los estudios del profesor Walter Mischel no es que el autocontrol y la paciencia que tenemos los humanos estén grabados en el ADN, de modo que o bien los tenemos desde muy pequeños, o bien carecemos de ellos. La lección más importante radica en el comportamiento de los niños y las niñas que no cayeron en la tentación. ¿Recordáis que unos se levantaban y se apartaban porque no querían tener aquella cosa tan apetitosa ante sí? ¿Y que algunos se ponían las manos debajo de los muslos, como intentando evitar el gesto automático de llevársela a la boca? ¿O que otros silbaban o cantaban mientras miraban al techo? ¿O que incluso hubo uno que se puso a hablar con el perchero que había en una pared, como si fuera un ser humano?

Todos estos niños hacían algo que hoy en día los psicólogos llaman «asignación estratégica de la atención». Dicho más llanamente, los niños del experimento desviaban el pensamiento para no prestar atención a la golosina que les estaba tentando: la mejor manera de no caer en la tentación era no dejar que penetrara en el cerebro. Además, Mischel se dio cuenta de que los niños que acababan cediendo y comiéndose la golosina, la miraban fijamente durante un buen rato y pensaban incesantemente en ella. Esta actitud motivaba que la tentación fuera cada vez mayor hasta que, finalmente, sucumbían.

Esta observación llevó a Mischel a concluir que los niños no estaban predeterminados. Los que no caían en la tentación no es que fueran biológicamente diferentes (recordad que había dos, las hijas de Mischel, que eran gemelas con el mismo ADN y que habían tenido un comportamiento diferente). La diferencia no era biológica, sino el hecho de que los niños que no cedían al deseo habían utilizado técnicas de distracción. La belleza de este descubrimiento es que dichas técnicas no son innatas, sino que pueden ser enseñadas y entrenadas.

Para comprobar que la clave no era el ADN, sino las técnicas de distracción mental, el profesor Mischel repitió el experimento con otros niños. Nuevamente, unos claudicaron y cayeron en la tentación de comerse la golosina, y otros no. En esta ocasión, a los que habían sucumbido les dejó repetir la experiencia, pero antes les enseñó algunos trucos sobre cómo desviar la atención: «Silba, habla, ponte de pie, o no mires el caramelo». O «si lo miras, intenta visualizarlo dentro de un marco e imagina que es la pintura de una golosina». El resultado fue que, cuando los mismos niños que habían caído en la tentación de pronto usaban estas técnicas, podían resistir. ¡Las técnicas de autocontrol y paciencia, pues, se podían aprender!

La implicación de todo esto es que sería muy importante que en las escuelas se enseñaran técnicas de autocontrol. Hasta ahora en los colegios se ha venido enseñando conocimientos: matemáticas, ciencias naturales, historia, geografía o inglés. Los niños y las niñas que tienen autocontrol y autodisciplina para estudiar logran superar todas las barreras y los exámenes que les ponemos a lo largo de la vida, acaban la carrera con buenas notas, acceden a buenos trabajos y ganan salarios elevados en puestos de prestigio. Ahora bien, ¿qué ocurre con todos aquellos niños que, por el motivo que sea, carecen del autocontrol que les permitiría explotar su talento innato? Pues que el sistema educativo los aparta y los expulsa. Porque en el colegio se enseñan las materias que se deben aprender, no las técnicas de autocontrol.

Permitidme que traslade el caso a la primera persona. Yo acabé los estudios secundarios en un instituto público a los diecisiete años y fui a la Universidad Autónoma de Barcelona, donde acabé la carrera de Economía con veintidós. Después fui a la Universidad de Harvard a cursar un máster y un doctorado. Se puede afirmar que soy un producto exitoso de todo aquel sistema educativo. Pero, volviendo la vista atrás, veo que aquellos eran años llenos de tentaciones. Toda la gente de mi alrededor salía de fiesta cada día, practicaba todo tipo de deportes (yo formaba parte de un equipo de fútbol y de uno de hockey sobre patines), algunos empezaban a tener coches o motos, iban de excursión y viajaban… Y también empezábamos a experimentar con *Homo sapiens* del otro sexo. Muchos de mis amigos y compañeros de clase abandonaron los estudios entre la secundaria y la universidad: unos querían comprarse una moto, lo cual requería dinero y, por tanto, trabajar; otros quisieron dedicarse al fútbol o al tenis; otros se dedicaron a ligar todo el día en todas las discotecas que podían, y, finalmente, otros (demasiados) cayeron en el mundo de la droga. En cambio, durante todos aquellos años yo me dediqué a estudiar. Claro que salía, tenía novias y jugaba al fútbol y a hockey, pero no tenía ni moto, ni coche, ni dinero para las copas en la discoteca.[2] Y miraba con envidia a mis amigos que habían abandonado los estudios y tenían un trabajo, coche, moto y dinero para invitar a copas los sábados por la noche. Sin embargo, algo me decía que yo debía sacrificar todo aquello para continuar estudiando. Y lo hice. ¿Por qué? ¡Pues no tengo la menor idea! Fue el azar de la vida… ¡Y este es precisamente el gran problema de nuestro sistema educativo! El sistema no debería dejar este aspecto de la educación en manos del azar. Los niños deberían tener la posibilidad de adquirir las herramientas de autocontrol y autodisciplina necesarias para tener paciencia y superar la tentación que les puede desviar hacia un camino equivocado. Dejar las cosas en manos del azar es demasiado peligroso y abandona a demasiados niños y niñas por el camino. La buena noticia es que estas técnicas se pueden enseñar. Solo hace falta que nos lo tomemos en serio y nos pongamos manos a la obra.

---

2. Para poder disponer de dinero para gastos que mis padres no querían financiarme, trabajé durante muchos años de repartidor en la conocida pastelería barcelonesa Foix de Sarrià.

La familia

En Estados Unidos se ha detectado que existen cada vez más directivos de éxito que son norteamericanos de origen asiático, que han ido sustituyendo a los que tradicionalmente han triunfado, los caucásicos de origen europeo. Algunos investigadores han intentado averiguar por qué. Cuando digo norteamericanos de origen asiático no me refiero a inmigrantes de primera generación, sino de segunda o tercera. Esto significa que han ido a los mismos colegios norteamericanos y, por tanto, tienen la misma educación que los niños y las niñas caucásicos de origen europeo. Si tienen la misma educación, ¿por qué los resultados son tan diferentes?

La respuesta nos la da un experimento llevado a cabo por un grupo de psicólogos con niños y niñas de orígenes diferentes. A todos ellos se les planteó un problema matemático muy complicado y se les dijo que disponían de media hora aproximadamente para solucionarlo. El problema era tan complicado que, en realidad, no tenía solución (cosa que los escolares, obviamente, no sabían). Pero el examen no estaba diseñado para ver si los estudiantes de origen asiático sabían más de matemáticas que los de origen europeo, sino para averiguar cuánto tiempo tardaban unos y otros en tirar la toalla. ¿Cuál fue el resultado? Pues que sistemáticamente los anglosajones claudicaron antes de que se cumpliera la media hora. Por el contrario, cuando sonaba la campana que indicaba el final del tiempo, todos los niños de origen asiático aún seguían intentando hallar la solución al problema. Lo que distinguía a unos de los otros no eran sus conocimientos de matemáticas, sino la perseverancia a la hora de solucionar el problema.

Las diferencias entre los dos grupos de jóvenes no provienen de lo que aprenden en las clases porque, al fin y al cabo, todos van a los mismos colegios. La diferencia de actitud ante los problemas viene de lo que aprenden en casa, de la cultura que les imbuyen los padres, los familiares y los amigos. Una característica de la cultura anglosajona (y también la nuestra) es que valora a los chicos y chicas que se supone que poseen inteligencia y talento innatos, y que son capaces de aprobar sin esfuerzo. De hecho, los niños nunca confiesan haber pasado horas estudiando. En nuestra cultura, los alumnos aplicados que estudian mucho, los «empollones», son menospreciados por el resto de los compañeros. En Asia esto no es así. Allí se venera el esfuerzo y la dedicación. Los niños que dedican muchas horas a estudiar, trabajar, practicar o entrenarse son vistos como ejemplos de madurez mental, y reciben alabanzas de todos.

De hecho, algunos pedagogos afirman que la clave está en cómo los padres loan a sus propios hijos.[3] La doctora Gwen Dewar (que escribe en www.parentingscience.com) sostiene que el problema que existe en Occidente es que, desde los años cincuenta, está bien visto que los padres alaben las aptitudes innatas de sus hijos. Así, cuando un niño hace algo bien, se le felicita con frases del tipo «¡Qué listo eres!, «¡Qué inteligente es este niño…!». La idea es que, repitiendo mil veces estas alabanzas, los niños adquieran autoconfianza para ir por la vida.

El problema —dice la doctora Dewar— es que este tipo de alabanzas puede llevar a los niños a no querer hacer lo que creen que les puede salir mal, porque esto haría que los padres pensaran que no son tan listos. Por esto abandonan los problemas que les resultan difíciles de solucionar, por esto no exploran los límites de lo conocido, por esto no tienen el autocontrol necesario para perseverar cuando el asunto se complica. Esto también explica por qué los niños y niñas cuya inteligencia se alaba intentan hacer trampas cuando las cosas no les salen bien, o intentan mentir a los padres sobre los resultados de los exámenes. También explica que sean mucho más competitivos… pero únicamente en aquello que se les da bien (para demostrar que, efectivamente, son tan listos como se dice de ellos).

El problema radica en que decir a un niño que «es listo» significa alabar sus cualidades naturales, su genética, unas cualidades

3. Fuente: <http://www.parentingscience.com/praise-and-intelligence.html>.

y una genética que él no puede cambiar. Por esta razón intenta evitar las actividades que pueden «demostrar» que no es tan listo como creen los padres, o intenta hacer trampas o mentir cuando cree que se va a descubrir que no tiene tanto talento innato como afirman sus progenitores.

Las familias de origen asiático, por el contrario, no tienden tanto a alabar la inteligencia natural de los niños, sino su capacidad de trabajo y su perseverancia. Los padres no dicen a sus hijos «¡Qué listo eres!», sino «¡Qué bien que te hayas esforzado tanto!». Si los padres alaban el esfuerzo y no la inteligencia natural, los niños tenderán a esforzarse. La genética no se puede cambiar. La cantidad de esfuerzo, sí. Esto explicaría el hecho de que los niños asiáticos tengan mayor tendencia a asumir retos difíciles y a intentar nuevas estrategias para solucionar problemas. Este tipo de detalles, que a menudo pasan inadvertidos, son los que, según la doctora Dewar, acaban determinando si un niño o una niña tiene el autocontrol necesario para esforzarse y aprovechar su talento natural.

Aparte de lo que decimos a los niños y de cómo los felicitamos, también es importante el tipo de juegos y las actividades que llevan a cabo. Son recomendables juegos como el de las sillas musicales (mientras la música suena se dan vueltas a las sillas, y cuando esta se para, hay que sentarse), el del semáforo (pasas cuando está en verde y te detienes cuando está en rojo) o el del Simon (un juego consistente en memorizar secuencias de sonidos musicales).[4] Se aconsejan, asimismo, juegos que requieren planificación y estrategia (como el ajedrez) o hablar con uno mismo (algo a lo que llamarán, cuando sean más mayores, «pensar en voz alta», y que harán constantemente cuando lleguen al mundo de la empresa).

Otras actividades recomendables son tocar en una orquesta, cantar en una coral infantil o practicar deportes de equipo. Esto

---

4. Dicen los expertos como la doctora Gwen Dewar que jugar a este tipo de juegos dos veces por semana durante media hora puede mejorar la capacidad de autocontrol de los niños. Fuente: <http://www.parentingscience.com/teaching-self-control.html>.

fomenta la coordinación y la disciplina, y los niños aprenden que no pueden hacer lo que les viene en gana a cada momento, sino que tienen que coordinarse con los demás niños. El periodista Carles Capdevila lo explicó de una manera deliciosa:

«Cuando oigo hablar de orden, disciplina y uniformes, pienso en una coral infantil. Criaturas con camiseta blanca y pantalones negros, educados en la exigencia musical y en la aceptación de las reglas del grupo. Ahora cantas, ahora callas y escuchas, esperando tu turno. He visto llegar allí a mis hijos de cuatro años, y en el primer recital navideño pasas vergüenza: el tuyo va tarde, se rasca la cabeza sin parar y a media canción se gira de espaldas. Tres años después te das cuenta de que le han educado el oído y el ritmo, pero también la paciencia, el respeto por el turno, la concentración, la precisión. Ha aceptado que hay alguien que dirige, y cuando cada uno está en su lugar y hace lo que debe, todo suena bien. Cantan en idiomas diferentes, hacen intercambios con otros coros, conocen a otros niños, tienen directoras (y algunos directores) jóvenes, con talento y pasión, que les enseñan disciplina social y musical con toda la alegría del mundo. Cuando se acaba el concierto, los padres tenemos que secarnos la baba que se nos ha caído, orgullosos de comprobar que el secreto de la armonía es el esfuerzo y la contención. Los cantores salen contentos: se han divertido, han participado en el placer de convertir voces individuales en arte colectivo. Tanto los que añoran el autoritarismo reaccionario y malentendido como los que denuncian y ridiculizan cualquier propuesta en favor de recuperar la autoridad y educar en el orden deberían asistir a un concierto y dejarían de estar desconcertados».

Ulises y las sirenas

La gran lección de este capítulo es que el autocontrol es necesario para tener paciencia, y que vencer la tentación del placer inmediato no es algo innato, sino que puede ser enseñado. En realidad, esta es la razón por la que he empezado con la historia de Ulises y las sirenas. La parte que a menudo pasa inadvertida de este famoso capítulo de la *Odisea* de Homero es la conversación que Ulises mantiene con el hada Circe, la verdadera protagonista de la historia. Sí, es cierto que Ulises logra escuchar los cantos de sirena sin que el barco naufrague. Y también es cierto que los marineros consiguen remar sin caer en la tentación. Pero todo esto es posible gracias a los consejos del hada. La gran lección de la historia de Ulises y las sirenas no es que Ulises sea un héroe capaz de resistir los cantos de sirena. La gran lección es que existen mecanismos que nos permiten ser pacientes y que dichos mecanismos se pueden enseñar, tal como el hada Circe se los enseñó a Ulises. ¡Enseñémoslos pues a nuestros hijos e hijas, para que puedan navegar en el convulso océano de la paciencia y la tentación!

3

Lo que no se ve

Los aborígenes de la Melanesia y Sherlock Holmes

Un grupo de antropólogos que visitó las islas de la Melanesia (en el océano Pacífico, al este de Papúa Nueva Guinea, entre la Polinesia y la Micronesia) detectó que los aborígenes se comportaban de un modo extraño: derribaban árboles y construían una especie de caminos rectos, de un kilómetro y medio de longitud, que parecían pistas de aterrizaje. A lo largo del camino colocaban, a lado y lado, docenas de antorchas encendidas y, al final de todo, una cabaña de madera en la que había un hombre con dos mitades de coco puestas en la cabeza como si fueran auriculares. De uno de estos cocos salía una caña de bambú que se asemejaba mucho a una antena. El hombre de los cascos de coco movía los brazos como si fueran las aspas de un molino, mientras el resto del pueblo permanecía al lado de la pista mirando al cielo durante horas y horas. Era como si esperaran la llegada de un platillo volante con extraterrestres que tuviera que llevarlos de vuelta a una nave madre. Los estudiosos occidentales no entendían qué hacían aquellas tribus milenarias. Su comportamiento era extraño y querían estudiarlo.

Los economistas, como los antropólogos, también intentamos analizar el comportamiento humano, no de las tribus ancestrales, sino de los humanos actuales. Y resulta complicado porque a veces los humanos actuamos de manera racional y obvia, pero otras veces lo hacemos respondiendo a factores que cuestan de creer. En el libro *Estrella de plata* (*Silver Blaze*), el legendario investigador Sherlock Holmes y su nuevo colega, el doctor Watson, investigan la desaparición del caballo de carreras Estrella de Plata y la muerte de su preparador, John Straker, de un fuerte golpe en la cabeza. En Inglaterra, las carreras de caballos son muy importantes, no solo desde el punto de vista social (recordad las carreras de Ascot, a las que la alta sociedad asiste con sombreros extravagantes), sino también desde el punto de vista económico, por la gran cantidad de dinero que allí mueven las apuestas. Por lo tanto, la desaparición de un caballo estrella tiene una gran trascendencia.

El inspector Gregory, de Scotland Yard, deduce que un ladrón estaba intentando robar a Estrella de Plata y, en aquel preciso momento, apareció el entrenador del caballo, John Straker, y le sorprendió. El ladrón tuvo que enfrentarse a él y lo mató de un fuerte garrotazo en la cabeza. Antes de cerrar el caso, pregunta a Sherlock Holmes: «¿Hay algo más que quiera saber del caso?». Holmes le responde: «Sí, me gustaría saber qué piensa usted del curioso incidente del perro durante la noche del asesinato». El inspector responde: «¡Pero si el perro no hizo nada! ¡Ni tan siquiera ladró!». Y Holmes constata: «Este es precisamente el curioso incidente: que ni siquiera ladró».

Resulta que Sherlock Holmes ha observado que, la noche del crimen, el perro había permanecido callado, de lo que deduce que el autor de los hechos tiene que ser alguien conocido. Si no, el perro habría ladrado. La única persona a quien el perro no habría ladrado era al preparador. Así, Sherlock Holmes llega a la conclusión de que fue el propio John Straker quien intentó robar a Estrella de plata, aprovechando el silencio y la oscuridad de la noche. Pero el caballo debió de notar que pasaba algo extraño, ya que su entrenador nunca lo sacaba a pasear de noche. Se puso nervioso y le propinó una coz en la cabeza que lo mató y salió corriendo. Ni robo ni asesinato, todo había sido obra del preparador. Por esto el perro no había ladrado.

Esta famosa historia de Sherlock Holmes se ha convertido en

el ejemplo paradigmático de aquellas situaciones en las que la clave no está en lo que sucede, se oye o se ve, sino en lo que no sucede, no se oye o no se ve. En este capítulo hablaremos de una de las claves más importantes y difíciles de la economía: lo que no se ve.

El efecto cobra

A diferencia de la física, que trata con objetos inertes, la economía trata con personas que toman decisiones. Los objetos inertes no toman decisiones. Cuando un físico analiza el comportamiento de una bola de acero en el vacío, observa que la bola siempre cae con la misma aceleración. Pero si intenta analizar el comportamiento de las personas, se da cuenta de que los humanos no siempre se comportan igual y que su comportamiento responde a los incentivos que se le presentan. Si uno intenta lanzar a una persona al vacío, se dará cuenta de que esa persona analizará si gana más dinero lanzándose al vacío o no lanzándose: mirará si hay subsidios, impuestos, regulaciones, leyes, o maneras de saltarse las regulaciones y las leyes, antes de tomar la decisión de lanzarse. Es decir, la persona tomará decisiones según los incentivos que haya, y estas decisiones podrían dar pie a que, en lugar de tomar una dirección determinada, acabe tomando otra.

El propio Isaac Newton, quizá el físico más influyente de todos los tiempos, después de perder todos sus ahorros en una inversión mal diseñada, dijo: «Yo puedo calcular el movimiento de los cuerpos celestiales, pero no la locura de las personas».

Este es uno de los trabajos más difíciles que deben abordar los economistas: analizar, no la locura, pero sí el comportamiento de las personas. Es decir, estudiar cómo un impuesto, un subsidio, una regulación, un arancel, un precio o cualquier otra política afectará al comportamiento de los ciudadanos. Esto es muy importante porque dicho comportamiento puede acabar provocando que el efecto del impuesto, el subsidio, la regulación, el arancel, el precio o la política sea exactamente el contrario del que esperan los políticos o los analistas *amateurs* que no entienden el papel de los incentivos.

Cuando los ingleses intentaron colonizar la India, tuvieron que enfrentarse a tres ejércitos. El primero era un ejército de seres humanos, concretamente de holandeses. En el siglo XVIII, ingleses y holandeses luchaban constantemente por el dominio del subcontinente indio, para poder enriquecerse exportando las famosas especias a Europa. Los británicos lucharon contra los holandeses con los instrumentos militares tradicionales: la infantería, la artillería y la caballería. Tuvieron que superar tres guerras, pero al final vencieron y se quedaron con la India.

El segundo ejército fue el de los mosquitos. La India era un país infestado por varias enfermedades tropicales, entre las que destacaba la malaria o paludismo, una afección causada por un protozoo llamado *Plasmodium* y transmitida por el mosquito *Anopheles*. En aquella época la malaria no tenía ninguna solución médica. De hecho, todavía hoy, en pleno siglo XXI, los médicos no han conseguido erradicar la enfermedad y casi medio millón de personas mueren anualmente víctimas del paludismo. Para luchar contra la malaria, los ingleses tomaban quinina, que es el componente que también da el sabor amargo al agua tónica. Para reducir el sabor amargo, mezclaron la tónica con un poco de ginebra. ¡Y, de rebote, inventaron el gin-tonic!

El tercer ejército era el más peligroso. Estaba formado por millones de cobras venenosas, capaces de matar a un ser humano en menos de treinta minutos. Y es que la India era un país plagado de serpientes venenosa. La cobra era un problema para el ejército, y también para las familias inglesas que se trasladaban a vivir a la nueva colonia. Para luchar contra aquella plaga reptil, los británicos no utilizaron ni soldados ni gin-tonics. Utilizaron un arma mucho más temible: ¡economistas! ¡Sí, sí, economistas! Los economistas hicieron ver al gobierno británico que utilizar soldados para eliminar las serpientes no era rentable, y que sería mucho más eficiente recurrir a los propios ciudadanos indios. Con ese objetivo, propusieron darles incentivos monetarios para que dedicaran tiempo a matar cobras. Se tomó la decisión de recompensar con cien rupias cada cabeza de cobra muerta que se llevara ante las autoridades británicas. Pensaron que eso sería incentivo suficiente para que todos los indios se dedicaran a cazar cobras y que, en cuestión de meses, el problema habría desaparecido.

Desgraciadamente, el resultado no fue el que habían previsto los economistas: los indios empezaron a llevar centenares de miles, millones de cabezas de cobra, que los ingleses recompensaron debidamente. Pero cuantas más cabezas de cobra pagaban, más serpientes parecía haber por todas partes. Lejos de poner fin a las cobras, el problema parecía cada vez más grande.

El caso es que los indios, que eran y son gente emprendedora, enseguida hicieron cálculos. Cada cobra pone unos cuarenta huevos por año. La mayor parte de estos huevos son devorados por depredadores naturales y no se convierten en serpientes adultas. Pero los emprendedores indios pensaron: «Si en lugar de estar expuestos a los peligros de la naturaleza, los humanos protegemos los huevos de cobra, cada serpiente generará cuarenta cobras más y, en lugar de cobrar cien rupias ahora, podremos cobrar 4.000 dentro de un año». Es más, «si en lugar de vender las cuarenta cobras, hacemos que la mayoría de ellas se reproduzcan, la cobra original acabará generando 1.600, 64.000 o 2,5 millones y medio de cobras. Y eso es lo que millones de indios decidieron hacer: ¡criar cobras!

Pero el gran problema para los británicos aún estaba por llegar: cuando se dieron cuenta de que el programa de recompensas no funcionaba, lo cancelaron. Naturalmente, la reacción de los emprendedores indios al ver que ya no se harían ricos criando cobras fue soltarlas. El resultado fue que, al final, había más serpientes en las calles de India que al principio de la «brillante» iniciativa británica. Al no haber estimado correctamente las reacciones de los seres humanos, la política de erradicación de cobras obtuvo un resultado exactamente contrario al deseado.

El fracaso de la política reptil británica en la India fue tan estrepitoso y se hizo tan famoso, que los economistas tomaron su nombre para describir la ley de las consecuencias no deseadas. La llaman «efecto cobra»: cuando uno no tiene en cuenta la reacción de los humanos ante una determinada política económica, las consecuencias finales de tal política a menudo son las contrarias a las que se buscaban. El efecto cobra equivale en términos coloquiales a «salir el tiro por la culata», y nos demuestra la importancia de realizar análisis económicos correctos. Los análisis superficiales o *amateurs* frecuentemente acaban proponiendo soluciones mágicas, «fáciles»... ¡y equivocadas!

Los ejemplos de políticas económicas que salen mal no se reducen solo a episodios aislados de la historia colonial británica. Tenemos ejemplos mucho más cercanos. Uno de ellos se vivió en Francia en 2012. El presidente francés, el socialista François Hollande, subió el impuesto sobre la renta hasta el 75 % para las personas que ganaban más de un millón de dólares. El objetivo era que los más ricos pagaran al erario francés una parte más importante de sus fortunas. El objetivo podría ser loable, e incluso se podría argumentar que es justo y ético que los ricos paguen tanto. No lo sé. Lo que sí sé es que Hollande y sus asesores fiscales no tuvieron en cuenta la reacción de los ricos, que no fue otra que abandonar el país. Uno de los casos más famosos fue el del actor Gérard Depardieu, que emigró a Rusia y pasó a pagar todos los impuestos al Estado de Vladimir Putin. Al igual que Depardieu, el resto de los ricos trasladaron sus residencias a Bélgica, Holanda, Estados Unidos o Irlanda, y la consecuencia fue que Francia no recaudó más impuestos, tal como quería Hollande, sino menos. Al constatar el monumental fracaso de su política, Hollande se echó atrás solo dos años después de haberla implementado. ¡El efecto cobra en versión fiscal!

Encontramos otro ejemplo que ilustra la ley de las consecuencias imprevistas en la política arancelaria de Estados Unidos. Los coreanos, gracias a su superior tecnología y a una eficiencia productiva envidiable, podían producir acero a precios mucho más bajos que los norteamericanos. El presidente George W. Bush decidió que aquello costaba muchos puestos de trabajo a los fabricantes de acero estadounidenses, y, con el objetivo de recuperar la ocupación «perdida», aplicó unos impuestos a las importaciones de acero coreano. Los impuestos a los bienes importados reciben el nombre de «aranceles». El problema fue que ni Bush ni sus asesores económicos se dieron cuenta de que, al gravar con un impuesto el acero coreano, el precio del acero aumentaría, y esto haría que algunas empresas que utilizaban acero tuvieran que cerrar sus puertas: productores de neveras o coches se fueron de Estados Unidos, y toda la ocupación que se ganó en el sector del acero se perdió en los sectores que utilizaban acero. Pero ya era demasiado tarde para dar marcha atrás. El efecto total del arancel no fue aumentar el número de puestos de trabajo en Estados Unidos, sino disminuirlos. Aunque es todavía temprano para sacar conclusiones, los datos empiezan a indicar que una cosa similar está pasando con la guerra comercial que el presidente Donald Trump ha iniciado contra todo el mundo para proteger al sector siderúrgico norteamericano: las empresas que usan el acero encarecido por los aranceles de Trump (fabricantes de automóviles, clavos, electrodomésticos, etc.) están perdiendo clientes y abandonan el país. El resultado final será, como ya pasó con Bush, que una vez se analicen todos los sectores, Estados Unidos va a perder, no ganar, empleo.

El efecto cobra se manifiesta también en situaciones que no tienen nada que ver con la economía. En 2003, el fotógrafo norteamericano Kenneth Adelman publicó en la web una fotografía aérea de la casa de la cantante Barbra Streisand en Malibú, California. Inicialmente, la foto pasó inadvertida y poca gente la vio. Pero entonces la cantante cometió un error grave: como no quería que la gente supiera dónde vivía, llevó al fotógrafo a los tribunales acusándolo de violar su intimidad y privacidad. A raíz del escándalo judicial, millones de personas entraron en la web para ver la casa de Streisand, y una foto que había pasado inadvertida fue una de las más vistas del año. Barbra Streisand no quería que nadie supiera cómo y cuál era su casa y, como no calculó las consecuencias de sus acciones, lo que consiguió fue que todo el mundo la viera. Exactamente lo contrario de lo que ella pretendía. Pero el caso no acabó aquí para la pobre cantante californiana. Su fiasco fue tan famoso que cada vez que alguien quiere que algo no sea visto, intenta prohibirlo y consigue que todo el mundo lo mire, se habla del «efecto Streisand».

Algunos ejemplos paradigmáticos del efecto Streisand nos los ofrece la Iglesia católica. En muchas ocasiones, las autoridades vaticanas u otros grupos católicos deciden que una determinada película no es recomendable y piden que la gente no la vaya a ver. Es lo que ocurrió, por ejemplo, con *El código Da Vinci*, de Ron Howard, en 2006, o con *La última tentación de Cristo*, de Martin Scorsese, en 1988, o *Jesucristo Superstar*, en 1973, entre otras películas. Lo que ocurre en estos casos es que las llamadas al boicot aparecen en la prensa y se crea una gran controversia que despierta la curiosidad de muchas personas que ni habían pensado en ir a ver la película. El resultado es que acaba teniendo más espectadores de los que habría tenido sin boicot. ¡Es el efecto cobra en versión cinematográfica!

Para concluir, dejadme que ponga un ejemplo más próximo, que tiene que ver con nuestros computadores y teléfonos móviles. Debido a la acción de los *hackers* que invaden los ordenadores en todo el mundo, las empresas nos piden que pongamos contraseñas (*passwords*) cada vez más complicadas para acceder a nuestros computadores, cuentas de e-mail, periódicos, iTunes, cuentas bancarias u otros lugares de suscripción: ahora ya no podemos escoger un nombre sencillo o un número fácil de recordar sino que nuestro *password* debe contener una letra mayúscula, una minúscula, un carácter extraño y varias cifras. Y no solo esto, cada tres meses nos envían un mensaje para que cambiemos la contraseña. Como es difícil recordar estas contraseñas complicadas y cambiantes, son muchos los usuarios que las apuntan en un fichero del computador. ¿Consecuencia? Pues que ahora a un *hacker* le resulta mucho más fácil acceder a todas nuestras cuentas: ¡solo tiene que entrar en nuestro computador y buscar el fichero donde tenemos apuntadas todas las contraseñas! ¡La cobra se coló en nuestro computador!

El coste de oportunidad

Si el primer problema asociado a «lo que no se ve» son las reacciones imprevistas de los seres humanos, el segundo problema es el error que a menudo cometen los analistas que no entienden el verdadero coste de las cosas. Son muchos los que creen que el coste de un producto o un servicio es el precio que se paga para obtenerlo. Grave error. El verdadero coste de las cosas no es el precio que se paga por ellas, sino lo que se sacrifica para obtenerlas, que es muy distinto. Los economistas llaman a esto el «coste de oportunidad».

La confusión entre precio y coste de oportunidad puede parecer una nimiedad, pero, en realidad, el error puede conllevar consecuencias catastróficas. Las sociedades rurales del mundo emergente tienen un problema considerable: una gran mayoría de las niñas (el problema es más acusado en las niñas que en los niños) abandonan el colegio a una edad muy temprana. En el mundo emergente, la falta de educación tiene consecuencias nefastas para el bienestar de la niña y de sus descendientes: las niñas, chicas y mujeres sin formación acaban teniendo sueldos mucho más bajos durante el resto de su vida, se casan mucho más jóvenes, tienen muchos más hijos y la salud de estos hijos es más frágil. De hecho, la mortalidad infantil (el número de niños que mueren por enfermedades que pueden ser prevenidas antes de cumplir los cinco años) está directamente relacionada con el nivel educativo de la madre. No es de extrañar, pues, que los gobiernos de todo el mundo lleven a cabo todos los esfuerzos posibles para evitar que las niñas abandonen el colegio a edades tempranas.

La mayor parte de los gobiernos creen que la mejor manera de lograr este objetivo es que el colegio sea gratuito. Es decir, creen que, si el precio de los estudios es cero, las niñas seguirán en el colegio. Pero todos esos países consideran (erróneamente) que el coste de ir al colegio es el precio de la inscripción y, por esta razón, su política ha sido ofrecer una matrícula totalmente gratuita. Sin embargo, en los países que han implementado esa política, las niñas han continuado abandonando el colegio. Al constatar su fracaso, muchos países han pensado que el coste real no solo es la matrícula, sino que también hay que incluir el precio de los libros, los uniformes y el transporte (en las zonas rurales de los países emergentes, los colegios están a tres o cuatro horas de los pueblos donde viven las niñas). Para los padres de familia pobres, estos tres conceptos pueden totalizar una parte importante del ingreso familiar. En consecuencia, son muchos los gobiernos de todo el mundo que han optado por subsidiar también los libros, los uniformes y el transporte para que fueran gratuitos. ¡Y aun así, las niñas seguían sin ir al colegio!

Así estaban las cosas cuando Ernesto Zedillo, un economista formado en la Universidad de Yale, en Estados Unidos, llegó a la presidencia de México en el año 1994. Como buen economista, Zedillo sabía que el coste de las cosas no es su precio, sino lo que sacrificamos para conseguirlas. Obviamente, el coste de la educación de las niñas mexicanas incluye el dinero para pagar la matrícula, los libros y el material escolar, el uniforme y el transporte. Pero Zedillo se dio cuenta de que había un coste todavía más importante: las niñas que dejaban el colegio lo hacían porque eran pobres y sus familias necesitaban el dinero de su trabajo. Y una niña no puede ir al colegio y trabajar al mismo tiempo. Es decir, cuando una niña va al colegio deja de ganar, o «sacrifica», el sueldo que ganaría si, en lugar de ir a recibir clases, estuviera trabajando en el campo o en la fábrica. Por lo tanto, desde el punto de vista de los padres, una parte importante del coste de educar a una niña es el sueldo que deja de aportar a su casa.

Ernesto Zedillo —que era, y es, el mejor economista que ha sido presidente de un país— lo entendió, y decidió que la única manera de lograr que el coste de la educación fuera realmente cero era pagar una especie de «salario» para ir a clase. De este modo, los padres recibirían el dinero de la niña, tanto si trabajaba como si estudiaba y, siendo así, dejarían que acabara sus estudios. Con este objetivo, Zedillo introdujo el programa llamado Progresa, a través del cual las niñas de los estados más pobres de México

(Guerrero, Chiapas y Oaxaca) recibirían un sueldo a cambio de ir a clase. Y además de tener que ir al colegio, las niñas también tenían que pasar revisiones médicas y comer de manera saludable. El éxito de Progresa fue espectacular:[1] las niñas no solo se quedaron en el colegio, sino que además continuaron estudiando masivamente. Muchas de ellas acudieron a la universidad, obtuvieron mejores puestos de trabajo, fueron remuneradas con un sueldo más alto, y tanto ellas como sus hijos gozaron de una mejor salud. El éxito del programa Progresa fue tan rotundo que los gobiernos de todo el mundo emergente lo copiaron de uno u otro modo. La diferencia entre pobreza y riqueza, educación o analfabetismo, salud o enfermedad puede acabar dependiendo de que los políticos y los analistas entiendan que el verdadero coste de las cosas no es su precio, sino lo que uno sacrifica para conseguirlas. Es decir, el coste real de las cosas es el coste de oportunidad.

Los costes no monetarios

Otra fuente de errores recurrentes que cometen los analistas *amateurs* es no entender que, muy a menudo, los costes de las cosas no son necesariamente dinero. En 1998, una guardería de la ciudad israelí de Haifa constató que muchos padres llegaban tarde a recoger a sus hijos. Concretamente, el 26 % de los padres llegaban a recoger a sus hijos con más de quince minutos de retraso. Estos retrasos causaban un perjuicio a algunos profesores, que debían quedarse en el colegio después de finalizar el horario escolar para vigilar a los niños no recogidos. Para solucionar el problema, el

---

1. Debido a la falta de presupuesto, Zedillo no pudo pagar un sueldo a todas las niñas. Para no ser injusto con nadie decidió realizar un sorteo totalmente aleatorio para elegir qué niñas se beneficiarían de Progresa. Al seleccionar a las participantes de esta manera, los economistas tuvieron la ocasión de comparar los resultados de las chicas que habían participado con los de las chicas que no. Véase Paul Gertler y Simone Boyce, «An Experiment in Incentive-Based Welfare: The Impact of PROGRESA on Health in Mexico», 2001.

director apeló a la economía: decidió poner una multa de diez shekels israelitas a los padres cada vez que llegaran tarde.

Aclaremos que diez shekels no es un importe desproporcionado, pero tampoco es una cantidad despreciable: sería aproximadamente el precio de una hora de trabajo de una cuidadora de niños. Esto significa que, si un padre o una madre decidían llegar tarde de manera sistemática, la broma les podía acabar costando unos doscientos shekels al mes (en precios de 2017, serían unos doscientos dólares mensuales). El director pensaba que la razón por la que los padres llegaban tarde era que, para ellos, el coste de hacerlo era cero. Sin embargo, para la escuela el coste era grande, ya que había que pagar horas extra a los profesores que se quedaban. El director creyó que, si introducía un precio monetario para los padres, aunque no fuera demasiado elevado, estos irían a buscar a sus hijos con puntualidad.

Las consecuencias de esta nueva política de precios en la guardería resultaron bastante sorprendentes: en vez de disminuir, ¡los retrasos se doblaron! De pronto, el porcentaje de padres que llegaban tarde pasó del 26 al 56 %. ¿Cómo es posible? ¿Acaso no nos dice la famosa ley de la demanda que si algo es más caro los usuarios tienden a reducir su uso? Es decir, si llegar tarde resultaba más caro a los padres, ¿no habría tenido que haber menos retrasos? ¿Por qué había más? La explicación es que el director de la escuela de Haifa pensó que los costes de ir a buscar a los niños con retraso eran solo costes monetarios. Antes de la nueva política de precios —pensaba él—, el coste para los padres era cero. Con la nueva política, el coste había aumentado a diez, lo cual habría tenido que desincentivar los retrasos.

Pero el director no se dio cuenta de que, además del coste en dinero, había un coste oculto: el coste de la vergüenza que sentía un padre o una madre cuando llegaba tarde y tenía que mirar a los ojos al maestro que había tenido que quedarse a cuidar a su hijo por culpa de su irresponsabilidad. Este es un coste «social» y no monetario. La nueva política ponía un precio monetario al retraso (diez shekels). Pero también hacía que los padres no sintieran vergüenza ante los retrasos porque pensaban que con el dinero extra que pagaban ya cubrían el perjuicio que causaban al profesor de turno. Es cierto que el coste en dinero para los padres había aumentado, pero, al desaparecer el coste «social» de la vergüenza, el resultado es que el coste total para los padres había disminuido… y esto provocó que los padres llegaran con más retraso y no con menos.[2] No tener en cuenta que a menudo los costes de las cosas no son necesariamente monetarios puede acarrear consecuencias no deseadas.

La paradoja de los cristales rotos

Uno de los primeros economistas en hablar de lo que no se ve en economía fue el francés Frédéric Bastiat, quien, en 1850 escribió la historia de un niño que juega a pelota en la plaza del pueblo.[3] De pronto la pelota impacta contra el cristal del escaparate de una tienda y lo rompe. El tendero sale llorando, lamentándose del dinero que le va a costar reparar el escaparate y riñe al niño que lo ha roto. Al oír el escándalo, la gente que está en la plaza se acerca al lugar. Poco a poco se forma un corro que rodea al tendero y al niño. Al principio, la multitud da la razón al propietario del escaparate roto: el pago de la reparación le supondrá un coste económico elevado.

Entonces aparece un supuesto sabio que dice que la rotura del cristal es una muy buena noticia para la economía del pueblo. Al fin y al cabo, el tendero pagará un dinero al cristalero para que le instale un nuevo escaparate y, ¿qué va a pasar con este dinero? Inicialmente comportará un beneficio al cristalero, un beneficio que seguramente se gastará en otros negocios como, por ejemplo,

2. El caso de la guardería de Haifa fue documentado por los economistas Uri Gneezy y Aldo Rustichini en el artículo «A Fine is a Price», publicado en el *Journal of Legal Studies*, en enero del 2000.

3. Frédéric Bastiat, *Ce qu'on voit et ce qu'on ne voit pas* (en español: «Lo que se ve y lo que no se ve», en *Obras escogidas*, Madrid, Unión Editorial, S.A., 2004).

la panadería. Esto beneficiará al panadero, que seguramente se comprará unos zapatos, lo cual beneficiará al zapatero. Con el dinero, el zapatero seguramente comprará pescado, y esto beneficiará al pescadero, que se gastará el dinero en carne, lo cual beneficiará al carnicero… Y así sucesivamente hasta beneficiar a una gran cantidad de negocios de todo el pueblo. Por lo tanto, el sabio sostiene que no hay que reñir al niño. Al contrario, debemos darle las gracias porque su travesura acabará teniendo un importante beneficio económico para la sociedad.

El argumento del sabio es ingenioso y convincente, pero presenta un «pequeño» problema: ¡está totalmente equivocado! En realidad, la parábola de los cristales rotos es un ejemplo de lo que ocurre en economía cuando uno se olvida de la mitad del argumento. Fijaos en que el sabio explica lo que sucederá cuando el tendero gaste el dinero. Ahora bien, para saber si esto genera más actividad económica, hay que compararlo con lo que sucedería si el tendero no se gastara el dinero en el comercio del cristalero. ¿Qué habría hecho el tendero si el niño no le hubiera roto el cristal y no se hubiera visto en la necesidad de reparar el escaparate? Pues, probablemente, se habría gastado el dinero en otra cosa. Por ejemplo, se habría comprado ropa. El vendedor de ropa habría obtenido un dinero que habría gastado, por ejemplo, en la panadería. Esto habría beneficiado al panadero, que seguramente se habría comprado unos zapatos, lo cual habría beneficiado al zapatero. Con el dinero, el zapatero probablemente habría comprado pescado, y esto habría beneficiado al pescadero, que se habría gastado el dinero en carne, y esto habría beneficiado al carnicero… Y así sucesivamente hasta beneficiar a una gran cantidad de negocios de todo el pueblo. Fijaos en que el impacto económico y la cadena de acontecimientos son exactamente iguales tanto si el tendero gasta el dinero en la cristalería como si lo gasta en ropa. Por tanto, la diferencia entre el impacto económico causado por el hecho de que se rompa un cristal o no se rompa no es la actividad económica que se activa a raíz de la reparación, ya que la actividad económica generada es la misma tanto si el cristal se rompe como si no. La única diferencia es que, si se rompe el cristal, ¡la sociedad pierde exactamente el valor del cristal roto![4]

Hay muchos economistas que nunca han entendido la paradoja de los cristales rotos, y continúan cometiendo el mismo error que el supuesto sabio de la parábola de Bastiat. Por ejemplo, hay quien argumenta que los terremotos, los ataques terroristas, los tsunamis, los huracanes o las guerras[5] son buenos porque comportan un proceso de reconstrucción que genera mucha actividad económica. La realidad es que todos estos desastres son malos para la economía porque el dinero que se gasta en la reconstrucción se habría gastado en otras cosas y habría generado, más o menos, la misma actividad, pero sin sufrir la destrucción.

Si fuera cierto que destruir es bueno para la economía, cada vez que se vive una crisis nos dedicaríamos a destruir carreteras, puentes, edificios, estadios o aeropuertos. Y, claramente, esto sería una estupidez.

La falacia de composición

¿Os ha ocurrido alguna vez que, estando en un estadio de fútbol, cuando vuestro equipo se acerca a la portería y está a punto de marcar un gol, todas las personas que tenéis delante se ponen

4. El lector inteligente habrá pensado que la actividad económica generada no habría sido la misma si, en vez de gastarse el dinero, el tendero lo hubiese ahorrado. La pregunta es: ¿qué habría hecho con el dinero ahorrado? Pues seguramente lo habría guardado en un banco. Y el banco lo habría prestado a alguien como, por ejemplo, un campesino, que lo habría gastado comprando pan. El panadero habría obtenido un beneficio con el que se habría comprado un par de zapatos. Y la rueda económica habría sido exactamente la misma. Vemos pues que, si el tendero hubiese ahorrado el dinero, el impacto económico general habría sido, más o menos, el mismo.

5. De hecho, no son pocos los historiadores económicos que argumentan que fue gracias a la demanda creada por la Segunda Guerra Mundial que las economías de todo el mundo salieron de la Gran Depresión de los años treinta del siglo XX.

de pie y os quedáis sin ver el gol? ¿Por qué se pone de pie la gente en un partido de fútbol?

Supongo que el primero que se levanta de su asiento piensa que, de pie, verá mejor. Y no le falta razón: si esta persona es la única que se pone en pie, ve mejor. El problema es que, si todos nos ponemos en pie a la vez, entonces deja de ser cierto que todos veamos mejor. De hecho, si todos nos levantamos al mismo tiempo, casi todos veremos peor. Fijaos en que un argumento que es cierto para una sola persona («si me pongo de pie, veo mejor») no lo es cuando se aplica al conjunto de personas («si todos nos ponemos de pie, todos vemos peor»). Confundir lo que es cierto para una persona con lo que lo es para muchas es lo que los filósofos denominan «falacia de composición».

Nuestras vidas están plagadas de ejemplos de la falacia de composición. Otro que también suele tener lugar en los estadios de fútbol: muchos espectadores se van unos minutos antes de que el partido finalice porque creen que así se ahorrarán colas y llegarán antes a casa. Y cada uno de ellos tiene razón… siempre que ellos sean los únicos que se van antes de que acabe el partido. Si todos decidiéramos irnos del campo cinco minutos antes, entonces todos encontraríamos aglomeraciones y ninguno de nosotros llegaría antes a su casa. Lo que es cierto cuando lo hace un individuo («si me voy cinco minutos antes, me ahorro colas») no es cierto si lo hacemos todos al mismo tiempo («si todos los espectadores nos vamos cinco minutos antes, nadie se ahorrará las colas»).

La falacia de composición también se da en otros deportes. Un corredor de maratón que ha quedado en vigesimoquinta posición, a nueve minutos del vencedor, puede pensar: «Si en la próxima carrera corro en nueve minutos menos que hoy, ganaré». Y tiene razón. Si él, y solo él, corre el maratón en nueve minutos menos, ganará. Pero ¿qué ocurrirá si todos los corredores corren en nueve minutos menos? Pues que él volverá a ocupar la vigesimoquinta plaza. Es decir, lo que es cierto para uno («si corro más rápido, obtendré una mejor clasificación») no tiene por qué serlo para el conjunto de los participantes («si todos corremos más deprisa, no todos obtendremos una mejor clasificación»).

Explico todo esto porque la economía nos proporciona infinidad de ejemplos que, si no vamos con cuidado, pueden inducirnos al error de la falacia de composición: un campesino puede pensar que si él, y solo él, tuviera una muy buena cosecha de peras, ganaría mucho dinero porque podría vender una enorme cantidad de mercancía. Pero ¿qué ocurriría si todos los campesinos de la zona, o del mundo, obtuvieran una buena cosecha? ¿Creéis que lo celebrarían con el mismo entusiasmo? Probablemente no, porque si todos tuvieran una muy buena cosecha de peras, por ejemplo, el mercado se inundaría de peras. Y cuando hay una gran oferta de peras, baja su precio. Los ingresos de los campesinos dependen no solo de la cantidad de peras que recolectan, sino también del precio al que las quieren vender. Si todos tuvieran una buena cosecha, el precio podría bajar tanto que los ingresos de los campesinos podrían ser inferiores a los que obtendrían con una mala cosecha. Fijaos en que, si quien obtiene una buena cosecha es un solo campesino, el precio de la fruta prácticamente no cambia, ya que cada campesino individualmente es demasiado «pequeño» para afectar al precio de mercado. Por tanto, lo que es cierto para un campesino («si tengo buena cosecha, obtendré más ingresos por mi fruta») puede no ser cierto para el conjunto de campesinos («si todos tenemos buenas cosechas, los precios de la fruta bajarán y obtendremos menos ingresos»).

Cuando un marinero emplea una tecnología mejor para pescar (un radar mejor, una red mejor, un barco mejor o una mejora del tipo que sea), piensa: «Con esta tecnología más avanzada, capturaré más peces y, por tanto, más dinero». Y tiene razón. Si él, y solo él, consigue pescar más peces cada vez que sale a pescar, sus ingresos se multiplicarán. Pero ¿qué pasará si todos los pescadores adoptan esta nueva tecnología que permite pescar más peces? Pues que, entre todos, acabarán extinguiendo las especies capturadas y, entonces, ¡ninguno de los pescadores tendrá ingresos! Una vez más, lo que es cierto para un pescador («si pesco más, me haré rico») no es cierto para el conjunto de los pescadores («si todos pescamos más, los peces se acabarán y nos arruinaremos»). No tener en cuenta la falacia de composición puede acarrear consecuencias catastróficas para el medio ambiente, ya que puede contribuir a la extinción de muchas especies.

Finalmente, dejadme que os explique la «paradoja del ahorro», que fue presentada por el economista británico John Maynard Keynes. Imaginad que una sola persona reduce su gasto porque quiere ahorrar para comprar un coche. Menos gasto comporta más ahorro. Ahora bien, ¿qué pasaría si, en vez de una sola persona, fueran todos los ciudadanos de un país quienes redujeran el gasto para ahorrar? Pues si todos gastáramos menos, las empresas ingresarían menos (¡todo el dinero que hasta ahora gastábamos, y que dejamos de gastar, deja de ir a las empresas que hasta ahora lo recibían!). Estas empresas no podrían pagar los mismos sueldos a sus trabajadores, ni los mismos dividendos a sus accionistas. En consecuencia, los ingresos de muchos ciudadanos bajarían. Dado que el ahorro es la diferencia entre los ingresos y los gastos, una reducción de gastos que comportara una reducción de ingresos podría no implicar un aumento del ahorro. Es decir, lo que es cierto para una persona («si gasto menos, el ahorro aumenta») no es cierto para todos a la vez («si todos gastamos menos, el ahorro nacional no aumenta necesariamente»). Este fenómeno, al que Keynes llamó «paradoja del ahorro», es otro ejemplo de la falacia de composición.

¿Causalidad o casualidad? Angela Merkel y los aborígenes de la Melanesia

Quizá lo más importante que no se ve y que genera muchos problemas a los analistas económicos *amateurs* es la relación causa-efecto. Los datos nos muestran que dos hechos tienden a aparecer al mismo tiempo, un fenómeno al que los estadísticos llaman «correlación». Por ejemplo, cuando hace viento, las aspas de los molinos de viento se mueven. Cuando un bosque se quema, hay bomberos. Los datos, no obstante, no nos dan demasiada información sobre cuál de los dos fenómenos es la causa y cuál el efecto. Algún iluminado podría llegar a pensar que son las aspas de los molinos las que, moviéndose, provocan que haya viento, como si de ventiladores gigantes se tratara. Y otro podría pensar que los que causan el fuego son los bomberos. ¿Cómo se entiende, si no, que cada vez que hay bomberos en la montaña, haya fuego?

Claramente estos son dos ejemplos absurdos, porque todos sabemos que el viento no se origina por las aspas de los molinos y que los incendios forestales no están causados por los bomberos, sino más bien todo lo contrario: el viento mueve los molinos y el fuego comporta la aparición de bomberos.

Ahora bien, la cosa no es tan sencilla cuando nos referimos a otras situaciones. Por ejemplo, los niños que reciben clases particulares en casa suelen sacar peores notas. ¿Significa esto que los profesores particulares son tan malos que empeoran el rendimiento de los estudiantes? Hay quien cree que sí. De hecho, al ver esta correlación, una decana de la Universidad de Harvard recomendó a los padres no pagar clases particulares a sus hijos porque no solo no les ayudaban, sino que les perjudicaban. Evidentemente, esta decana no entendía mucho que digamos, de correlación y causalidad. Lo que sucede en las clases no es que los profesores particulares empeoren el rendimiento de los estudiantes que les contratan, sino que solo los estudiantes malos contratan a profesores particulares. Al fin y al cabo, ¿quién contrata a profesores particulares? ¿Los estudiantes que obtienen siempre matrículas de honor? ¡No! Estos pueden sacar buenas notas sin que nadie les ayude. Quienes contratan a profesores particulares para que les ayuden son los estudiantes malos que piensan que sin ayuda no serán capaces de aprobar. Por lo tanto, no debe extrañarnos que los estudiantes que contratan a profesores particulares saquen peores notas, pero ¡eso no quiere decir que los profesores particulares perjudiquen las notas de los estudiantes!

¿Sabéis que los mejores cirujanos del corazón son los que tienen un índice de mortalidad más alto entre sus pacientes? Es decir, que cuanto más reconocido es un cirujano, más pacientes mueren en sus manos. Lo mismo podríamos decir de los médicos que tratan el cáncer: cuanto mejor es el médico, más enfermos se le mueren. Y si a un médico se le mueren más pacientes, será porque es peor médico, ¿no es cierto? ¡Pues no! Lo que ocurre es que los buenos médicos son los que se encargan de los casos más difíciles, ya que los médicos mediocres no se atreven con personas que se encuentran a las puertas de la muerte. Y, lógicamente, si un médico se hace cargo de los casos más difíciles, lo más normal es que se le mueran más pacientes.

Un fenómeno «curioso» es la estrecha relación existente entre las personas que duermen con los zapatos puestos y las personas que se levantan con dolor de cabeza. ¿Significa esto que dormir con los zapatos puestos provoca dolor de cabeza? ¿O que la gente que sufre de dolor de cabeza se olvida de descalzarse al acostarse? ¿Cuál es la causa y cuál es el efecto? A decir verdad, ni una cosa ni la otra. La realidad es que hay un tercer fenómeno que origina ambas consecuencias (los zapatos y el dolor de cabeza). ¡Este fenómeno es el alcohol! La gente borracha tiende a olvidarse de quitarse los zapatos antes de acostarse y, además, se despierta con resaca. Así, pues, el alcohol provoca la aparición simultánea de los fenómenos «dormir con zapatos» y «despertarse con dolor de cabeza» sin que uno sea consecuencia del otro.

Un ejemplo parecido lo encontramos en los pueblos turísticos de la costa. Allí, en los meses de mayor venta de helados hay más gente que se ahoga en el mar. ¿Cómo? ¿Comer helado provoca que los bañistas se ahoguen? ¿O es que las personas con predisposición a ahogarse comen helado habitualmente? Pues ni una cosa ni la otra. Existe un tercer factor que tiene como consecuencia los otros dos. ¡Se llama verano! En verano hace calor, y esto hace que la gente compre más helados y, al mismo tiempo, se bañe en el mar. Y, claro está, si hay más gente nadando en el mar, hay más gente que se ahoga.

Estos ejemplos serían meras curiosidades, si no fuera porque muchos economistas reconocidos cometen el error de confundir correlación y causalidad. Las consecuencias de este error han sido catastróficas para millones de ciudadanos europeos. Resulta que unos economistas alemanes analizaron los datos de todos los países del mundo a lo largo de la historia y observaron que los países que tenían una deuda pública más alta crecían menos que los demás países. Por esto pensaron que el mejor modo de salir de la crisis y lograr que los países de la periferia volvieran a crecer era reducir su deuda. Es decir, ¡que la mejor manera de superar la crisis eran los recortes fiscales! Con este fin, condicionaron cualquier tipo de ayuda financiera alemana al hecho de que los países ayudados (como España o Grecia) recortaran el gasto público.

El problema es que no era verdad que una deuda pública reducida causara un mayor crecimiento económico. Era lo contrario: los países que más crecían tenían más ingresos públicos y, por tanto, una deuda pública menor. De hecho, obligar a los países de la periferia a reducir el gasto en medio de una crisis no hizo más que agravarla y alargarla en dichos países: al reducir el gasto del sector público, muchas empresas vieron que les compraban menos productos, las ventas cayeron y, consiguientemente, despidieron a trabajadores y bajaron los salarios. Los trabajadores recibieron menos ingresos y, por tanto, gastaron menos en los comercios de todo el país. Estos comercios, a su vez, también tuvieron que despedir a trabajadores y reducir salarios y, así, la bola de nieve se fue haciendo cada vez más grande y la crisis empeoró. España tardó más de seis años en salir de la crisis y Grecia tuvo una década entera de desempleo masivo, emigración generalizada de profesionales jóvenes y enorme sufrimiento. ¡Todo ello porque unos analistas alemanes no entendieron la diferencia entre correlación y causalidad!

Lo que nos lleva de nuevo a la historia de Melanesia. ¿Por qué aquella buena gente construía unos caminos rectos que parecían una especie de pista de aterrizaje? ¿Por qué colocaban antorchas alrededor de la pista, levantaban una cabaña de madera donde se colocaba un hombre con auriculares de coco y una caña de bambú que salía de los auriculares en forma de antena? ¿Por qué se paseaban por la pista de aterrizaje mirando al cielo como si esperaran la llegada de extraterrestres? Pues porque nunca entendieron la diferencia entre correlación y causalidad.

Resulta que la isla había sido utilizada como base militar por los norteamericanos durante la Segunda Guerra Mundial. Los aborígenes habían visto construir a los americanos una pista de aterrizaje, iluminada con antorchas, con una torre de control en la que había unos operadores con cascos y aparatos de radio. De vez en cuando, como por arte de magia, aparecían unos aviones llenos de militares que se gastaban un dineral en la isla. Durante varios años, los aborígenes vivieron una bonanza económica que asociaron con la pista de aterrizaje. Cuando se acabó la guerra, los americanos se esfumaron y la miseria volvió a la isla. Algunos sabios asesores del jefe de la tribu debieron pensar que los aviones que llevaban militares con dinero iban a la isla porque había una pista de aterrizaje, antorchas, una torre de control y operarios con las radios y los cascos mirando al cielo. Y pensaron que, si encendían de nuevo las antorchas y se ponían unos cascos hechos de cocos, los aviones y la bonanza volverían. Pero, naturalmente, las antorchas, los cascos, las radios y los operarios mirando al cielo no eran lo que ocasionaba la llegada de aviones. ¡Era al revés!

Los aborígenes de la Melanesia confundían correlación con causalidad. Exactamente igual que los asesores económicos de Angela Merkel que han hecho sufrir a Europa durante los últimos diez años. Así, pues, los sofisticados economistas alemanes no entienden más que los primitivos aborígenes de la Melanesia o que todos los analistas *amateurs* que no tienen en cuenta la distinción entre lo que se ve y lo que no se ve.

4

La tiranía de los expertos

Los augures de Roma

En su libro *Sobre la adivinación*, Cicerón explica que Roma era una dictadura gobernada no por los emperadores, los generales o los senadores, sino por los augures. Y es que en la Roma antigua nadie tomaba ninguna decisión importante sin haber consultado previamente con este influyente cuerpo de sacerdotes, venerados intérpretes de los designios y las voluntades divinas.

Para poder formar parte del selecto colegio de augures, había que estudiar durante muchos años las distintas artes de la adivinación y la predicción: había que aprender a abrir en canal los pollos sagrados y a leer la disposición de sus entrañas. También había que saber interpretar las figuras que formaban los pájaros volando en grupo, las formas de las nubes, la posición de los caballos sagrados o la dirección en la que caían los rayos (si, mirando al sur, los rayos caían hacia la derecha, los dioses estaban enviando una señal desfavorable, y si caían hacia la izquierda, el asunto se presentaba bien).

Los augures eran las personas más importantes de Roma porque determinaban todas las decisiones que se tomaban en el Imperio: desde las más personales (la gente no se casaba si antes los augures no predecían una unión llena de riquezas, salud e hijos) hasta las gubernamentales, como las nominaciones al Senado o la firma de leyes y tratados. Incluso el gran Julio César no empezaba ninguna batalla sin que antes los augures le predijeran la victoria.

Se dice que fue gracias a la ayuda de los adivinos que César conquistó 800 ciudades, sometió 300 naciones y derrotó a más de tres millones de enemigos. Y lo hizo con un ejército de solamente 50.000 hombres y en solo doce años. Un verdadero prodigio militar que solo se puede explicar con los poderes sobrenaturales de los augures.

Mucho antes que los romanos, los griegos también utilizaron el arte de la profecía para la toma de decisiones. Lo hacían en una especie de templos llamados oráculos, donde los sacerdotes se comunicaban con los dioses. Uno de los oráculos más famosos de todos los tiempos fue el de Delfos, un santuario dedicado al dios Apolo, situado en la vertiente sudoeste del monte Parnaso, en Grecia central. Reyes, generales, gobernadores y gente rica de todo el mundo acudían a Delfos para preguntar sobre su futuro. En vez de leer las vísceras de los pollos sagrados, parece ser que el oráculo de Delfos funcionaba del siguiente modo: después de pagar una cantidad sustancial de dinero, la persona que quería realizar la consulta formulaba la pregunta a los sacerdotes asistentes que, a su vez, la trasladaban a la sacerdotisa principal, llamada «pitonisa»,[1] que era la que realmente tenía el don de la comunicación divina. Entonces la pitonisa hablaba con Apolo acercando su rostro a una cavidad de las rocas de donde emanaban unos vapores supuestamente sagrados y que hoy en día sabemos que contenían sustancias químicas alucinógenas. La pitonisa entraba en trance, empezaba a temblar y Apolo tomaba posesión de su cuerpo para hablar a través de ella. La pitonisa, poseída, pronunciaba unas palabras incomprensibles para las personas normales, pero que los sacerdotes ayudantes sabían interpretar. Acabada la sesión, los ayudantes escribían el mensaje de Apolo en forma de poema o rima en una placa de plata y la entregaban al cliente, que

---

1. Al parecer tenía este nombre porque las puertas del templo estaban vigiladas por dos grandes serpientes pitón.

se marchaba con el convencimiento de haber recibido la respuesta divina.

Los arqueólogos de nuestro tiempo han recuperado algunas de estas placas. El hallazgo demuestra que las recomendaciones de los dioses no eran un modelo de precisión. Por ejemplo, una decía: «Si eres humano, tienes que actuar como un humano». Este mensaje tan obvio parece propio de una galleta de la fortuna de un restaurante chino barato. O también lo podría haber pronunciado el gran profeta de la obviedad profunda: el maestro Cruyff. Recordad que Johan transmitía mensajes profundos a través de frases obvias: «Si yo tengo la pelota, no la tienes tú», decía convencido. Con esta frase obvia, Johan mandaba un mensaje profundo: si tú tienes la posesión de la pelota, puedes jugar al ataque sin preocuparte mucho de la defensa ya que el equipo contrario no puede atacar sin la pelota. Detrás de una frase obvia se esconde una auténtica declaración de intenciones sobre su filosofía del fútbol. Igual que las placas del oráculo de Delfos.

Una segunda placa muestra la respuesta que los sacerdotes del oráculo de Delfos dieron al rey Creso de Lidia. Parece ser que el rey habría consultado a Apolo si tenía que invadir Persia. La placa que se ha encontrado dice: «Creso, si cruzas el río Halys (el río que separa Persia de Lidia), un gran imperio quedará destruido». Este augurio no es un ejemplo de precisión y, de hecho, nos recuerda las predicciones vagas de los horóscopos que salen en el periódico cada día: «Hoy es un buen día para sus relaciones laborales», o «El día de hoy será bueno desde el punto de vista sentimental». El caso es que el rey de Lidia pensó que, con aquel mensaje, Apolo le daba el visto bueno para iniciar la invasión, y que el imperio que iba a ser destruido sería el persa. Le hizo caso, cruzó el río Halys, empezó la invasión de Persia y… ¡fue derrotado por el ejército persa! El imperio que desapareció fue el suyo: Creso pasó a la historia como último rey de Lidia.

A propósito de invasiones, es cierto que el secreto del éxito de Julio César estaba en sus augures. Con ello no quiero decir que conquistara 800 ciudades y 300 naciones gracias al poder sobrenatural de estos sacerdotes. El secreto de Julio César es que pronto advirtió que los augures eran una pandilla de farsantes sin capacidad alguna para hacer predicciones. Pero, al ver que los soldados se los creían, y que luchaban con más confianza si los augures habían predicho una gran victoria, Julio César se dedicó a sobornarlos para que auguraran un triunfo, justo cuando a él le interesaba desde el punto de vista militar. Tanto es así que, si los estrategas decían que lo mejor era atacar el martes, el césar pedía a los augures que dijeran que la batalla se iba a ganar solo si empezaba el martes. Al creer que contaban con el apoyo de los dioses, los soldados romanos luchaban con redoblada confianza, ¡y esto era lo que les garantizaba la victoria!

Llegados a este punto, podríais pensar que los oráculos, las pitonisas y los augures son fenómenos del pasado que vivían del engaño a la gente de la Antigüedad, mayoritariamente analfabeta y supersticiosa, ¿no? ¡Pues no! Hoy en día existe una versión moderna de los falsos profetas. No analizan las entrañas de los pollos sagrados, ni meten la cabeza en un agujero del que emanan vapores mágicos. Utilizan datos y complicadas técnicas modernas de estadística avanzada,[2] pero realizan el mismo tipo de profecías sobre el futuro. Se llaman «expertos». Del mismo modo que Cicerón dijo que Roma era una especie de dictadura de los augures, hoy podríamos afirmar que vivimos bajo la tiranía de los expertos.

Un coche con el parabrisas tapado

Imaginad que debéis conducir un coche con el parabrisas totalmente tapado con una manta. El espejo retrovisor os permite ver la parte de la carretera que os queda detrás, pero la manta os impide ver cómo es la carretera que tenéis delante. Para conducir os

---

2. Las técnicas que utilizan son tan enrevesadas que a los no expertos les pueden parecer tan complicadas y arbitrarias… ¡como leer las entrañas de los pollos sagrados!

tenéis que guiar por el retrovisor. De alguna manera tenéis que predecir el tramo que tenéis delante observando solo el tramo que tenéis detrás. ¿Cómo creéis que os irá?

Seguramente, cuando la carretera sea totalmente recta, la cosa no irá mal: por el retrovisor estaréis viendo una vía recta y pensaréis que el tramo que tenéis delante también lo es. Así que iréis hacia adelante sin girar el volante. Y mientras el camino sea recto, podréis conducir sin contratiempos. El problema aparecerá cuando llegue la primera curva: por el retrovisor veréis una carretera recta y si la proyectáis hacia delante pensaréis que el tramo que viene también es recto. Sin embargo, al llegar a la curva iréis a parar a la cuneta. Mirar por el retrovisor para predecir cómo será el camino que tenemos delante solo funcionará cuando la carretera sea totalmente recta. Cuando haya curvas, la información que proporciona el retrovisor no servirá absolutamente de nada.

Explico la situación del parabrisas tapado porque es el ejemplo que mejor describe la metodología que utilizan los expertos para hacer previsiones económicas. Los augures de la economía utilizan modelos sistemáticos y estadísticos extraordinariamente complicados. Se llaman «modelos econométricos». De hecho, son tan complicados que la econometría se ha convertido en una de las asignaturas que da más miedo a los estudiantes de economía. Sin embargo, por más complicados y sofisticados que sean los modelos estadísticos, solo pueden ser alimentados necesariamente con datos del pasado y del presente. ¿Por qué? ¡Porque los datos del futuro todavía no existen!

Esto quiere decir que, igual como en el caso del automóvil con el parabrisas tapado, los modelos de predicción que utilizan los econometros tendrán tendencia a predecir correctamente el futuro mientras no haya giros y la economía vaya tirando sin cambiar de dirección. Es decir, si la economía va creciendo el 2 o el 3 % cada año, las predicciones económicas tenderán a ser más o menos ajustadas. El problema surge cuando, después de haber crecido el 2 o el 3 % durante muchos años, de pronto llega una crisis que provoca una caída del PIB del 4 %. ¡La mayor parte de los modelos económicos no conseguirán predecir la crisis!

Cada año, en la reunión anual que el Fondo Monetario Internacional celebra en Washington en el mes de abril, se publican las predicciones de crecimiento económico que el propio FMI realiza para 189 países del mundo. Son unas predicciones mundialmente aclamadas, de las que todos los periódicos del mundo se hacen eco y que todos los analistas, comentaristas y tertulianos analizan con fruición: si el FMI dice que Colombia va a crecer un 2 % en vez del 3,5 % que dice el gobierno, la gente acusa al ministro de mentir. Y, al contrario, si la tasa de crecimiento es del 4,5 % cuando el gobierno preveía que fuera solo del 3,5 %, el ministro de Economía se cuelga una medalla y proclama que el FMI confía en la fortaleza de la economía colombiana. Sea como fuere, las predicciones emitidas por el FMI cada mes de abril tienen un impacto enorme sobre todos y cada uno de los países del mundo. La pregunta es: ¿son acertadas las predicciones del FMI? Un estudio de la revista *The Economist*[3] comparó las predicciones de la tasa de crecimiento hechas por el FMI con las tasas de crecimiento reales de cada país del mundo, cada año entre 1999 y 2004. El resultado es que, en situaciones normales, el FMI no lo hacía mal. Ahora bien, cuando *The Economist* se fijaba solo en los episodios de crisis, la cosa cambiaba radicalmente. Entre los años 1999 y 2014 hubo 220 episodios en los que una economía que funcionaba bien, de repente, entró en recesión. Es decir, la economía experimentó lo que podríamos llamar una curva, ya que la tasa de crecimiento pasó de ser positiva a negativa. ¿Sabéis en cuántas de estas 220 ocasiones el FMI predijo correctamente la crisis? (redoble de tambores…): ¡en ninguna! ¡Cero! El FMI, seguramente la institución mundial que tiene en nómina a un mayor número de economistas y estadísticos, ¡fue incapaz de predecir LA LLEGADA DE NI UNA SOLA CRISIS en NINGÚN PAÍS DEL MUNDO durante los quince años que van desde 1999 hasta 2014!

<hr>

3. Fuente: <http://www.economist.com/node/21685480>.

Hay que decir que el FMI no es, sin duda, el único que va perdido cuando en una economía vienen curvas. Solamente en el Estado español hay veintiséis instituciones públicas y privadas que se dedican a predecir la tasa de crecimiento de la economía española. Entre ellas figuran el Banco de España, el BBVA, Bankia, la CEOE, el Fondo Monetario Internacional, la Comisión Europea, la Fundación de Cajas de Ahorros (FUNCAS), La Caixa, el Santander o Bloomberg. Un estudio de la escuela de negocios ESADE[4] ha recopilado todas estas predicciones entre los años 2003 y 2016, ha sacado la media y ha publicado los resultados que se adjuntan. Los puntos negros muestran la media de las veintiséis predicciones del crecimiento del PIB realizadas un año antes. Los puntos grises muestran el crecimiento del PIB que hubo realmente. Vemos que entre los años 2003 y 2007, mientras la economía crecía bien, las predicciones coinciden bastante con la realidad: ¡eran las épocas de la carretera recta! La economía crecía entre el 2 y el 4 % y, a pesar de que las predicciones eran un poquito más bajas, más o menos acertaban.

Desviación de previsiones 2003-2016

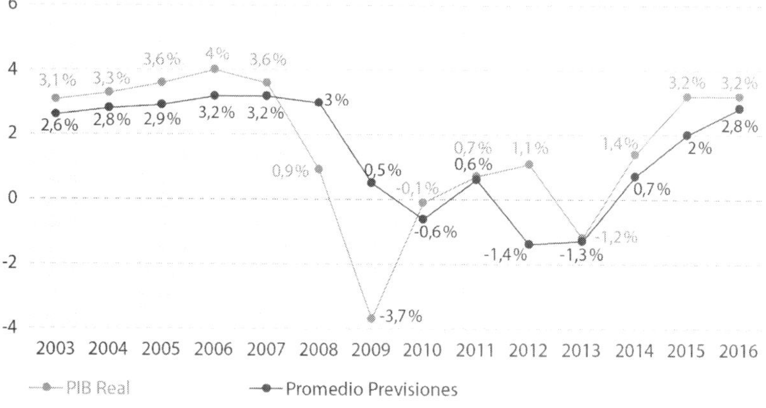

4. Fuente: <http://www.esade.edu/homepage/esp/diana>.

El problema es que en 2008 vino de pronto una curva: la economía se desaceleró y empezó la gran recesión. La tasa de crecimiento pasó del 3,8 % en 2007 al 0,9 % en 2008. Pues bien, ninguna de las veintiséis instituciones expertas predijo la desaceleración. Todas creyeron que la carretera seguía siendo recta: ¡la tasa de crecimiento prevista pasó del 3,2 al 3,0 %! Al año siguiente, la economía tuvo un espectacular crecimiento negativo del –3,7 %. Viendo que el año anterior la economía había crecido a un ritmo menor, los expertos predijeron que España iba a crecer a un ritmo positivo pero moderado del 0,5 %. Había empezado la época de las curvas, y los expertos, más perdidos que el famoso pulpo dentro del garaje, cometieron un error tras otro entre 2009 y 2012. A partir de 2013 la economía se estabilizó de nuevo y los expertos volvieron a acertar, más o menos, en sus predicciones. ¡Volvíamos a circular por un tramo recto de la carretera!

Resumiendo, las veintiséis instituciones que más dinero gastan para intentar predecir el futuro de la economía española fueron incapaces de vaticinar correctamente que se acercaba una recesión. Sus augures hicieron bien su trabajo cuando en la economía no pasaba nada raro, la carretera era recta y sus predicciones no tenían ningún tipo de importancia. A la hora de la verdad, cuando empezó la crisis, sus augures no vieron venir nada especial… ¡y la economía entera se estrelló!

El problema es que predecir el futuro en cualquier ámbito es complicado. Pero las predicciones económicas todavía lo son más, por tres razones. La primera es que el mundo económico presenta una complejidad que a menudo escapa a nuestra comprensión. La actividad económica de un país depende de si millones de ciudadanos deciden consumir y gastar más o gastar menos, de si cientos de miles de empresas creen que el negocio funcionará bien y expanden sus actividades y contratan a trabajadores, y de si los gobiernos aprueban unas leyes u otras, o realizan un gasto público mayor o menor. También depende de si hay sequía, huracanes o terremotos; de si hay guerras en otros países, lo que motiva que los turistas vengan a nuestro país; de si el tipo de cambio hace que nuestros productos sean caros o baratos, del euríbor, de la bolsa, de qué opina el presidente de la Reserva Federal de Estados Unidos y de muchos otros factores que difícilmente un economista puede llegar a comprender en su integridad. Ser capaz de pensar cómo influyen cada uno de estos factores en nuestra economía es extraordinariamente complejo. De hecho, es imposible.

La segunda causa que dificulta los vaticinios económicos es que los humanos reaccionan a las propias predicciones. La meteorología también es muy compleja. Por ejemplo, el tiempo que hará en Cancún mañana, pasado mañana o la próxima semana depende de una gran cantidad de elementos, como las corrientes marinas, la temperatura de la estratosfera, los vientos del norte o el calor del sur. Los meteorólogos han logrado diseñar modelos que les permiten proyectar todos estos factores y gracias a los que pueden realizar predicciones uno o dos días antes. Más allá de este margen de tiempo, las predicciones ya no son tan precisas debido a la complejidad de los fenómenos atmosféricos. Las predicciones meteorológicas afectan al comportamiento de los humanos: si el hombre del tiempo dice que mañana lloverá en todo el país, muchos ciudadanos saldrán de casa con el paraguas y quizá no irán al trabajo en moto o bicicleta sino en coche. Ahora bien, que la gente vaya en coche al trabajo o salga con el paraguas de casa no afectará a la meteorología. Y esto es lo que distingue la economía de la meteorología: las predicciones económicas afectan al comportamiento humano, pero este comportamiento humano afecta a la economía, y lo hace de maneras que pueden provocar que las predicciones dejen de ser ciertas.

Un ejemplo para aclarar el problema: imaginad que tuviéramos una bola de cristal que nos dijera, con total precisión y sin cometer errores, lo que va a pasar en el futuro. Imaginad que el día 10 de septiembre de 2001 esta bola hubiera predicho correctamente que al día siguiente unos terroristas secuestrarían aviones en el aeropuerto de Boston y los estrellarían contra las Torres Gemelas en Nueva York. Lógicamente hoy sabemos que esto ocurrió y que, por tanto, aquella predicción del día 10 de septiembre habría sido correcta. Pero ¿qué habría pasado si realmente la bola de cristal hubiese predicho los atentados del World Trade Center para el día siguiente? Pues seguramente la policía habría impedido que los aviones despegaran de Boston y los atentados del 11 de septiembre se habrían evitado. Es decir, si la predicción hubiese sido correcta, los humanos habrían actuado y su actuación habría comportado que la predicción acabara siendo errónea.

En economía ocurre exactamente lo mismo. Imaginemos que la bola nos dice que las acciones de Apple pasarán de 37 a 50 dólares de aquí a cuatro días. ¿Cómo creéis que reaccionarían los inversores? Naturalmente, verían que, si compran acciones de Apple de aquí a tres días a 37, podrían venderlas al día siguiente a 50, y la diferencia iría a parar a sus bolsillos. Este enorme negocio atraería a millares de inversores. A consecuencia de ello, al tercer día la demanda de acciones de Apple aumentaría y, por tanto, también aumentaría su precio. Observad que esto sucede a los tres días, y no a los cuatro como rezaba la predicción. Es decir, si la predicción dice que la bolsa subirá de aquí a cuatro días, los inversores intentarán aprovechar la información para comprar al tercer día y, con su acción, la bolsa no subirá de aquí a cuatro días, sino de aquí a tres.[5] Dicho de otro modo, el hecho de que los humanos tengan la capacidad de reaccionar ante las propias predicciones hace que estas pasen a ser equivocadas.

5. De hecho, esto no acabaría aquí ya que muchos inversores, sabiendo que los precios de las acciones subirían al cabo de tres días, comprarían al cabo de dos días, lo cual haría que los precios aumentaran al cabo de dos días y no de tres. Pero al pensar que los precios subirán al cabo de dos días, los más espabilados comprarían al día siguiente, por lo cual el precio subiría al día siguiente. Y, finalmente, los más listos se anticiparían y comprarían el mismo día para aprovechar el aumento de precios del día siguiente. ¿Resultado? En vez de subir al cabo de cuatro días tal como había dicho la bola de cristal, los precios de Apple subirían en el momento que se supiera la noticia.

Cisnes negros

La tercera razón por la cual es más difícil acertar el futuro de la economía que el de la meteorología son los llamados «cisnes negros». Durante siglos, los europeos creyeron que los cisnes negros no existían y que, por tanto, todos los cisnes eran blancos. Lo que fomentaba esta creencia era que nadie había visto nunca un cisne de color negro. De hecho, en la Antigüedad se empleaba la expresión «cisne negro» para describir fenómenos imposibles. En el año 82 a.C., el satírico romano Juvenal decía: *rara avis in terris nigroque simillima cygno* (un pájaro extraño en la tierra, probablemente un cisne negro). Hablaba de algo tan raro que solo era comparable a un animal que nadie había visto nunca, un cisne negro. La expresión «cisne negro» como símbolo de algo que no existe fue heredada por diferentes idiomas europeos, entre ellos el inglés.

Durante siglos, pues, los europeos cometieron un error de lógica y de percepción estadística: el hecho de que nadie, nunca, hubiese visto una cosa no significaba que dicha cosa no existiera. Para demostrar que algo existe solo hay que ver un ejemplar. ¡Pero para demostrar que no existe, no basta con constatar que nadie ha visto nunca uno! Porque existe la posibilidad, por remota que sea, de que exista y nadie lo haya visto.

De hecho, en 1607, el explorador holandés Willem Janszoon llegó en barco a la zona más remota del planeta Tierra: Oceanía. Y ¿sabéis qué vio nada más pisar Australia? ¡Cisnes negros! Durante siglos los europeos pensaron que ningún europeo había visto nunca aquella preciosa ave negra, pero esto no significa que no existiera. ¡Significa simplemente que nadie había visto nunca ninguna!

El error milenario que cometieron los europeos lo siguen cometiendo los expertos de hoy en día. El 14 de febrero de 2017, el FC Barcelona (el Barça) perdió la ida de los octavos de final de la Champions League contra el Paris Saint-Germain por un escandaloso 4 a 0. Al día siguiente, en la página oficial de la UEFA, aparecieron las probabilidades que tenía cada uno de los equipos que disputaban aquella eliminatoria de pasar a cuartos de final. La UEFA estimó que la probabilidad de que el Barça superara la eliminatoria era cero. No una probabilidad baja de un 1 % o un 0,5 %, no. ¡Cero! ¿Por qué? Porque miraron todas las eliminatorias de la historia de la Copa de Europa y la Champions, y nunca ningún equipo había remontado un 4 a 0 del partido de ida. Y como nunca había ocurrido, la UEFA estimó que la probabilidad de que el Barça remontara era cero.

Sin embargo, el 8 de marzo se jugó la vuelta y, ¡sorpresa!, el Barça ganó el partido por 6 a 1, con gol de Sergi Roberto en el minuto 95. ¡Un hecho que al parecer era estadísticamente imposible acabó produciéndose! ¿Cómo puede ser? Pues porque la probabilidad no era cero. El hecho de que algo no haya ocurrido nunca no quiere decir que sea imposible. Quiere decir que hay una probabilidad pequeña de que ocurra, pero no una probabilidad cero. Según el escritor Nassim Taleb,[6] confundir fenómenos raros con fenómenos imposibles puede tener consecuencias dramáticas a la hora de realizar predicciones: si uno no tiene en cuenta los fenómenos raros, pero posibles, a la hora de predecir el futuro, acaba cometiendo errores catastróficos. Estos fenómenos raros que todo el mundo percibe como imposibles fueron bautizados por Taleb con el nombre de «cisnes negros».

Según Taleb, los episodios más importantes de la historia, los que más afectan a nuestras vidas son, precisamente, los «cisnes negros». Fenómenos como la Revolución rusa, la caída del muro de Berlín, la aparición de internet, la creación de las redes sociales, los teléfonos inteligentes o los atentados de las Torres Gemelas eran completamente imprevisibles porque no habían pasado nunca. Todos los analistas de la época otorgaban una probabilidad cero a que cualquiera de estos fenómenos acabara teniendo lugar... ¡porque no se habían dado nunca! Pero que no hubiesen

---

6. Nassim Taleb, *The Black Swan: The Impact of the Highly Improbable*, Nueva York, Penguin Random House, 2007.

pasado nunca no significaba que no pudieran pasar. De hecho, no solo acabaron sucediendo, sino que cada uno de estos episodios ha tenido un impacto muy importante en nuestras vidas.

La lección es que la posibilidad de que aparezcan estos fenómenos raros, imprevisibles e importantes dado su impacto, dificulta aún más la predicción del futuro económico.

Por cierto, en referencia a las predicciones, una parte interesante de la teoría de Taleb es que, antes de que tengan lugar, los expertos opinan que estos fenómenos raros no van a ocurrir nunca. Ahora bien, después de que hayan ocurrido, los mismos expertos publican libros y artículos, y aparecen en programas de radio y televisión, explicando, convencidos, ¡que ellos ya lo habían predicho!

Como ejemplo extremo de este tipo de saltos mortales intelectuales, Taleb[7] señala el papel que el profesor de la Universidad de Columbia y premio Nobel de Economía, Joseph Stiglitz, tuvo durante la Gran Recesión financiera de 2007-2008. Poco antes de que empezara la crisis, Stiglitz y dos economistas más, Peter y Jonathan Orszag, publicaron un informe en el que afirmaban que las entidades semipúblicas de crédito inmobiliario Freddy Mac y Fannie Mae tenían una muy buena salud financiera.[8] El artículo dice, literalmente: «*On the basis of historical experience, the risk to the government from a potential default on GSE debt is effectively zero*» (basándonos en la experiencia histórica, el riesgo de que las entidades semipúblicas [Freddy Mac y Fannie Mae] no paguen sus deudas es esencialmente cero).

En 2008, las dos instituciones financieras se declararon en bancarrota. Una bancarrota que, además de costar 111.000 millones de dólares al contribuyente norteamericano, provocó la crisis

---

7. Fuente: <http://www.valueinvestingworld.com/2013/10/the-stiglitz-syndrome. html>.

8. Joseph Stiglitz, Jonathan Orszag y Peter Orszag, «Implications of the New Fannie Mae and Freddie Mac Risk-Based Capital Standard», *Fannie Mae. Papers* (marzo de 2002), vol. 1, núm. 2.

subprime que dio lugar a la Gran Recesión de 2007-2008. Sin duda, Stiglitz cometió el mismo error que la UEFA y dijo que, como la remontada del Barça contra el PSG, la bancarrota de Fannie Mae tenía una probabilidad, o riesgo, cero. Pero el Barça remontó y Fannie Mae quebró. El hecho de que Stiglitz se equivocara no sería destacable si no fuera porque, en 2010, publicó un libro titulado *Freefall* («Caída libre») en el que explica repetidamente que él había predicho la crisis… así como también la bancarrota de Freddy Mac y Fannie Mae. A raíz de ello, Taleb bautizó el «yo ya lo había dicho» de los expertos que en realidad habían dicho lo contrario con el irrespetuoso nombre de «síndrome de Stiglitz».

El efecto aura

Si el futuro de la economía es tan difícil de predecir, ¿por qué la gente normal confía tanto en los augures que actúan como expertos? ¿Y por qué los periodistas les dan tanta importancia y les facilitan tanta cobertura mediática? Hay tres explicaciones. La primera es el llamado «efecto aura». Los expertos ostentan títulos importantes que les dan credibilidad ante el gran público: el señor X tiene el Nobel de Economía, la profesora Y es catedrática de la prestigiosa Universidad de Harvard, o la señora Z es directora general del Fondo Monetario Internacional. Es como si estos títulos, u otros similares, nos deslumbraran y no nos dejaran ver que, en realidad, estas personas tienen la misma capacidad de predecir el futuro que los augures de la Antigüedad: ¡absolutamente ninguna!

En el discurso de aceptación del premio Nobel de Economía de 1974, el economista austríaco Friedrich von Hayek sorprendió a todo el mundo cuando pidió, ante el rey de Suecia y todos los miembros de la Academia Sueca, la supresión inmediata del premio Nobel de Economía. Hayek decía que, si un premio Nobel de Medicina opina, solo le escuchan otros médicos. Y si dice tonterías, u opina sobre áreas de la ciencia que no son las suyas (pongamos por caso que un médico especialista en cáncer opina sobre enfermedades cardiovasculares), los demás médicos se ríen a carcajadas y lo ignoran. Lo mismo ocurre con los premios Nobel de Física o Química. El problema es que a los premios Nobel de Economía se les invita a todas las radios, todas las televisiones y todos los periódicos del mundo, y se les pide su opinión sobre aspectos de la economía que no tienen nada que ver con su especialidad. Ellos, en vez de callarse y decir que no opinan de aquel tema, opinan. Y la gente que los escucha, los ve o los lee les hace caso… porque tienen el premio Nobel. Tanto es así que encontramos señores que han ganado el premio por haber desarrollado modelos matemáticos de comercio internacional cuando hay rendimientos crecientes a escala, opinando sobre la reforma fiscal en Guatemala o sobre la política monetaria de Japón. Nadie osa decirles que el tema está tan lejos de su especialidad como lo está el cáncer de las enfermedades cardiovasculares. Abusan del aura que les confiere el premio Nobel para pontificar sobre temas de los que no tienen la menor idea. Esta es la razón por la que Hayek pedía la abolición inmediata del premio Nobel de Economía. Aunque nadie le hizo caso.

El coste de ir a la hemeroteca

Una segunda explicación de por qué el gran público y los periodistas dan credibilidad a los expertos es que los costes de verificar sus errores son muy elevados. El gran público en general no tiene ni los medios ni los conocimientos para ir a la hemeroteca y mirar si las predicciones hechas por los expertos en el pasado han acabado cumpliéndose. No sé exactamente por qué motivo los periodistas no hacen bien su trabajo, que debería ser verificar las predicciones de los expertos, ya que ellos sí disponen de los medios para hacerlo (¡y yo diría que incluso tienen la obligación deontológica de comprobar lo que dicen las personas a las que entrevistan!). No sé si es por pereza o por falta de ganas, pero el caso es que demasiado a menudo no lo hacen, lo cual es un error muy grave.

La realidad es que si lo hicieran verían que la gran mayoría de las predicciones de los expertos son fallidas. En un famoso estudio, el politólogo canadiense Philip Tetlock analizó las predicciones de 284 expertos en ciencias políticas y económicas.[9] Entre ellos había expertos de todas las tendencias ideológicas (liberales, socialistas, clásicos, keynesianos, marxistas, lunáticos, gente de Minnesota, etc.). Entre todos estos expertos habían realizado un total de 80.000 predicciones. Tetlock se dedicó a comprobar todas y cada una de ellas y llegó a la conclusión de que, si en vez de haber preguntado a los expertos hubiésemos generado las respuestas aleatoriamente, los resultados habrían sido mejores. Es decir, ¡que los monos del zoo habrían acertado más veces que los expertos!

Un resultado curioso del estudio de Tetlock es que cuanto más «importantes» eran los expertos (cuantos más títulos o más premios tenían), menos acertadas eran sus predicciones. Supongo que el hecho de tener «títulos» importantes tiende a cegar más a los propios expertos y les hace creer que poseen capacidades de pontificar sobre el porvenir, unas capacidades de las que en realidad carecen. ¡Por esto se equivocan más que el resto de los especialistas!

Finalmente, otro resultado curioso del estudio de Tetlock es que, cuando lo acabó, envió los resultados a cada uno de los expertos y les mostró los errores que habían cometido. La reacción de la mayoría fue la misma: ¡excusas! Que si «la predicción habría sido correcta si no fuera porque China devaluó su moneda», que si «yo dije que habría crisis en 2010 y no me equivoqué demasiado porque la crisis empezó en 2008... o sea que creo que más o menos tenía razón». La excusa es la vía preferida de los expertos para justificar sus errores y seguir pontificando como si nunca se equivocaran.

9. Philip Tetlock, *Expert Political Judgment: How Good Is It? How Can We Know?*, Princeton University Press, 2005.

Ilusión estadística

Pero hubo gente que sí predijo la crisis, ¿no? La verdad es que sí. De hecho, ¡hay gente que predice correctamente dos o tres crisis seguidas! Ahora bien, una cosa es predecir la crisis y otra es saber hacer predicciones. La diferencia es importante: cada semana hay personas a quienes les toca la lotería. Pero ninguna de ellas sabe escoger los números ganadores de manera sistemática. La gente a quien le ha tocado la lotería, simplemente, ha tenido suerte. ¡Y el experto que ha predicho una crisis también!

Llegados a este punto, muchos de vosotros pensaréis: una vez sí, pero ¿y las personas que han acertado dos, tres o cuatro veces seguidas? ¿Acaso no saben hacer predicciones, los que aciertan a menudo? La respuesta es no. Para ello existe una explicación estadística que recibe el nombre de «falacia de la racha». Imaginad que vamos a un parvulario, reunimos a 1.000 niños y niñas, y les explicamos que vamos a tirar una moneda al aire. Ellos tienen que decir si saldrá cara o cruz. Tiramos la moneda al aire y vemos que, como cada niño tiene una probabilidad de acierto del 50 %, habrá alrededor de 500 niños y niñas que habrán acertado.

A continuación, volvemos a decir a los niños y niñas que han acertado que vuelvan a hacer la predicción ¿cara o cruz? Tiramos la moneda al aire y habrá unos 250 que habrán acertado. ¡Fijaos en que hay 250 niños y niñas que han acertado dos veces seguidas! Repetimos el experimento: 125 niños aciertan tres veces seguidas, 62 aciertan cuatro veces seguidas y así sucesivamente hasta que nos quedemos con un niño que habrá hecho diez predicciones correctas seguidas. ¡Diez!

¿Creéis que este niño o niña tiene capacidades especiales para augurar si saldrá cara o cruz? ¿Creéis que los programas líderes de la radio y la televisión entrevistarán a esta criatura por tener el don de la profecía? La respuesta es que este niño o niña no tiene ningún don especial, aunque haya acertado diez veces seguidas. Las posibilidades de que esta criatura acierte la próxima vez que tiremos una moneda al aire son las mismas que tiene cualquiera de los otros

1.000 niños y niñas que no han acertado: ¡exactamente el 50 %! El hecho de haber acertado diez veces seguidas no aporta ningún tipo de información útil sobre sus capacidades de vaticinio.

En el caso de las predicciones económicas ocurre algo parecido: en el mundo hay millones de economistas augurando el futuro. Y, naturalmente, aunque sea por casualidad, varios miles aciertan una, dos, tres… o diez veces seguidas. ¿Significa esto que tienen capacidades proféticas? No. Tienen las mismas capacidades que un crío de parvulario cuando predice si la moneda tirada al aire caerá cara o cruz.

¿Cinismo o psicología?

La última pregunta que debemos formularnos es: si adivinar el futuro es imposible, ¿cómo es que hay tantos expertos que realizan predicciones? ¿Son unos cínicos? ¿O son unos malvados que quieren engañarnos? Supongo que la mejor manera de responder sería preguntárselo a ellos. Ya sabéis que a mí no me gusta en absoluto hacer predicciones y, cada vez que un periodista me pregunta sobre el futuro, intento escabullirme. Dejadme, no obstante, que intente buscar dos explicaciones en el terreno de la economía conductual y la psicología.

La primera explicación es que todos nosotros solemos pecar de exceso de confianza en nuestras capacidades. Y no me refiero a las capacidades de augurio. Me refiero a las capacidades en general. Cuando preguntamos a la gente si cree que conduce mejor que la media de la población, la respuesta que obtenemos es que el 90 % de nosotros afirmamos conducir mejor que la media. La verdad es que, más o menos, el 50 % debería conducir peor que la media y el 50 % mejor. Sin embargo, todos tendemos a pensar que lo hacemos mejor. Esto refleja un fenómeno universal: la tendencia a autovalorarse de manera generosa. Si todos nosotros exageramos nuestras capacidades, es lógico pensar que los expertos también lo hacen. Seguramente ellos piensan que la media de la población no tiene capacidad de augurar el futuro, pero ellos sí, porque ellos creen que están por encima de la media. ¡Por algo son expertos!

La segunda explicación es que los expertos sufren el llamado «sesgo retrospectivo». Nuestro cerebro borra selectivamente lo que pensábamos antes de que un determinado hecho ocurriera. Si en un estadio de fútbol, antes del partido, preguntamos a los aficionados cuál va a ser el resultado, muchos sacarán pecho y dirán que su equipo ganará por goleada. Si una vez finalizado el partido, su equipo no ha ganado, y volvemos a hablar con los mismos aficionados, muchos de ellos dirán: «¡yo ya decía que hoy no ganaríamos!» o «¡yo ya veía que el equipo no estaba bien!». Haced la prueba el próximo día que vayáis al estadio y veréis cuántos aficionados son grandes expertos en la práctica del «yo ya lo decía».

Este es, en cierto modo, el problema de los expertos. No es que sean cínicos, es que olvidan las predicciones que hicieron y se convencen ellos mismos hasta creer que habían hecho la predicción correcta. Antes he explicado el episodio de la crisis que llevó a Nassim Taleb a describir el «síndrome de Stiglitz». No es que Stiglitz sea un cínico que escribió un libro diciendo que él ya sabía que venía una crisis y que Fannie Mae se declararía en bancarrota cuando, en realidad, había publicado artículos en los que decía que la probabilidad de bancarrota era cero. Lo que ocurre es que él cree realmente que lo predijo de manera correcta. Seguro que hay partes del informe, frases o notas a pie de página que podían ser interpretadas como señales de alarma sobre la posibilidad de que Fannie Mae tuviera problemas. Su cerebro se aferra a estas pequeñas notas y borra las partes donde dice que no habrá bancarrota. Al igual que los seguidores que van al fútbol, ¡él piensa realmente aquello de «yo ya lo decía»!

En un famoso estudio de los años setenta, el psicólogo Baruch Fischhoff realizó una encuesta entre los expertos políticos norteamericanos sobre cuál sería el resultado del famoso viaje de Nixon a China. A cada uno de los expertos se les pedía que asignaran probabilidades a diferentes acontecimientos como, por ejemplo: «¿Recibirá Mao a Nixon?», «¿Obtendrá China el reconocimiento diplomático de Estados Unidos?», «¿Abrirá Washington una embajada en Pekín el año que viene?».

Una vez terminada la visita de Nixon, Fischhoff encuestó nuevamente a los expertos y les preguntó qué probabilidades habían asignado ellos mismos a cada acontecimiento. El resultado es que, a las cosas que realmente habían ocurrido, los expertos «recordaban» haber puesto una probabilidad mucho más elevada de lo que era en realidad. Y a las cosas que no habían ocurrido, «recordaban» haber indicado una probabilidad inferior a la que habían puesto en realidad. Los expertos, pues, creían realmente que habían acertado las predicciones, a pesar de que no era verdad. ¡Fueron víctimas del sesgo retrospectivo!

La diana de ESADE y los augures del César

¿Recordáis que en la sección «Un coche con el parabrisas tapado» hemos hablado de un estudio realizado por la Escuela Superior de Administración y Dirección de Empresas (ESADE) para evaluar las predicciones de veintiséis centros de predicción de todo el mundo? Allí hemos visto que, de media, los centros de investigación (entre los que están La Caixa, el Santander, FUNCAS, el FMI, el gobierno español o el Banco de España) habían previsto de forma más o menos correcta la tasa de crecimiento de la economía española cuando la economía iba bien, pero que en 2008, cuando empezó la recesión, ellos continuaron prediciendo que la economía seguiría creciendo. Es decir, al llegar a la primera curva, fueron directos a la cuneta.

Además de mostrar la media de todas las predicciones, el estudio de ESADE también incluía las predicciones que hizo cada una de las instituciones por separado. Para visualizar de manera gráfica los errores cometidos por unos y otros, el estudio ideó un gráfico en forma de diana. De ahí que el título del estudio sea «La diana de ESADE». La idea es que, si la predicción de una institución (pongamos, por ejemplo, el Fondo Monetario Internacional o FMI) es correcta, se pone un punto en el centro de la diana con el nombre FMI. Si la predicción comportó un error del 2 %, se pone el punto en la línea 2. Es decir, las predicciones que están más cerca del centro son más correctas.

Es interesante analizar la diana del año 2009, cuando España estaba sumida en la crisis económica más grave y profunda de las últimas décadas. La institución que cometió el error mayor de predicción fue el gobierno español, con un error del 2,5 %. Fijaos en que se trata de un error monumental porque las tasas de crecimiento normalmente son del 2 o el 3 %. ¡Un error de 2,5 % cuando el crecimiento es del 2 % es equivocarse de más del doble! Es como en fútbol chutar un penalti y que la pelota salga por el banderín de córner. Lo más interesante es que las instituciones que cometen los errores más grandes son, aparte del gobierno español, el Banco de España, el Instituto de Crédito Oficial y el Fondo Monetario Internacional: las instituciones públicas que tienen más interés en que la economía salga de la crisis.

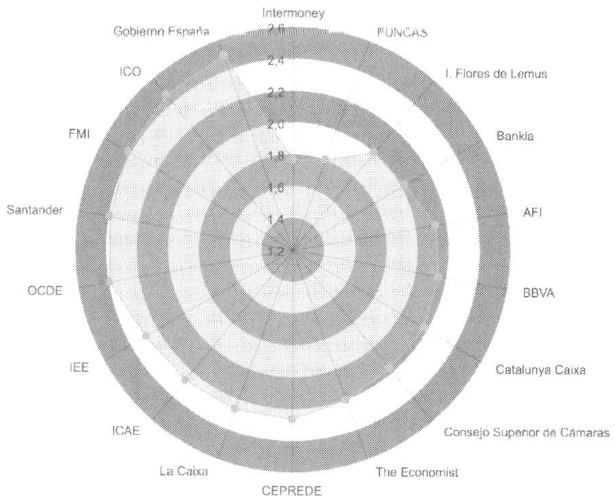

Esto nos debe hacer pensar en una última característica de las predicciones: cuando los augurios económicos son negativos, la gente tiene miedo y deja de consumir. Deja de ir al restaurante o de fiesta a las discotecas. Deja de comprar y ahorra por si acaso.

Las empresas, a su vez, dejan de invertir y esperan a ver qué pasa. Y si los consumidores y las empresas no gastan, la economía deja de funcionar y acaba viniendo una crisis económica. Por el contrario, si los augurios son positivos, las familias consumen, las empresas invierten y el gasto nacional hace que la economía vaya mejor. Realizar predicciones negativas en tiempos de crisis puede agravar la crisis. Y hacer predicciones positivas puede contribuir a que la economía salga de la recesión.

Naturalmente, los gobiernos y las instituciones públicas lo saben. Y no solo lo saben, sino que intentan aprovecharse de ello. Por este motivo, cuando llega la crisis, estas instituciones hacen predicciones increíblemente positivas. No porque realmente piensen que la economía irá bien, sino porque intentan manipular las expectativas de la gente con el objetivo de que hagan lo que el gobierno quiere que hagan cuando las cosas van mal, que es gastar más.

De alguna manera, las instituciones públicas como el gobierno de España, el Banco de España, el ICO o el FMI hacen lo mismo que Julio César hacía con los augures. Todos ellos saben que los expertos no hacen predicciones ajustadas cuando vienen los giros. Pero todos ellos manipulan las predicciones que realizan los expertos para lograr sus objetivos. Y este es otro elemento que nos tiene que llevar a denunciar la tiranía de los expertos.

5

Las reglas del juego

David y Goliat

Antiguo Testamento, primer libro de Samuel, capítulo 17, versículos 1-58. Filisteos e israelitas estaban en pie de guerra y ambos ejércitos ocupaban dos montañas separadas por el valle de Elah. De las filas de los filisteos salió un gigante de dos metros y medio de altura. Era Goliat, de Gat. Llevaba un casco de bronce y una coraza de malla metálica que pesaba cincuenta kilos. Unas polainas le protegían las piernas y, en el hombro, llevaba colgada una jabalina. Sostenía con la mano una lanza con una punta de hierro que pesaba seis kilos. Delante de él, guiándolo, caminaba un escudero.

Al llegar al valle, Goliat gritó dirigiéndose a las filas de Israel: «Yo soy filisteo y vosotros solo sois esclavos de Saúl. Escoged a un hombre y que baje a luchar conmigo. Si él gana y me mata, seremos vuestros vasallos; pero si gano yo y lo mato, vosotros seréis vasallos nuestros y tendréis que someteros».

Las luchas individuales, hombre a hombre, como la que proponía Goliat no eran un hecho extraño, ya que antiguamente se utilizaban para resolver batallas interminables. Cuando el rey israelita Saúl y sus tropas escucharon las palabras del filisteo el miedo les paralizó. Ningún soldado quería luchar contra aquel ogro de apariencia invencible. Y Saúl sabía que, si no se ofrecía ningún voluntario, sus tropas deberían rendirse a los filisteos.

Pero, de pronto, un joven llamado David, hijo de Jesé, comunicó al rey Saúl que él quería salir a luchar: «Que nadie se deje acobardar por este filisteo: este sirviente tuyo irá a luchar contra él», le dijo el joven. David tenía tres hermanos soldados que luchaban en el ejército israelita, pero él, que era el pequeño, era un simple pastor.

«Tú no puedes ponerte delante de este filisteo y luchar contra él. ¡Todavía eres un chico y ni siquiera has sido entrenado en el arte de la guerra! ¡Él, en cambio, es un soldado curtido en mil batallas!», le respondió el rey Saúl. Naturalmente, al rey no le gustaba la idea de jugarse la libertad de todo su pueblo en un combate entre aquel joven pastor de apariencia frágil y un gigante armado hasta los dientes.

Sin embargo, viendo que no le quedaba otra alternativa, el rey acabó aceptando la oferta de David. Eso sí, antes de dejarle caminar hacia el valle, Saúl intentó que el joven se pusiera un casco y una coraza, y llevara también una espada. Pero David lo rechazó. En vez de las armas que le ofrecían, agarró su cayado, escogió cinco piedras bien lisas del torrente, se las guardó en el zurrón y, con la honda en una mano y su cayado en la otra, avanzó hacia el filisteo.

David se acercaba a Goliat, y este, precedido por su escudero, avanzaba hacia David. De repente, el filisteo se fijó en el adversario israelita y al ver que era un joven desarmado lo despreció gritando: «¿Crees que soy un perro, y por esto vienes hacia mí con estos bastones?». Goliat maldijo a David en nombre de los dioses. A continuación, le dijo: «Ven aquí, que voy a dar tu carne a los pajarracos y a los animales salvajes». Justo en el momento en que el filisteo dio un paso adelante para enfrentarse a David, el joven se llevó la mano al zurrón, sacó una piedra, blandió la honda. La piedra salió disparada y se incrustó en el cráneo de un Goliat que cayó fulminado. Al ver al más valiente de sus guerreros muerto, los filisteos emprendieron la huida. David había vencido a Goliat y le había dado muerte sin empuñar la espada y armado solo con una honda y unas pocas piedras.

Este episodio bíblico se ha convertido en el paradigma de la lucha aparentemente desigual en la que el débil acaba ganando al fuerte. Naturalmente, los judíos lo interpretan como la demostración de que Israel es el pueblo elegido. Los cristianos hablan de este episodio como si fuera la demostración de que, si Dios está contigo, nada es imposible. En su último libro, el escritor canadiense Malcolm Gladwell nos da una nueva perspectiva, en la que pone en duda que la historia de David y Goliat sea un ejemplo de batalla en la que el débil gana al poderoso, porque… ni Goliat era tan fuerte, ni David tan débil.[1]

Fijémonos, para empezar, que Goliat baja de la montaña guiado por un escudero. ¿Guiado por un escudero? Los escuderos de la época no se dedicaban a «guiar» a los soldados por el campo de batalla, sino que permanecían en la retaguardia limpiando los escudos y afilando las espadas. Fijémonos también en las palabras que pronuncia Goliat: «¿Crees que soy un perro, y por esto vienes hacia mí con estos bastones?» ¿Bastones? ¿En plural? David no llevaba bastones, sino un solo cayado de madera. ¿Por qué pensaba Goliat que David llevaba más de un bastón, si en realidad solo llevaba uno?

Finalmente, la frase «Ven aquí, que voy a dar tu carne a los pajarracos y a los animales salvajes». ¿Por qué le insta a que vaya hacia él si, en realidad, está allí mismo? Veamos: ¡Goliat necesitaba a un escudero que le guiara, veía dos bastones cuando solo había uno, y desafiaba a David a acercarse a él cuando lo tenía delante! ¡Es evidente que Goliat no veía bien!

Esto, juntamente con el hecho de tener una estatura anormal, ha hecho pensar a muchos médicos e investigadores, ya desde los años sesenta, que Goliat sufría una enfermedad llamada acromegalia: una forma de gigantismo causado por un tumor en la glándula pituitaria. Según parece, el tumor produce un exceso de hormonas del crecimiento y, al expandirse, comprime el nervio óptico, lo cual causa problemas de visión. Bastantes jugadores de

1. Malcolm Gladwell, *David y Goliat*, Taurus, 2013.

baloncesto sufren esta enfermedad. Goliat, pues, quizá no era el gigante invencible que aparentaba, sino un pobre hombre enfermo, medio ciego y con un tumor en el cerebro.

Por otro lado, David tampoco era tan débil como parecía. No nos dejemos engañar. No era un «simple pastor con una honda»: en los cuerpos de artillería de los ejércitos de la Antigüedad había arqueros que disparaban flechas, y honderos que lanzaban piedras. Los honderos bien entrenados tenían una puntería que les permitía acertar una diana a 150 metros. De hecho, los libros explican que la gente cazaba pájaros a pedradas. Hacían girar la honda hasta seis veces por segundo y las piedras salían a 150 km/h. David no era un soldado, pero estaba muy bien entrenado en el arte de la honda, ya que, según cuenta la Biblia, la utilizaba para ahuyentar a los lobos y a los osos que amenazaban a su rebaño.

Además, resulta que las rocas del valle de Elah, en Israel, son de sulfato de bario, un mineral de una densidad altísima. Habida cuenta de la densidad de la piedra, las revoluciones por segundo a las que gira la honda y la distancia aproximada, Gladwell calcula que el proyectil disparado por David penetró en el cráneo de Goliat con la misma potencia que lo habría hecho una bala del calibre 45. ¡No es de extrañar que David tumbara a Goliat con la primera pedrada! Por tanto, David no era un joven pastor indefenso ante Goliat, era un pastor entrenado para usar un arma enormemente poderosa y efectiva: la honda.

Malcolm Gladwell utiliza la historia de David y Goliat como un ejemplo para afirmar que, muchas veces, las apariencias engañan, que los fuertes no son tan fuertes y los débiles no son tan débiles. El caso es que David gana y cambia el rumbo de la historia. Si hubiese perdido, seguramente Israel habría desaparecido como pueblo y quizá hoy estaríamos hablando del pueblo filisteo como una potencia militar e intelectual. Pero venció David, y hoy en día el pueblo de Israel y los judíos son poderosos en todo el mundo.

Las luces de Corea

Cada día los satélites de la NASA fotografían todos los rincones del planeta mientras dan vueltas alrededor de la Tierra. Todos habéis visto fotos del planeta azul visto desde el espacio. Las fotos de noche son especialmente bonitas, ya que permiten apreciar las ciudades y las carreteras iluminadas, que contrastan con la oscuridad de los bosques y los desiertos. Algunos economistas —entre los que me incluyo— han utilizado estas fotos para medir la actividad económica de cada zona utilizando la luminosidad. Por ejemplo, si miráis el mapa del mundo visto desde el cielo, veréis que las luces «dibujan» las grandes ciudades y las zonas más ricas. Europa se ve tan iluminada, que se distinguen perfectamente las fronteras a pesar de que el mapa sea oscuro: la bota de Italia, la cara de España, las islas británicas o los países bálticos están perfectamente delimitados. También se ve totalmente iluminada la mitad este de Estados Unidos, con sus grandes ciudades: Nueva York, Filadelfia, Washington, Boston, Miami, Detroit o Chicago. La mitad oeste del país se ve oscura (o menos iluminada): allí están los desiertos y las Montañas Rocosas. En Asia se aprecian perfectamente las siluetas de India, China y, sobre todo, Japón. África, por su parte, se ve mucho más oscura, con varias luces en los países relativamente ricos del Mediterráneo y otras luces en Sudáfrica. El resto parece apagado. Finalmente, en América Latina y Australia solo se ven las luces de las grandes capitales.

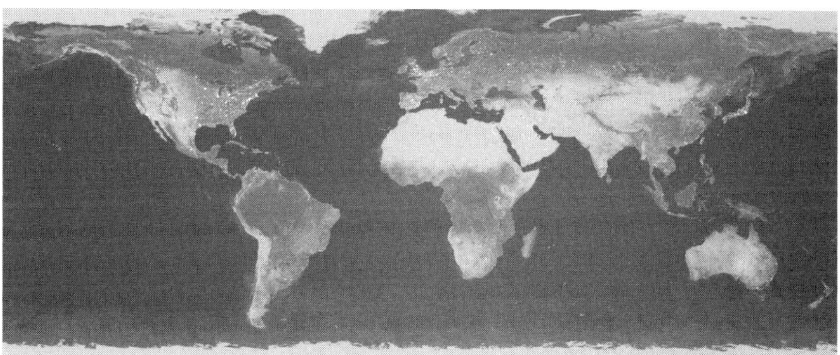

Uno de los mapas más interesantes desde el punto de vista económico es el de la península de Corea. En la parte baja de la foto tenemos a Corea del Sur. En el mapa se aprecia un haz de luces que cubre la geografía de todo el país y una gran explosión lumínica en la capital, Seúl. Toda esta sinfonía de luces contrasta con la oscuridad de la mitad norte de la península, la que corresponde a Corea del Norte, donde parece que haya un solo punto de luz: justo en la capital Pyongyang. Mirando las luces se observa perfectamente la frontera que separa la Corea del Norte de la del Sur. El contraste lumínico entre las dos Coreas es la demostración más clara y simple de las enormes diferencias existentes entre ambos países: mientras Corea del Norte es uno de los países más pobres del planeta, Corea del Sur es uno de los más ricos. La pregunta es: ¿por qué son tan diferentes dos estados que se separaron hace relativamente poco tiempo?

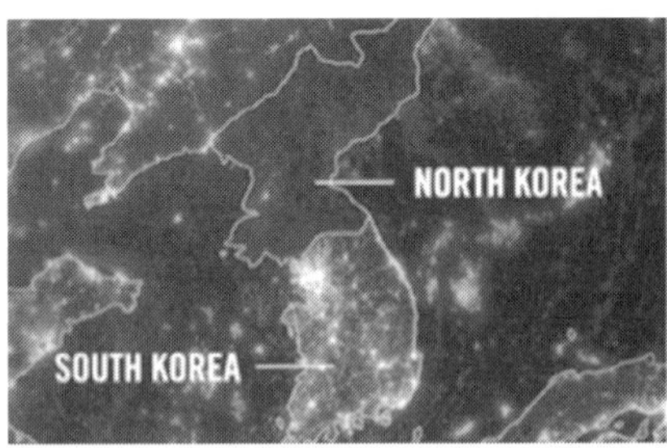

Hasta la Segunda Guerra Mundial, Corea era una colonia japonesa que acabó siendo «liberada» por dos ejércitos que en aquel momento eran aliados en su lucha contra el Imperio japonés: la URSS y Estados Unidos. El ejército soviético entró en la península por el norte mientras que el norteamericano lo hizo por el sur. Ambos ejércitos se encontraron a mitad de camino, justo a la altura del paralelo 38. Una vez acabada la guerra, en lugar de marcharse a casa, tanto los soviéticos como los norteamericanos se quedaron en la parte de Corea que habían «liberado». Así nacieron dos estados diferentes en 1948: la República Popular de Corea, en el norte (conocida familiarmente con el nombre de

Corea del Norte), y la República de Corea, en el sur (conocida con el nombre de Corea del Sur). Lógicamente, en Corea del Norte los soviéticos introdujeron unas instituciones similares a las que en aquel momento tenía la URSS: dominio del Partido Comunista en una economía planificada y sin mercados, en la que la propiedad privada estaba prohibida. El general soviético Terentii Shtykov decidió que el primer presidente del comité central del Partido Comunista, y, por tanto, primer presidente del país, fuera un guerrillero que luchó contra los japoneses y activista comunista llamado Kim-Il Sung, abuelo del actual presidente Kim Jong-un.

De manera similar, los americanos impusieron en el sur un sistema institucional parecido al que ellos tenían en su país: una economía de mercado basada en la propiedad privada y la libertad de empresa. Dos años después de la separación, en junio de 1950, Corea del Norte invadió a su vecina del Sur con el apoyo de la URSS y China. Estados Unidos defendió a sus socios del sur y estalló la guerra de Corea. Después de tres años de luchas y con más de un millón de muertos, las cosas quedaron tal como estaban. Dos países separados por el paralelo 38 con dos economías totalmente diferentes: socialismo comunista en el norte y capitalismo de mercado en el sur.

Lo que sucedió en Corea es una especie de experimento que nos sirve para ver la importancia que tienen las instituciones en el progreso económico y el bienestar de los ciudadanos. Las diferencias existentes hoy en día entre las dos Coreas no son atribuibles a factores culturales (los ciudadanos del norte y del sur tienen la misma cultura), ni raciales (son de la misma raza), ni geográficos (son una misma región) ni históricos (tienen la misma historia). Lo único que diferencia Corea del Norte y Corea del Sur son las reglas del juego que impusieron los soviéticos a unos y los norteamericanos a otros.

Sesenta años después de la separación, el veredicto es claro y se ve desde los cielos: partiendo de la pura miseria y destrucción de la guerra, Corea del Sur se ha convertido en un país rico, con un PIB per cápita de 35.000 dólares (un poco superior al de España, que tiene un PIB de 32.000 dólares per cápita). A pesar de que en los años cincuenta una gran parte de la población era rural y analfabeta, hoy los coreanos del sur tienen una de las tasas de educación más altas del mundo, y sus empresas están entre las más creativas, innovadoras y competitivas: Samsung, LG, Hyundai y Kia son algunas de las más conocidas en los sectores del automóvil y la electrónica de consumo. ¿Cuántos de nosotros, en Occidente, tenemos un teléfono o un televisor de la marca Samsung o LG? Además de disfrutar de unos niveles de bienestar económico y educativo, los ciudadanos del sur viven en libertad, votan a sus líderes en las elecciones, pueden elegir lo que estudian, dónde trabajan, con quién se casan, cuántos hijos tienen y pueden viajar por todo el mundo. Corea del Sur es, sin lugar a duda, uno de los grandes éxitos económicos de la segunda mitad del siglo XX y principios del XXI.

Corea del Norte, por el contrario, continúa siendo eminentemente agrícola y extremadamente pobre. A veces, los ciudadanos de Corea del Norte no tienen suficientes alimentos para sobrevivir y el país sufre situaciones de hambruna en un momento en que el hambre está desapareciendo incluso en África. Los ciudadanos normales continúan sin poder recibir una educación que les permita ganarse la vida (la mayor parte de lo que se les enseña en los colegios es propaganda destinada a mantener vivo el régimen de la dinastía Kim), continúan sin disfrutar de la libertad para decidir su futuro, ni tampoco para opinar (aquel que disiente es asesinado, aunque sea el hermano del líder supremo, que fue envenenado en el aeropuerto, o el tío, que fue devorado por los perros que le atacaron en presencia de su sobrino). Los líderes políticos no son escogidos y el dictador Kim Jong-un utiliza los pocos recursos que produce el país para crear un delirante programa nuclear. Los coreanos del norte no pueden comprar productos extranjeros: ni los coches o los teléfonos inteligentes que producen sus hermanos del sur, ni neveras, ni computadores, ni ropa, ni carne, ni leche… Viven, literalmente, como en el siglo XIX. El PIB per cápita es similar al de países de África subsahariana. Y todo esto se percibe desde los satélites de la NASA: el sur está completamente iluminado, mientras que el norte exhibe una petrificante oscuridad medieval.

Dado que —repito— Corea del Norte y Corea del Sur tienen la misma cultura, historia, raza, geografía y los mismos recursos naturales, ninguno de estos factores puede ser responsable del abismo existente en cuanto al progreso tecnológico. La gran diferencia entre los dos países está en las instituciones, es decir, en las reglas del juego.

Los economistas llamados institucionalistas sostienen que las reglas del juego son el factor más importante a la hora de entender por qué unos países son ricos y otros son pobres, por qué unos crecen y otros no, o por qué unos son libres y otros no. Las reglas del juego determinan los incentivos: incentivos para trabajar o para hacer el vago; para formarse y estudiar o para quedarse en casa sin hacer nada; incentivos para innovar, crear ideas e implementarlas o para obedecer las órdenes de los superiores sin cuestionar nada; incentivos para crear empresas e implementar sus ideas o para ser funcionario del Estado después de pasar unas oposiciones.

En el norte se prohibieron la propiedad privada y los mercados, y se restringieron las libertades de todo el mundo, excepto para la élite del partido y los amigos de la familia Kim. Los planes estatales del gobierno ordenan a cada ciudadano qué debe hacer, dónde tiene que trabajar, cómo debe producir, dónde está obligado a entregar el producto y qué bienes y servicios puede obtener a cambio de su trabajo. Los coreanos del norte no pueden ir al mercado a comprar lo que más les guste porque no hay mercados. Como las personas no se quedan con el fruto de su trabajo —puesto que se lo queda el Estado—, no tienen demasiados incentivos para trabajar. Tampoco tienen ningún incentivo para estudiar y prepararse para ganar más: piensan que, aunque se pasen años estudiando y esforzándose en mejorar su rendimiento, no ganarán más dinero ni obtendrán más alimentos. Por lo tanto,

¡no estudian! Las reglas del juego no motivan a la gente a progresar y, a consecuencia de ello, el país en su conjunto no progresa.

En el sur, en cambio, las reglas favorecen el comercio, la inversión y la educación. Las empresas tienen incentivos para crear productos nuevos y venderlos o exportarlos por todo el mundo. Los ciudadanos tienen incentivos para ir a la universidad y estudiar másteres y doctorados porque saben que esto les va a permitir optar a trabajos mejores, acceder a puestos más altos dentro de las empresas y cobrar salarios más elevados. Por esta razón, en las universidades norteamericanas tenemos una gran cantidad de estudiantes surcoreanos. ¡Y hay que decir que siempre están entre los mejores!

¿Por qué fracasan los países?

No pongo el ejemplo de las Coreas para demostrar que el capitalismo sea un sistema económico superior al socialismo teledirigido por el Estado. Lo pongo para demostrar la importancia que tienen las instituciones a la hora de determinar la prosperidad o el estancamiento de un país.

Es cierto que, hoy en día, muchos analistas solo piensan en dos tipos de instituciones: las capitalistas y las socialistas/comunistas. La libertad de mercado contra la planificación central. Esta visión es muy del siglo XX, cuando los debates filosóficos se centraban en si el sistema de planificación soviético era mejor o peor que el sistema capitalista occidental. Actualmente este debate es poco informativo y está sesgado por varias razones. Primera: porque a lo largo de la historia ha habido muchos sistemas económicos que no eran ni socialistas ni capitalistas: la economía de los recolectores del paleolítico, la de los primeros agricultores sedentarios de la cultura natufiense (desde Israel hasta los valles del Tigris y el Éufrates), la de los egipcios, griegos o fenicios, la de la República romana, la del Imperio romano, la de la Europa medieval, la de los mayas y los incas precolombinos, la de la China de la dinastía

Yuan, la de los Ming, o la China actual de Xi Jinping. Ha habido la economía de los masáis en Tanzania, la de los zulúes en Sudáfrica o la de los leles en el Congo; también las economías esclavistas de las plantaciones de azúcar del Caribe (Barbados, Cuba o la República Dominicana, entre otros) o de algodón y tabaco del sur de Estados Unidos. Hemos visto la economía de las castas de la India o la del Imperio otomano en el este. Cada una de ellas ha tenido unas reglas del juego diferentes, y un análisis sobre la importancia de las instituciones en la economía ha de poder explicar no solo el capitalismo y el socialismo, sino también todos los demás tipos de economías que han existido a lo largo de la historia.

La segunda razón es que hay diferentes tipos de capitalismo y de socialismo. Las reglas del juego del capitalismo en Suecia o Finlandia no son las mismas que en Estados Unidos, Francia, México, Singapur, Corea del Sur, Colombia o Chile. Asimismo, las instituciones socialistas de la URSS de Stalin no eran las mismas que las de la Yugoslavia de Tito, la China de Mao, la India de Indira Gandhi o la Etiopía de Mengistu Haile Mariam. Por lo tanto, hablar de capitalismo contra socialismo es una simplifica ción que no aporta prácticamente nada.

En uno de los libros económicos más famosos y más leídos de las últimas décadas,[2] los economistas institucionalistas Daron Acemoglu y Jim Robinson (quiero dejar constancia aquí de que Robinson fue estudiante mío cuando yo era profesor en la Universidad de Yale ☺; ya lo veis, orgullo de maestro) dicen que para entender la historia de la economía no debemos agrupar los países poniendo en un lado los que tienen economías capitalistas y, en el otro, los que tienen economías socialistas, sino que debemos agrupar los países según si tienen instituciones *inclusivas* o instituciones *extractivas*.

Las *instituciones inclusivas* son aquellas que permiten, fomentan y potencian la participación de la gran mayoría de los individuos

2. Daron Acemoglu y James Robinson, *Por qué fracasan los países*, Deusto, 2012.

en las actividades económicas, que aprovechan mejor su talento y sus habilidades. Permiten la libertad de elección, implican la existencia de derechos de propiedad seguros, oportunidades económicas no solo para la élite sino para todos. También tienen un sistema jurídico imparcial y unos servicios públicos que garanticen la igualdad de oportunidades. En los países inclusivos no se discrimina a personas y no se protegen los beneficios de las empresas existentes para impedir que entren empresas nuevas en el negocio. Los países inclusivos tienden a allanar el camino a los motores de la prosperidad: progreso tecnológico (innovación) y educación (en el colegio, en casa y en el trabajo).

Por el contrario, las *instituciones extractivas* tienen por objetivo extraer renta y riqueza de un subconjunto de la sociedad para beneficiar a otro, la élite. Los países extractivos no dan incentivos ni oportunidades a la mayoría de los ciudadanos para que se esfuercen, inviertan, trabajen, innoven o se levanten muy pronto para mejorar su nivel de bienestar o el de sus hijos.

Es importante señalar que no todas las economías de mercado son inclusivas: el sistema esclavista del Caribe y América del Norte de los siglos XVIII y XIX, basado en la producción y el comercio de azúcar, algodón o tabaco, era un sistema de mercado que no permitía ningún tipo de libertad a los esclavos. El capitalismo de amiguitos (en inglés, *crony capitalism*) que vemos en muchos países de América Latina, Asia, África o incluso en algunos países del sur de Europa, da unos privilegios y unas ventajas a las élites de los que no disfrutan la mayor parte de los ciudadanos.

De nuevo, el problema de los incentivos

El argumento principal del libro de Acemoglu y Robinson es que, tarde o temprano, los países cuyas instituciones son extractivas fracasan. Solo si un país tiene instituciones inclusivas puede generar el progreso tecnológico sostenido necesario para ser el motor del crecimiento y la prosperidad. La única manera de crecer, a la larga, es tener instituciones que den oportunidades a todos, que mantengan la propiedad y la estabilidad legal, y que fomenten la educación, la inversión y, sobre todo, la innovación.

El problema es que la mayor parte de los sistemas económicos de la historia han sido extractivos. Precisamente por este motivo han sido economías pobres con posibilidades de crecimiento limitadas, en las que una élite se dedicaba a extraer todo lo posible del resto de lo ciudadanos, sin darles incentivos ni oportunidades para que mejoraran su nivel de bienestar a base de esforzarse, invertir, trabajar o innovar.

Es cierto que muchos de los países extractivos a lo largo de la historia experimentaron progreso económico, pero siempre fue temporal y siempre se acabó colapsando. Pongamos, por ejemplo, la Unión Soviética. La URSS experimentó un importante crecimiento económico entre la revolución de 1917 y 1970. El enorme poder del gobierno centralizado pudo extraer alimentos de los campesinos y sustentar a los trabajadores de las fábricas que eran más productivas. Esto hizo aumentar la productividad y el PIB durante varios años. Cada cinco años, el gobierno redactaba un plan en el cual se decidía lo que se iba a producir en cada fábrica o granja, dónde debía trabajar cada ciudadano y cuánto tenía que cobrar.

La riqueza adicional que generó el sistema soviético al principio también se utilizó para engrasar «la maquinaria del marketing». En este sentido, se destinaron muchos recursos a actividades que difundían una imagen internacional de éxito: atletas, jugadores de ajedrez, astronautas, bailarinas, cosacos danzadores, científicos y cualquier persona o institución que pudiera causar la impresión al resto del mundo de que el mundo soviético era superior. A consecuencia de ello, muchos analistas occidentales pensaron que el sistema soviético era una cosa que imitar, ya que permitía el crecimiento económico (igual que el sistema de mercado occidental) y, además, lo hacía con una igualdad de salarios casi absoluta.

El problema es que en los años setenta el sistema empezó a resquebrajarse: el crecimiento y la innovación desaparecieron de la economía, y la población soviética empezó a desesperarse. ¿Por qué no funcionaba el sistema soviético? Acemoglu y Robinson dan varias explicaciones al respecto. En primer lugar, porque los ciudadanos tenían pocos incentivos para ser productivos, para invertir en ellos mismos (educación que aumenta la productividad) o en sus empresas (no había empresas). Al fin y al cabo, si el sueldo que cada uno cobraba era independiente de si trabajaba mucho o poco, de si estaba muy preparado o poco, o de si hacía las cosas bien o mal, ¿para qué esforzarse en trabajar más o mejor? Y si el sueldo era independiente de la productividad y una mejor educación no comportaba una remuneración más alta, los ciudadanos soviéticos se preguntaban qué sentido tenía estudiar o invertir en su propio capital humano. Todo esto provocó que la productividad de los trabajadores soviéticos fuera cada día más baja, mientras que la de los trabajadores occidentales era cada vez más elevada: ¡en los años setenta, un granjero norteamericano producía cuatro veces más que uno soviético!

Hay que decir que los otros sistemas extractivos de la historia tenían el mismo problema de incentivos. Los esclavos explotados por los emperadores egipcios para construir pirámides o conseguir alimentos tampoco tenían ningún incentivo para esforzarse o ser más productivos. Por esto los soldados, si consideraban que no trabajaban lo suficiente, los amenazaban con el látigo y la violencia física. Lo mismo les ocurría a los esclavos africanos llevados a las plantaciones del Caribe o del sur de Estados Unidos, o a los indígenas de las tribus precolombinas asignados a los conquistadores españoles en la época de la *encomienda*. Tampoco tenían incentivos los campesinos medievales, que no tenían la libertad de marcharse si su señor feudal los maltrataba. La mayor parte de lo que producían los campesinos se lo repartían entre el señor feudal y la Iglesia. El campesino solo se quedaba una pequeña parte para subsistir a duras penas y, por lo tanto, sabía que los alimentos adicionales generados por un esfuerzo superior serían confiscados. ¿Conclusión? ¡Nadie tenía el menor interés en ser más productivo!

En segundo lugar, porque en la URSS nadie recibía incentivos por innovar. ¿Por qué innovar si el Estado se acabaría quedando con el fruto de cualquier innovación?, pensaban los potenciales inventores. Si dedicar tiempo a pensar en nuevas ideas y a esforzarse en implementarlas no comporta beneficio alguno, ¿para qué hacerlo?, argumentaban los ciudadanos soviéticos. El Estado puede obligar a las personas a trabajar bajo la amenaza del látigo, pero no a pensar y a ser creativas. Lógicamente, el mismo problema tenían los campesinos del medievo o los esclavos de las plantaciones de Virginia: si por casualidad un campesino, o un esclavo, tenía una idea nueva sobre cómo lograr más producción, carecía de cualquier incentivo para implementarla, ya que todos los alimentos adicionales generados por su invento serían confiscados por el señor feudal o el propietario blanco de la plantación.

La tercera explicación es que las élites tienen aversión a cualquier tipo de cambio. Ellos ya están bien con el *statu quo*. ¡Por algo son élites! Si las cosas cambian —y la innovación siempre conlleva cambios— puede que ellos salgan perdiendo. En este tipo de países, cuando, a pesar a todo, se da el caso de que alguien innova, ¡los gerifaltes le cortan la cabeza!

El escritor romano Plinio explica que, durante el reinado del emperador Tiberio, un hombre inventó un vidrio irrompible que podía ser utilizado como metal precioso. Acudió al emperador para que explotara el invento en beneficio de Roma y, de paso, lo recompensara por el invento. Tiberio le preguntó si había mostrado aquel invento milagroso a alguien. El hombre respondió que no. Entonces el emperador lo asesinó para que «el valor del oro que él poseía no cayera al nivel del fango». De esta historia se desprenden dos lecciones: la primera es que, en la Antigua Roma, cuando alguien tenía una idea innovadora no creaba una empresa como hacemos hoy en día, sino que iba a pedir permiso al emperador. La segunda es que, a veces, el emperador intentaba ocultar las ideas, incluso asesinando al inventor, si creía que la innovación podía perjudicarle.

Roma no es el único ejemplo de un poder político que intenta evitar que haya innovaciones en su país. En 1583 un joven inglés llamado William Lee finalizó los estudios en Cambridge (Reino Unido) y regresó a su pueblo, Calverton. Hacía poco que la reina Isabel I había aprobado una ley que obligaba a la gente a llevar sombreros de lana. Él veía a su madre y a su hermana con las agujas todo el día para hacer los sombreros y pensó: si ellas utilizan una aguja, ¿no podríamos crear una máquina que utilizara muchas agujas a la vez? Investigó, experimentó, probó un montón de combinaciones hasta que acabó inventando una máquina de tejer. Al cabo de un año fue a ver a la reina, en Londres, para mostrarle la máquina que había inventado y pedirle una patente para el invento. La máquina no se movía ni con vapor ni con electricidad (esto llegó cien años después). La tejedora se movía con la acción de los pies del operario, pero iba mucho más deprisa que las madres y las abuelas con las agujas. Al ver la máquina, la reina se negó a darle la patente: «¿No habéis considerado el mal que esta máquina causará a mis súbditos, que perderán el puesto de trabajo y se convertirán en mendigos?», le dijo riñéndolo. El pobre hombre no solo no fue recompensado con una patente, sino que fue castigado, igual que el pobre inventor del vidrio irrompible en la Antigua Roma. Más que el progreso y la productividad de todas las personas que tejían en Inglaterra, a la reina le interesaba la estabilidad política del país para mantener ella el poder. En realidad, pensó que, si el invento dejaba a muchos tejedores sin trabajo, se podía originar una revuelta que podría acabar con sus privilegios. Por este motivo lo prohibió. ¡Es lo que tienen las economías extractivas!

Hombre rico, hombre pobre

El 12 de octubre es el día en que los españoles celebran el día de la Hispanidad. Pero el mismo día es famoso en el mundo del baloncesto porque en 1979 Chris Ford, jugador de los Boston Celtics, hizo la primera canasta de tres puntos de la historia. En efecto, en la temporada 1979-1980, la NBA cambió las reglas del juego e introdujo la posibilidad de que las canastas valieran tres puntos si el jugador realizaba el lanzamiento desde una distancia superior a los 7,24 metros. Este cambio de normas comportó que una serie de jugadores bajitos, pero con mucha puntería, pasaran a ser mucho más valiosos para los equipos de baloncesto y cobraran salarios mucho más altos. Las reglas del juego, pues, hicieron cambiar los salarios de los distintos tipos de jugadores.

Lo mismo ocurre en la vida económica en general: las reglas del juego (las instituciones) determinan quién se enriquece y quién no dentro de cada país. En el momento de escribir este libro, los dos hombres más ricos del mundo son el norteamericano Bill Gates y el mexicano Carlos Slim.

Bill Gates empezó a acumular riqueza cuando creó un sistema operativo llamado DOS, que permitía a los primeros computadores personales incluir programas de todo tipo. Después creó la empresa Microsoft y, desde allí, creó todo tipo de *software*, que hoy en día es utilizado por centenares de millones de trabajadores y consumidores de todo el planeta: Windows, Internet Explorer, Word, Excel, PowerPoint y muchos más. En definitiva, Bill Gates se hizo rico gracias a la innovación tecnológica. Lo mismo podemos decir de muchos de los norteamericanos que integran la lista Forbes de los más ricos del mundo: Jeff Bezzos creó Amazon (una empresa de distribución de toda clase de productos por internet), Mark Zuckerberg inventó Facebook (la red social más usada del mundo), Larry Page y Sergei Brin crearon Google (el buscador que revolucionó internet), entre otros.

Carlos Slim, por su lado, creó un grupo financiero llamado Grupo Carso, que se dedicaba a comprar empresas con problemas. En 1990, el presidente de México, Carlos Salinas de Gortari, decidió privatizar la empresa telefónica Telmex. Hasta entonces, Telmex era un monopolio propiedad del Estado de México. Según explican Acemoglu y Robinson, Carso ganó inesperadamente el concurso pese a no haber realizado la mejor oferta, lo que permitió a Slim conseguir la mayoría de las acciones de Telmex. Slim mantuvo el monopolio y se hizo rico.

En 1998, el Departamento de Justicia de Estados Unidos llevó a Gates ante los tribunales con la acusación de llevar a cabo prácticas monopolistas cuando intentó unir el programa de acceso a internet (Windows Explorer) con el sistema operativo Windows. Según decía el juez, esto perjudicaba a las empresas de la competencia, como Netscape. Gates fue condenado a pagar una multa y a incluir a la competencia en su sistema operativo.

Curiosamente, más o menos al mismo tiempo, en 1996, los fiscales también acusaron a Slim de prácticas monopolistas y le demandaron. Pero las leyes mexicanas permitieron que Slim solicitara un recurso de amparo y se escapara de la persecución fiscal.

En Estados Unidos y en México hay sistemas institucionales diferentes que comportan resultados diferentes. En general, en Estados Unidos se enriquece aquel que tiene ideas innovadoras que benefician a miles de millones de clientes. En México se enriquece aquel que tiene contactos políticos y consigue el favor de los gobernantes. En Estados Unidos, los monopolistas son perseguidos y castigados, aunque sean los hombres más ricos del mundo. En México, los monopolistas consiguen escapar de la justicia si tienen suficiente dinero y conexiones políticas. Todo eso lleva a Acemoglu y Robinson a concluir que el capitalismo mexicano es extractivo y el de Estados Unidos, inclusivo. Al igual que el reglamento del baloncesto, las reglas institucionales acaban determinando quién gana dinero en cada país… ¡y cómo lo gana!

¿De dónde provienen las instituciones?: las colonias españolas

Ya hemos dicho que las instituciones que tiene un país acaban determinando no solo el grado de prosperidad que podrán obtener sus ciudadanos, sino también cómo se distribuirán los recursos, quién se hará rico y quién seguirá siendo pobre. La pregunta clave es: ¿de dónde provienen las instituciones? ¿Por qué el capitalismo mexicano de hoy es de carácter extractivo, mientras que el de sus vecinos del norte (Estados Unidos) es de carácter inclusivo? Esta pregunta es muy compleja, ya que las instituciones evolucionan lentamente a través de la historia. Lo que tenemos hoy es, en parte, lo que votamos los ciudadanos hoy, pero también depende en gran medida de la herencia que hemos recibido de nuestra historia. En este sentido, Acemoglu y Robinson explican las diferencias actuales entre México y Estados Unidos por las diferencias de sus procesos coloniales.

Los conquistadores españoles que colonizaron América fueron al nuevo continente a robar oro y plata. Nada más llegar a las islas del Caribe, Cristóbal Colón decretó que cada indígena de más de catorce años tenía que entregarle una cantidad de polvo de oro que cupiera dentro de un «cascabel de Flandes». Y quien no vivía cerca de las minas tenía que entregarle un fardo de algodón. Colón decía que la mitad de esta riqueza era para la Corona de Castilla… y la otra mitad para él. La consecuencia fue que una gran cantidad de indígenas pasó a dedicar la mayor parte de su tiempo a buscar oro o a producir el algodón para entregarlo a los conquistadores españoles.

Ahora bien, ¿cómo lograron someter unos pocos españoles a centenares de miles o millones de indígenas? Pues bien, por un lado, la tecnología militar de los conquistadores era muy superior a la de los nativos. Por otro lado, los españoles fueron muy listos y se aprovecharon de las jerarquías y la disciplina social que ya tenían implantadas los imperios precolombinos. Lo que hicieron fue encarcelar o asesinar al líder (el rey o emperador de los indígenas) y mantener la misma jerarquía poniendo a un español al frente: los campesinos, ganaderos, mineros, trabajadores de la construcción y todos los obreros de América continuarían haciendo lo mismo que hacían antes de la llegada de los españoles. La única diferencia era que, en vez de servir y pagar tributos al rey inca, azteca o maya, servirían y pagarían tributos a los españoles. Para conseguirlo, lo único que tuvieron que hacer fue someter o eliminar a los líderes anteriores.

Un ejemplo lo tenemos en México: el conquistador extremeño Hernán Cortés llegó a la capital del Imperio azteca, Tenochtitlan, el 8 de noviembre de 1519. Él y su tropa fueron recibidos por el emperador Moctezuma, quien, mal asesorado por sus consejeros, pensaba que venían en son de paz. Moctezuma ofreció hospitalidad a los españoles y les invitó a dormir en el palacio real. Pero los extranjeros no querían paz, sino oro y plata. Lo que pasó después fue descrito fantásticamente por el monje franciscano Bernardino de Sahagún:[3]

> *Los españoles se apoderaron enseguida de Moctezuma ... entonces, se dispararon cada una de las armas ... Reinaba el miedo. Era como si todo el mundo se hubiera tragado el corazón. Incluso antes de que hubiera oscurecido, había terror, estupefacción, aprensión, la gente estaba aturdida. Y, con la puesta de sol, se proclamaron todas las cosas que los españoles necesitaban: tortillas blancas, pavas asadas, huevos, agua dulce, madera, leña, carbón ... Moctezuma recibía órdenes. Y, cuando los españoles se hubieron asentado bien, preguntaron a Moctezuma sobre todo el tesoro de la ciudad ... buscaban oro con gran celo. Y Moctezuma fue allí para dirigir a los españoles. Ellos fueron rodeándole... le abrazaban, le agarraban. Y, cuando llegaron al almacén, a un lugar llamado Teocalco, se llevaron todas las cosas brillantes; el abanico de cabeza de plumas quetzal, los artefactos, los escudos, los discos dorados ... las narigueras de oro con forma de luna creciente, las bandas de oro para las piernas, los brazos y la frente.*
>
> *Acto seguido, se separó el oro ... y prendieron fuego a todas las cosas no preciosas. Lo quemaron todo. Y los españoles hicieron barras a partir de aquel oro ... Y los españoles fueron caminando a todas partes ... Lo tomaron todo, todo lo que veían que fuera bueno. Más tarde, fueron al propio almacén de Totocalco, y se llevaron las posesiones del propio Moctezuma ... todo objetos preciosos; collares con colgantes, bandas de brazo con penachos de plu-*

---

3. Bernardino de Sahagún, *Códex Florentino*, 1545.

mas de quetzal, bandas de oro para los brazos, brazaletes, bandas de oro con conchas … y la diadema de turquesas, característica del gobernante. Se lo llevaron todo.

Sea como fuere, el caso es que Moctezuma murió en circunstancias más o menos misteriosas y Hernán Cortés se autoproclamó gobernador de una provincia a la que puso el nombre de Nueva España. El aspecto clave es la introducción por parte de Cortés de una nueva institución en nombre del reino de España: la *encomienda.* La *encomienda* era una especie de esclavismo disimulado y permitía recibir al conquistador español (el *encomendero*) la cesión de un determinado número de indígenas (los *encomendados*) para que trabajaran para él en las minas o en el campo, o para que hicieran los servicios domésticos o lo que él quisiera. Se trataba, sin duda alguna, de esclavitud. Pero como en España la esclavitud estaba mal vista, lo disfrazaron de intercambio: a cambio de realizar trabajos forzados para los españoles, los *encomendados* serían instruidos en el cristianismo. Así podían dormir tranquilos sin tener que trabajar, mientras millones de indígenas eran forzados a producir el alimento que necesitaban para subsistir, construir las casas y los palacios donde iban a vivir, y extraer el oro y la plata, que transportaban a España como botín de conquista.

Esta estrategia, que tan bien funcionó a Cortés y a sus compañeros en México, fue copiada en el resto de América: Francisco Pizarro hizo lo propio con el Imperio inca en Perú, y Pedro de Mendoza con los indígenas del Río de la Plata, en Argentina. Los españoles justificaban la *encomienda* aduciendo que era una relación de intercambio, no de explotación. Sin embargo, no tardaron en alzarse voces denunciando la situación de esclavitud en la que vivían los ciudadanos locales americanos. El fraile dominico Bartolomé de las Casas, originario de Sevilla, *exencomendero* y gran defensor de los derechos de los indígenas —hasta el punto que se le conocía con el nombre de «el apóstol de los indios»—, escribió un libro importante titulado *Brevísima relación de la destrucción de las Indias*, en el que describía la crueldad con la que los *encomenderos* trataban a los autóctonos. Describe con todo lujo de detalles las torturas que se infligía a la pobre gente cuando osaba desobedecer, torturas que no voy a describir para no herir la sensibilidad de los niños que puedan leer este libro. De las Casas cuenta que los indios eran seres humanos (supongo que esta afirmación debió resultar chocante a más de uno de sus lectores en España) que tenían uso de razón igual que los conquistadores o que los grandes pensadores griegos o romanos y, por tanto, estaban cubiertos por el derecho natural y tenían el derecho a la libertad. Hoy en día, su libro está considerado el primer informe moderno sobre los derechos humanos.

Los españoles de la época descalificaron a Bartolomé de las Casas diciendo que los malos tratos a los que se refería eran fruto de su imaginación. Sin embargo, estudios recientes llevados a cabo por historiadores han documentado que las atrocidades descritas por el fraile dominico fueron totalmente verídicas.

Dejando de lado las cuestiones sobre si las torturas eran más o menos sádicas y más o menos reales, el caso es que estas son las instituciones que los españoles implementaron en América Latina: existen unas normas según las cuales las élites que cuentan con buenas conexiones políticas (y además son blancas, descendientes de los conquistadores españoles) disponen de un montón de siervos que les permiten vivir sin trabajar y robar todo lo que deseen. Acemoglu y Robinson dicen que aquellas instituciones fueron precursoras de lo que vemos hoy: primeramente, los españoles roban todo lo que pueden con el permiso de la legalidad española. Después, cuando se independizan de España, hay pugnas constantes entre sus descendientes para no pertenecer a los explotados y formar parte de la élite: guerras civiles, golpes de Estado, asesinatos y contragolpes. Dado que uno solo puede ganarse la vida formando parte de la élite, los diferentes grupos se enfrentan de manera violenta para conseguir formar parte de ese grupo privilegiado. Y una vez han logrado su objetivo y llegan al poder, no tienen ningún incentivo para cambiar las cosas. Así se forman y se perpetúan las instituciones extractivas hasta llegar a nuestros días.

Estados Unidos y las colonias inglesas

Cuando Colón llegó a América, Inglaterra no era una gran potencia militar como España. Era un reino menor gobernado por la reina Isabel I de la familia de los Tudor. Cuando los ingleses se enteraron de que los españoles habían descubierto un continente lleno de riquezas, no intentaron aprovecharse ellos también enviando a sus propios conquistadores porque creyeron que contra el poder de los españoles no podían competir.

Lo que sí hicieron, no obstante, fue piratear los barcos españoles que regresaban a Europa cargados con el oro y la plata que habían saqueado en América. Para ello crearon una red de piratas que contaban con la autorización real para robar a barcos españoles. Estos permisos para robar se llamaban «patente de corso», y los piratas autorizados, «corsarios». Los corsarios más famosos de la época eran dos primos, John Hawkins y Francis Drake, y más tarde se hizo famoso Henry Morgan, que da nombre a la marca de ron Captain Morgan.

El rey Felipe II de España, harto de que sus barcos con el oro y la plata que sus conquistadores habían extraído a los nativos americanos fueran robados sistemáticamente por los corsarios ingleses, decidió echar a la reina Isabel I y poner a alguien más afín a los intereses de España. Con este objetivo planeó la invasión de las islas británicas enviando la flota más poderosa de todos los tiempos, una flota tan temible que pasó a la historia con el nombre de Armada Invencible. La mala suerte quiso que quien tenía que dirigir la ofensiva, Álvaro de Bazán, marqués de Santa Cruz, muriera de tifus poco antes de empezar la ofensiva. Lo sustituyó Alfonso Pérez de Guzmán, séptimo duque de Medina-Sidonia, que carecía de experiencia naval. El duque mandó una carta al rey para convencerlo de que no era la persona adecuada para llevar a cabo la ofensiva, pero los asesores del monarca la interceptaron y contestaron que, si no aceptaba, su reputación quedaría manchada para siempre. Finalmente, aceptó el encargo de dirigirla a pesar de su incompetencia; una decisión que acabaría siendo trágica para los intereses de España.

En julio de 1588, la gran armada española, con 130 barcos, 19.000 soldados de infantería, 7.000 marineros, 1.000 caballeros y 180 clérigos, inició la ofensiva contra las islas británicas. Parece ser que justo en aquel momento estalló una gran tempestad en el océano Atlántico que, juntamente con la incompetencia del duque de Medina-Sidonia, hizo saltar la sorpresa: contra todo pronóstico, la todopoderosa armada española cayó humillada por un ejército inferior. ¡David volvió a vencer a Goliat! Como sucede siempre en estos casos, el rey no asumió las responsabilidades y culpó de la derrota al árbitro. Bueno, exactamente al árbitro, no. Culpó al mal tiempo, pronunciando una frase que ha pasado a la historia: «Yo envié mis naves a luchar contra hombres, no contra los elementos». Dicho con otras palabras: la culpa no es mía ni de mis incompetentes almirantes. La culpa es de la tempestad. Así empezó la decadencia inevitable e imparable del Imperio español, ¡una decadencia que parece que aún no ha llegado a su fin!

La victoria sobre España dio ánimos y confianza a los ingleses, y los espoleó a participar en el saqueo de las Américas. Dado que las partes central y sur del continente ya habían sido ocupadas por españoles y portugueses, decidieron colonizar el norte, el territorio que hoy corresponde a Estados Unidos y Canadá. Fijaos en que no decidieron ir al norte porque vieran que era una tierra llena de gente innovadora, o porque el territorio tuviera un potencial de riqueza mucho más alto que Perú o México. ¡Ocuparon Estados Unidos y Canadá porque era lo único que quedaba!

De hecho, la colonia inglesa decidió no colonizar Estados Unidos y Canadá directamente. Decidieron hacerlo a través de empresas privadas. La primera fue la Virginia Company, que fue a parar a la tierra de los powhatan, en lo que hoy es el estado de Virginia en el sur de Estados Unidos. Aunque los colonizadores no eran representantes directos de la Corona británica, sino empresarios privados, intentaron hacer lo mismo que habían hecho los españoles en México, a saber: someter o asesinar al líder indígena y obligar a los nativos a trabajar para ellos. Con este objetivo visitaron al rey Wahunsonacock y le hicieron todo tipo de ofrendas para simular que su visita era de cortesía y en son de paz. Pero su intención real era asesinarlo, igual que Hernán Cortés había hecho con Moctezuma. Pero Wahunsonacock no se dejó engañar. Lo primero que preguntó a los emisarios fue: «¿Alguien de ustedes es el rey de vuestro país?». Los ingleses respondieron que no, a lo que él les dijo: «Si vuestro rey quiere verme, que venga él. Yo no hablo con emisarios». Entonces sus soldados detuvieron a los ingleses y los encarcelaron. Entre los soldados retenidos estaba el capitán John Smith. Cuando los indios estaban a punto de ejecutarlo, la hija del rey Wahunsonacock, una chica llamada Pocahontas, intercedió para salvarlo. Cuenta la leyenda que Smith y Pocahontas vivieron un idilio, que más tarde fue plasmado en las pantallas de cine por Disney en la película que lleva el nombre de la joven india.

Sea como fuere, el intento de los ingleses de cortar la cabeza de la jerarquía para colocar en su lugar a conquistadores ingleses no acabó de funcionar. Y no funcionó solo porque el rey Wahunsonacock fue más listo e indomable que sus homólogos mexicanos, sino también porque la sociedad de los powhatan y las de todas las tribus de América de Norte no estaban tan jerarquizadas como los aztecas, los mayas y los incas. ¡Ah, otra diferencia importante es que en América del Norte no había ni oro ni plata!

Todo esto supuso un grave problema para los ingleses porque habían viajado a América con soldados, exploradores y orfebres que se suponía que habrían tenido que someter a los nativos, robar el oro y la plata, fundirlos y enviarlos a Inglaterra. Y, como es natural, ni los soldados, ni los exploradores, ni los orfebres tenían la más mínima idea de cómo cultivar la tierra, producir alimentos o construir viviendas. Por esto, los colonos empezaron a morir de hambre y frío, y regresaron a Inglaterra con el rabo entre las piernas: la estrategia española de esclavizar a los indios locales no funcionaba en América del Norte.

Pero la Virginia Company no renunció a ganar dinero en el nuevo territorio y, para ello, ideó una nueva estrategia: en vez de soldados, exploradores y orfebres, llevarían campesinos, ganaderos, artesanos, albañiles y trabajadores normales, e intentarían crear un sistema feudal similar al que había en Europa, en el que ellos, los propietarios de la compañía, serían los señores feudales y exigirían pagos a los trabajadores recién llegados. Puesto que no podían explotar a los indios, explotarían a los pobres inmigrantes europeos que, desesperados por escapar de la pobreza europea, fueran a trabajar a América. Esta estrategia chocó también con un problema grave: a diferencia de lo que sucedía en Europa, donde había mucha gente y poca tierra, en América había mucha tierra y poca gente, de modo que, cuando los campesinos veían que Virginia Company les exigía pagos desmesurados, simplemente se marchaban hacia el interior y construían sus propias granjas, lejos de la empresa explotadora. Al ver que su segundo plan también fracasaba, los propietarios de Virginia Company introdujeron unas normas que daban más poder de decisión a los colonos y más libertad económica para casi todos. Era la única manera de lograr que los nuevos colonos permanecieran en Virginia y no emigraran hacia el oeste. Era la semilla de la democracia. No era una democracia tal como la entendemos hoy en día, porque solo votaban los granjeros varones y blancos (las mujeres y los indígenas no podían votar), pero el poder no residía en una élite explotadora, sino en los granjeros y los trabajadores que, poco a poco, iban llegando al nuevo continente. Observad que de esta manera se empiezan a crear unas instituciones inclusivas en las que, para ganarse la vida, la gente tiene que trabajar, y no tener un permiso del rey para explotar a los trabajadores.[4]

4. Con los años, los estados del norte y del sur desarrollaron instituciones muy diferentes. En los estados del norte se preservaron las instituciones inclusivas, mientras que los del sur derivaron hacia las extractivas con el desarrollo

La conclusión de Acemoglu y Robinson es que las instituciones que los países tienen hoy son, en parte, el resultado de la historia, las herencias que unos y otros hemos recibido de nuestros antepasados y, también, de la causalidad: si aquel día de julio de 1588 no hubiese tenido lugar aquella gran tempestad en el mar del Norte, quizá la Armada Invencible española no habría sido humillada por los ingleses, y la historia de Estados Unidos habría sido muy diferente.

El papel de las personas

Que la historia y la herencia recibida son importantes no significa que nuestro futuro esté predeterminado por nuestro pasado. Tanto las instituciones inclusivas como las extractivas evolucionan a lo largo del tiempo gracias a la intervención de las personas. Algunas de estas personas tienen una influencia fundamental. Por ejemplo, cuando Estados Unidos ganó la guerra de la Independencia contra los ingleses, crearon un país democrático y eligieron al general George Washington como primer presidente. En aquella época, las democracias todavía no estaban de moda y las élites no confiaban demasiado en el poder de la gente de la calle. Tanto es así que las élites del nuevo país ofrecieron al general Washington la posibilidad de convertirse en una especie de rey, como los que había en Inglaterra, Francia o el resto de Europa. Nadie sabe exactamente por qué, pero Washington rechazó la oferta. Dijo que él iba a ser presidente durante dos mandatos y que después se iría a casa, cediendo el puesto a un nuevo presidente. La decisión de Washington no

---

de grandes plantaciones operadas por centenares de miles de esclavos llevados desde África. En 1860 estalló una guerra civil que enfrentó a los estados del norte y del sur, y a sus dos visiones institucionales. Finalmente, el norte (inclusivo) derrotó al sur (extractivo), y las instituciones inclusivas se extendieron por todo el país.

solo salvó la democracia en Estados Unidos, sino que además estableció una tradición por la que los presidentes norteamericanos solo pueden presentarse a la reelección una vez y, por tanto, solo pueden asumir la presidencia durante dos mandatos. Entre los años 1776 y 1945 no hubo ninguna ley que les impidiera presentarse a un tercer mandato, pero durante ciento cincuenta años todos los presidentes respetaron la tradición. Hasta que Franklin D. Roosevelt decidió presidir el país durante cuatro mandatos. Esto no gustó al Congreso, que aprobó una ley que obligaba a los presidentes a dejar el cargo después de dos mandatos. Ahora ya no lo dejan por tradición, sino porque lo marca la ley.

Otro ejemplo de persona que cambia el rumbo de la historia de su país fue Nelson Mandela en Sudáfrica. Después de pasar veintinueve años en la cárcel de los blancos durante el *apartheid*, Mandela ganó las elecciones y se convirtió en presidente de Sudáfrica. Podría haber querido buscar venganza y expropiar las tierras y las empresas de los blancos. Esto es lo que hicieron los líderes de otros países africanos, como Robert Mugabe, presidente de la vecina Zimbabue. Pero Mandela prefirió preservar la paz social y la convivencia entre blancos y negros, y evitó cualquier persecución de blancos. Esto cambió la historia de su país y seguramente la del continente entero. Así pues, la historia es importante y explica bastante bien por qué tenemos las instituciones que tenemos, pero no debemos olvidar que a veces hay personajes que, ellos solos, pueden cambiar la historia… ¡y las reglas del juego!

De nuevo David y Goliat

Todo esto nos lleva de nuevo a la historia de David, el joven pastor que derrotó al gigante Goliat con una honda. Después de aquella peculiar batalla, David se convirtió en uno de los reyes más importantes del pueblo de Israel. Si no hubiese tenido la

valentía de salir a luchar contra Goliat cuando todos los soldados del ejército estaban muertos de miedo, seguramente los filisteos habrían ganado la guerra e Israel habría desaparecido del
mapa como tantas otras civilizaciones mediterráneas de aquella
época. Un hombre, pues, puede cambiar la historia de todo un
pueblo.

Sin embargo, esta no es la lección principal del episodio bíblico de David y Goliat. Tampoco lo es —creo— la interpretación
que hacen los judíos cuando dicen que se trata de una demostración de que Dios está a favor del pueblo de Israel. Y, a pesar de
que la interpretación de Malcolm Gladwell es atractiva (ni Goliat
era tan fuerte como aparentaba, ni David era tan débil como parecía), tampoco creo que esta sea la lección esencial.

La lección más importante que nos enseña la historia de David
y Goliat es que la clave del éxito son las reglas del juego. La clave
de esa historia es el momento en que el rey Saúl dijo a David que
cogiera un casco, una coraza y una espada, y él no quiso, porque
no tenía ninguna intención de luchar con las reglas de la infantería
que quería Goliat. Todos, empezando por Goliat y siguiendo por
el rey Saúl, esperaban que el combate fuera un cuerpo a cuerpo,
una lucha de espadas y de fuerza bruta, como los gladiadores. Por
esta razón la lucha se veía tan desigual en favor del filisteo. Pero
David sabía que en la lucha cuerpo a cuerpo él no tenía nada que
hacer contra aquel gigante armado hasta las orejas. De hecho,
ningún soldado del ejército israelita tenía ninguna posibilidad
contra Goliat, y por esto el rey Saúl no encontró ningún voluntario cuando lo preguntó.

David fue mucho más listo que todos los soldados israelitas,
incluido el rey, porque fue capaz de pensar que no lucharía con
las reglas de Goliat. Lo que a nadie se le había ocurrido, él lo
pensó enseguida. Por eso no aceptó ni el casco ni la espada ni la
coraza. David no tuvo nunca la más mínima intención de luchar
en los términos tradicionales entendidos y aceptados por todos,
que no eran otros que las reglas de la infantería. Decidió utilizar
unas reglas del juego que le conferían ventaja: ¡la artillería! Como

soldado de a pie, no habría podido vencer nunca. Pero como artillero, no podía perder. Al escoger las reglas del juego, David ganó la partida más importante de su vida. Esta es la principal lección de este capítulo: lo que determina quién acaba siendo el ganador y quién el perdedor son… ¡las reglas del juego!

6

La invasión de los robots

El fin del imperio del caballo

A principios del siglo XX, el principal problema medioambiental de las grandes ciudades no eran las emisiones de gases contaminantes o de efecto invernadero. Era algo mucho más natural, pero seguramente más molesto y letal para los seres humanos: ¡los excrementos de caballo! En efecto, los humanos compartíamos los espacios de las ciudades con los cuadrúpedos equinos: los caballos llevaban a lomos a las personas, tiraban de los carruajes de pasajeros y también de los carros que transportaban alimentos y mercancías. Es cierto que en aquella época ya había motores de vapor y, por tanto, ya existían los trenes y los barcos de vapor. Pero ambos se utilizaban principalmente para el transporte de larga distancia. En las ciudades, el medio de transporte preferido era el caballo.

Se calcula que, solo en Nueva York, en 1905 había 120.000 caballos y 7.811 carruajes privados con sus correspondientes chóferes. Esto daba pie a que millones de personas vivieran directa o indirectamente del negocio que generaban los equinos: había 427 empresas de herreros que colocaban y hacían el mantenimiento de las herraduras, 250 de fabricación y mantenimiento de carruajes, 262 de reparación de ruedas de madera y 290 empresas de sillas. A todo esto hay que sumar los miles de campesinos que producían la paja que comían los caballos, los criadores y los veterinarios que los curaban cuando enfermaban.

La omnipresencia de los caballos comportaba riesgos medioambientales y de salud pública ya que los 120.000 caballos producían 1.200 toneladas de desechos diarios. Las calles apestaban a excrementos y orina de caballo (igual que la que notamos en la actualidad cuando pasamos cerca de los caballos para turistas). Los millones de insectos que se alimentaban de los excrementos representaban un peligro para la salud pública, ya que transmitían enfermedades y causaban cólera, tifus, fiebre amarilla y hasta treinta tipos de epidemias más. Cuando los caballos se morían o eran sacrificados, había que eliminar los restos antes de que se pudrieran y contribuyeran a propagar enfermedades. Se estima que en Nueva York aparecían más de cuarenta cadáveres de caballo cada día. No hace falta decir que se necesitaba un ejército de trabajadores para limpiar las calles y cargar los restos y los cadáveres de animales a los carros para transportarlos fuera de la ciudad.

La presencia masiva de caballos en las ciudades a principios del siglo xx dio lugar a la aparición de movimientos de protesta entre la ciudadanía, que pensaba que los desechos eran un peligro para la salud pública que era necesario regular. Exigían una reducción drástica del número de animales permitidos en las grandes ciudades. Estos movimientos fueron un fracaso porque la presencia de caballos no solo no fue limitada, sino que aumentó a medida que las ciudades fueron creciendo y haciéndose ricas. Los equinos eran necesarios y, además, generaban una enorme actividad económica de la que vivían millones de personas en todo el mundo.

Lo que no consiguieron los activistas lo lograron los inventores y los mercados. Durante todo el siglo xix, un gran número de sabios, científicos y emprendedores habían ido ideando innovaciones que convergieron en lo que acabó siendo una de las grandes revoluciones tecnológicas del siglo xx: el automóvil. El invento clave fue el motor de combustión interna. Los motores de vapor de los barcos y los trenes eran demasiado grandes y necesitaban demasiada madera para ser útiles en coches pequeños. Pero Karl Benz, de Mercedes-Benz, Nikolaus Otto y Rudolf

Diesel inventaron las bases de los motores de combustión interna que utilizamos todavía hoy. Dicho esto, el motor no fue el único invento relevante. Charles Goodyear inventó el vulcanizado del caucho para elaborar las gomas de las ruedas (vulcanización significa endurecer la goma para que no se desgaste rápidamente con el contacto con el asfalto). John Boyd Dunlop inventó una manera de introducir aire dentro de los neumáticos (y también dentro de las pelotas de tenis que todavía hoy llevan su nombre). Alguien —no se sabe exactamente quién— inventó el volante (los primeros coches tenían una caña de timón como las barcas que llevan el motor detrás; después hubo coches con un manillar como el de las bicicletas, hasta que el invento del volante circular se acabó imponiendo). También se inventó el cambio de marchas, y así centenares de inventos convergieron en lo que hoy conocemos como automóvil.

Al principio, el nuevo automóvil era tan caro y se movía tan despacio, que se quedó en un juguete para ricos. Pero las innovaciones continuaron a lo largo del siglo XX, la velocidad aumentó, la autonomía mejoró y los costes de producción se redujeron. Cuando Henry Ford introdujo la cadena de montaje para fabricar coches en serie, el precio de su Ford T se redujo espectacularmente. De hecho, bajó tanto que la gente empezó a comprar automóviles y dejó a un lado los coches de caballos. El éxito del automóvil fue tan espectacular que, al cabo de pocas décadas, los caballos desaparecieron de las ciudades. Hoy en día, los paisajes urbanos han cambiado radicalmente y, en vez de caballos, en las metrópolis se ven coches en todas partes: aparcados junto a todas las aceras, formando caravanas para entrar y salir de la ciudad, intentando circular en medio de grandes atascos y entre los gritos de los conductores. El hedor de excrementos y orina, las moscas y los peligros de epidemias de cólera, tifus o fiebre amarilla han dado paso a las emisiones de gases contaminantes, como el óxido de nitrógeno, el dióxido de sulfuro o el dióxido de carbono resultantes de la combustión del carburante de los coches.

La sustitución de los coches de caballos por los automóviles tuvo muchas consecuencias positivas: las enfermedades asociadas a los excrementos equinos desaparecieron de las ciudades, los costes de transporte se redujeron drásticamente y las distancias se acortaron. Pero también hubo consecuencias negativas: además de la contaminación originada por la combustión del carburante, los nuevos automóviles provocaron que miles de herreros, fabricantes de carruajes y sillas, campesinos que producían paja, veterinarios, chóferes, criadores de caballos, limpiadores de calles, apiladores y transportistas de estiércol y todo el resto de los profesionales que vivían de los caballos perdieran el trabajo y los negocios.

Algunos, como los chóferes, pudieron cambiar fácilmente de trabajo: solo tuvieron que aprender a conducir los nuevos coches sin caballos y pudieron seguir haciendo lo que hacían antes. Otros se arruinaron o perdieron el puesto de trabajo, ya que lo que sabían hacer ya no era necesario. Aparecieron economistas catastrofistas que pronosticaron el aumento de las tasas de paro causadas por la introducción del automóvil. De hecho, uno de los economistas más influyentes del siglo xx, John Maynard Keynes, incluso inventó un concepto nuevo para describir la situación: «paro tecnológico». El paro tecnológico aparece cuando una nueva tecnología sustituye a trabajadores, y estos se quedan sin trabajo. Muchos pronosticaron el aumento imparable del paro a medida que el progreso tecnológico fuera avanzando.

Actualmente vivimos un proceso de cambio tecnológico quizá aún más acelerado y transformador que el de la primera mitad del siglo xx, ya que hay tecnologías como la inteligencia artificial, la robotización y la automatización de las fábricas, los automóviles autónomos sin conductor, las redes sociales, las impresoras 3D, la desintermediación causada por empresas como Uber en el sector del transporte y Airbnb en el sector hotelero, la nube informática (o *cloud computing*), los sensores y el internet de las cosas, los coches sin conductor, la biología sintética —que permitirá llevar a cabo trasplantes de órganos sin necesidad de donantes—, los análisis de megadatos (o *big data*), el *digital manufacturing* —que permitirá la producción industrial individualizada—, la medicina digital y a distancia, la aparición de nuevos materiales y nanomateriales como el grafeno, las biotecnologías derivadas de descifrar el genoma humano y un larguísimo etcétera. Estamos inmersos en lo que Klaus Schwab, presidente del Foro Económico Mundial, ha bautizado como la «cuarta revolución industrial». La primera revolución industrial fue la de la máquina de vapor a finales del siglo XVIII. La segunda es la asociada al motor de combustión interna que hemos explicado en la introducción y la electrificación, y la tercera sería la revolución informática y celular de la década de 1980.

Esta nueva revolución tecnológica tendrá muchas consecuencias positivas, aunque, como siempre, también han salido los habituales expertos que auguran malos tiempos debido a que las nuevas tecnologías destruyen puestos de trabajo. ¡Hasta uno de los grandes protagonistas de la tercera revolución, el creador de Microsoft, Bill Gates, ha dicho que es necesario ralentizar esta cuarta revolución para impedir que los «robots» acaben arrebatando todos los puestos de trabajo de los humanos!

La pregunta que platearemos en este capítulo es si todos los catastrofistas que vaticinan tiempos negros para los trabajadores de todo el mundo tienen razón. Analizaremos el progreso tecnológico como un proceso en el que, cuando se crean ideas nuevas (el automóvil), se destruyen ideas antiguas (el coche de caballos). La creación y la destrucción van de la mano a medida que la humanidad progresa en un proceso al que el economista austríaco Joseph Schumpeter llamó «destrucción creativa». En definitiva, nos preguntaremos cuáles serán las consecuencias sobre los seres humanos de la destrucción creativa que comportará la invasión de los robots.

La creación de ocupación

La pérdida de todos los negocios y todos los puestos de trabajo asociados al sector del caballo cuando apareció el automóvil nos muestra la parte negativa del progreso tecnológico. Pero los efectos económicos de la innovación del automóvil no cesaron con las pérdidas que acabamos de describir. Gracias a la introducción del coche se crearon otros muchos puestos de trabajo. En realidad, una vez analizados todos los procesos creativos y destructivos de las tres grandes revoluciones industriales, los economistas han llegado a la conclusión de que la ocupación que se ha creado ha sido mayor que la ocupación destruida. Es decir, cuando analizamos la globalidad de los efectos del cambio tecnológico, podemos concluir que se crean más puestos de trabajo de los que se destruyen. De hecho, no hay más que mirar el número de trabajadores que hay hoy en día en el mundo. Se calcula que actualmente hay unos 3.000 millones de trabajadores en todo el planeta. Esta cantidad es muy superior a la de antes de la primera revolución industrial en 1760, entre otros motivos porque la población mundial total (los trabajadores y los no trabajadores) de aquel momento no alcanzaba los 1.000 millones. Por tanto, el efecto neto de las tres revoluciones industriales que hemos vivido hasta ahora no ha sido la destrucción de la ocupación, sino la creación sustancial de puestos de trabajo.

Dicho esto, el hecho de que las revoluciones anteriores hayan aportado más ocupación que la que destruyeron no significa que la cuarta revolución industrial vaya a tener los mismos efectos. Muchos son los expertos que dicen que «esta vez es diferente». Es posible que en esta ocasión las cosas sean diferentes y que la parte negativa de la destrucción creativa sea mayor que la parte positiva. Es posible. No obstante, es importante recordar que los expertos económicos de cada período de la historia siempre han dicho que lo que ellos estaban viviendo «era diferente». A principios del siglo XX decían que era cierto que la revolución industrial de 1760 había acabado creando más puestos de trabajo de los que había destruido… pero que la revolución del automóvil y la electricidad (es decir, la segunda revolución industrial) era diferente. Pero a la postre no lo fue, y la segunda revolución también acabó creando más ocupación de la que destruyó. Y a principios de los años ochenta del siglo XX, los sabios nos dijeron que, en efecto, las dos primeras revoluciones habían generado más de la que habían eliminado…, pero que la revolución informática era diferente, y que ahora sí la destrucción sería mayor. Pues tampoco lo fue. Naturalmente, hoy en día los expertos nos explican con preocupación que las tres primeras revoluciones industriales crearon más trabajo del que destruyeron, pero que esta vez… (¿lo adivináis?) ¡es diferente!

Quizá sí sea diferente. La verdad es que no lo sabemos con seguridad. Lo que sí sabemos es que, hasta ahora, todas las revoluciones industriales han creado más puestos de trabajo de los que han destruido. De esto no cabe la menor duda. Por lo tanto, ¡la evidencia histórica no está del lado de los pesimistas que, una y otra vez, argumentan que «esta vez sí que va a ser diferente»!

¿Por qué se han equivocado siempre los expertos? Para entender la fuente de sus errores es importante entender los mecanismos por los que las revoluciones anteriores crearon más ocupación de la que destruyeron.

El abaratamiento de los productos

La clave de los procesos innovadores que hemos vivido a lo largo de la historia es que los inventos que fueron introducidos abarataron los productos.

La revolución del automóvil hizo que el precio del transporte cayera muchísimo, sobre todo a partir de la aparición de la cadena de montaje de Henry Ford, que tuvo tres consecuencias importantes. Primera, al bajar el precio del automóvil, este dejó de ser un producto de lujo al alcance solo de los más ricos y se convirtió en un producto de masas. Recordad que he dicho que en Nueva York había 7.811 carruajes en las postrimerías del siglo XIX. Hoy en día hay 1,5 millones de coches. Solo el número de taxis dobla el número de carruajes en el siglo XIX: 13.000 taxis. Es decir, hay muchos más taxistas y chóferes ahora que cuando había caballos. Esto es cierto en Nueva York y también en el resto del mundo.

Naturalmente, la cantidad de personas empleadas para producir un coche hoy es muy inferior a la cantidad de empleados que se necesitaban para construir un carruaje en el siglo XIX. Pero, dado que hoy no se construyen miles de carruajes, sino decenas de millones de automóviles, la cifra total de personas empleadas en el sector de la automoción es mucho más alta hoy que en el siglo XIX.

Lo mismo ocurrió durante la primera revolución industrial, que afectó sobre todo al sector textil: la máquina de vapor abarató mucho el coste de confeccionar ropa. Antes de la nueva tecnología, las personas tenían una prenda a la que iban poniendo remiendos hasta que se caía a pedazos. Gracias a la innovación del sector textil, el precio de la ropa bajó tanto que ahora la gente tiene armarios repletos de ropa, unos armarios que cambian cada año cuando llega una nueva colección de moda. Si tuviésemos que fabricar la cantidad de ropa por persona que se utilizaba en el siglo XVIII, la ocupación del sector textil sería menor que en 1760. Pero como hoy en día compramos cantidades ingentes de ropa, el número de trabajadores empleados en el sector textil (más los del sector de la moda, la distribución mayorista y minorista) es mucho más alto que en el siglo XVIII. Cuando se introdujeron los cajeros automáticos se dijo que los empleados de banca perderían sus puestos de trabajo. Pero los cajeros abarataron tanto las operaciones de retirar dinero que los bancos decidieron abrir gran cantidad de sucursales. Cada una de ellas tenía menos empleados, pero todas juntas hicieron que la cantidad de empleados de banca aumentara en lugar de disminuir.

Cuando aparecieron los buscadores rápidos como Google y la digitalización masiva de documentos, el ejército de abogados que se dedicaba a buscar jurisprudencia en las bibliotecas legales pensaron que perderían el trabajo. Pero el coste de buscar se redujo hasta tal punto que ahora los jueces, fiscales y abogados piden muchas más búsquedas que antes. A consecuencia de ello, los abogados contratan a más gente que antes para buscar antecedentes.

La conclusión de todo esto es que, al reducir los precios, los cambios tecnológicos hacen que se solicite más cantidad de productos o servicios, lo cual hace aumentar la ocupación en el mismo sector en el que se realiza la innovación.

El segundo mecanismo que opera cuando hay una innovación es que, al bajar los precios, los que antes compraban coches ahora tienen dinero para destinar a otros ámbitos. Y allí se crean puestos de trabajo. Este fenómeno es difícil de ver y cuantificar porque ignoramos dónde se gasta el dinero. Pero lo que sí sabemos es que se lo gastan.

El tercer mecanismo es el más importante: el abaratamiento de los productos en los que ha habido innovación propicia la creación de nuevos sectores complementarios que acaban ocupando a mucha más gente. Estos sectores nuevos son difícilmente imaginables cuando se produce la innovación, pero el caso es que siempre aparecen a consecuencia del progreso tecnológico. Cuando apareció el automóvil y, sobre todo, cuando la cadena de montaje lo abarató hasta convertirlo en un producto de masas, los costes del transporte se redujeron notablemente. A raíz de esto la gente viajó más. Aparte de necesitar una nueva red de carreteras y autopistas asfaltadas, lo cual supuso la contratación de millones de nuevos trabajadores en el sector de la construcción, de pronto la gente se dio cuenta de que podía ir a pasar las vacaciones o el fin de semana en lugares donde hasta entonces no había podido llegar porque, a caballo, quedaban demasiado lejos. Hasta ese momento los habitantes de las ciudades no podían ir a pasar el fin de semana a la playa o a la montaña porque para llegar en carruaje de caballos se tardaba entre tres días y una semana. Gracias al automóvil, la gente pudo empezar a llegar a estos lugares en pocas horas y decidió ir a pasar allí los fines de semana. Los emprendedores de todo el mundo vieron una oportunidad de negocio y empezaron a construir hoteles, pistas de esquí, restaurantes, bares, discotecas, parques acuáticos y otras infraestructuras de entretenimiento que antes no existían. De hecho, nació un sector completamente nuevo llamado «turismo», que necesitó contratar a millones de trabajadores: camareros, chefs de cocina, monitores de esquí, recepcionistas de hotel, sirvientas, electricistas, albañiles, pintores y gente que mantuviera en condiciones los hoteles y las instalaciones. Hoy en día la cantidad de gente a la que ocupa el turismo es infinitamente superior a la que ocupaba el sector de los caballos.

Los economistas catastrofistas de principios del siglo XX, que sostenían que la introducción del automóvil causaría «paro tecnológico», no podían tan siquiera imaginar que aparecería un nuevo sector (el turismo), ni que este sector acabaría dando trabajo a mucha más gente de la que había quedado desplazada a causa de la aparición del coche. Pero que no pudieran preverlo no significa que no haya ocurrido. ¡Significa simplemente que no tenían suficiente imaginación!

Algo similar ha ocurrido a partir de la tercera revolución industrial (la revolución digital y celular que hemos vivido desde los años ochenta del siglo XX): centenares de miles de ciudadanos trabajan hoy en ocupaciones que hace muy pocos años no existían. ¿O alguien llegó a concebir que en 2017 habría *community managers*, *bloggers*, *youtubers*, *personal shoppers* o diseñadores de aplicaciones para teléfonos celulares?

Lo que debemos recordar es que todos los mecanismos que a lo largo de la historia han hecho que se acabara creando más ocupación de la que se destruía se basan en que el progreso tecnológico abarató el precio de los productos. Esto es importante porque las innovaciones de la cuarta revolución industrial que vemos a principios del siglo XXI están haciendo lo mismo: ¡reducir los costes de casi todo! Por lo tanto, aunque nadie puede saber con certeza si esta vez las cosas irán de otra manera —y quizá la destrucción sea superior a la creación—, en principio tendríamos que ser optimistas, ya que los mecanismos de creación de ocupación siguen vigentes.

¿Qué puestos de trabajo crearán la aparición de la inteligencia artificial, las nanotecnologías, el *big data*, el *cloud-computing*, las *fintech*, las criptomonedas, el *blockchain*, las plataformas de *sharing* —como Uber o Airbnb—, la robótica, las impresoras 3D, la biología sintética o el internet de las cosas y los sensores? ¡No lo sé! Nadie lo sabe. Pero esto no significa que no tenga que ocurrir. ¡Simplemente significa que no tenemos suficiente imaginación!

La transición

El hecho de que, seguramente, la cantidad de empleo que se va a crear acabe siendo superior al que se destruirá no quiere decir que no debamos preocuparnos, o que no tengamos que prepararnos, nosotros y nuestros hijos, para la cuarta revolución industrial. Ciertamente, en cada revolución industrial ha habido personas que han perdido sus puestos de trabajo: los herreros, los carpinteros que fabricaban las ruedas de los carruajes o las sillas de los caballos seguro que sufrieron mucho para encontrar un nuevo empleo en la construcción de carreteras y hoteles, o de recepcionistas o camareros en restaurantes. Se vieron obligados a reciclarse, y esto les costó tiempo, dinero y sufrimiento. No debemos subestimar estos costes sociales, psicológicos y económicos para las personas implicadas. Sobre todo, porque si algo caracteriza la revolución actual es la velocidad a la que está teniendo lugar. La introducción del automóvil tardó décadas en hacerse efectiva, de modo que la gente de la época tuvo bastante tiempo para adaptarse y cambiar de empleo. Lo mismo sucedió con la introducción de los motores de vapor en los siglos XVII y XVIII (primera revolución industrial), la electrificación de los decenios 1940 y 1950, o la revolución informática, digital y celular de los años ochenta.

Por el contrario, el cambio tecnológico actual está llegando a una velocidad vertiginosa. Solo hay que recordar que algo tan familiar e indispensable como es hoy el iPhone apareció hace tan solo diez años. La aplicación que ha puesto en pie de guerra a los taxistas del mundo entero, Uber, se creó en 2009. Airbnb fue creado en 2008; Facebook, en 2004, y Twitter, en 2006. El iPad se introdujo en 2010; la nube de Google, en 2011; el iTunes, en 2001; Snapchat, en 2011, y WhatsApp, en 2009. ¡Hoy todo cambia muy deprisa!

El ritmo de cambio acelerado que vivimos actualmente hace que sectores enteros de la economía estén en peligro de desaparecer en cuestión de unos pocos meses y, por lo tanto, que millones de personas de todo el mundo vivan con el corazón en un puño pensando que ellos pueden ser los siguientes. Dejando de lado el daño psicológico que esta incertidumbre provoca en las personas, hay quien dice que todo esto está teniendo consecuencias políticas, ya que los trabajadores potencialmente perjudicados o desencantados y angustiados por la situación económica acaban votando opciones extremistas, xenófobas o populistas, como Donald Trump en Estados Unidos, el Frente Nacional en Francia, Syriza en Grecia, la Alternativa Alemana en Alemania o los Partidos de la Libertad en Austria y Holanda.

Si la sociedad no hace algo para ayudar a los «perdedores» de la revolución tecnológica, los efectos para todo el mundo pueden ser devastadores.

¿Qué hacer?

La pregunta que se nos plantea es: ¿qué debemos hacer? Hay muchos analistas que piden que el gobierno redistribuya aún más los recursos poniendo impuestos más elevados a los que salen ganando y dando subsidios a los que salen perdiendo. Personas como Bill Gates, por ejemplo, han pedido que los gobiernos instauren un impuesto especial a los robots que nos están invadiendo. Sin embargo, este tipo de propuestas no funcionarán ni solventarán el problema de fondo. No serán efectivas porque creen que quien quita los puestos de trabajo a los trabajadores son unos aparatos humanoides que se pueden identificar fácilmente. Pero a menudo no es así. Muchas veces se pierde el puesto de trabajo por culpa de un programa informático como, por ejemplo, Microsoft Word (creado, dicho sea de paso, por el propio Bill Gates). Por culpa de Microsoft Word hubo muchos ejecutivos y muchos profesores universitarios que dejaron de necesitar una secretaria que les «pasara a máquina» los manuscritos. Me pregunto por qué Bill Gates no pidió un impuesto especial para los programas de *software* que hicieron perder el trabajo a centenares de miles de secretarias de todo el mundo. ¿Quizá porque, en aquella ocasión, el causante de las pérdidas fue él?

Dejando de lado el hecho de que el impuesto a los robots sería difícil de implementar y acabaría siendo un impuesto sobre los beneficios de las empresas que los venden (este impuesto ya existe y se llama «impuesto de sociedades»), el problema es que los impuestos no solucionan el problema de fondo. El problema real es que el cambio tecnológico hace que las capacidades productivas de los trabajadores que pierden el trabajo dejan de ser útiles. La solución no es dar limosnas a estos trabajadores, sino ayudarlos a obtener unas capacidades que les permitan volver a encontrar trabajo y vivir dignamente con su salario. Lógicamente, esto significa que hay que actuar en la educación. Y hay que actuar en la educación en dos niveles diferentes: en los adultos y en la población infantil.

Es necesario que la sociedad (el Estado y el sector privado) haga el esfuerzo de ayudar a reciclar a todos los adultos que pierdan el puesto de trabajo. No basta con darles una prestación de desempleo. Hace falta guiarlos y ayudarlos en el proceso de transformación de sus capacidades productivas que han quedado obsoletas debido al cambio tecnológico. Por ejemplo, Dinamarca, con su sistema de «flexiseguridad», da seguridad económica a todos los trabajadores que se ven desplazados por las nuevas tecnologías y, al mismo tiempo, ofrece flexibilidad para que estas personas adquieran nuevas capacitaciones profesionales.

El otro aspecto que se debe revolucionar (digo revolucionar, no reformar) es el sistema educativo. Sabemos desde hace tiempo que nos encontramos inmersos en una revolución industrial que va a cambiar el paisaje económico en el sentido que muchas profesiones actuales dejarán de existir, y aparecerán otras que hoy por hoy todavía no podemos imaginar. Pero aun sabiéndolo, el sistema educativo de la mayor parte de los países occidentales continúa siendo el mismo que ha existido durante más de un siglo. En el capítulo «Los niños de diciembre» de mi último libro titulado *Economía en colores* ya expliqué cómo creo que deberíamos cambiar los colegios y, por consiguiente, no lo repetiré aquí. Dejadme añadir solamente que entre todos continuamos preparando a nuestros jóvenes para que ejerzan profesiones. Muchos de mis estudiantes en la facultad de Economía se están preparando para ser contables o directores financieros. ¿Qué va a ocurrir cuando, de pronto, descubran que los robots con inteligencia artificial son capaces de llevar las cuentas mucho mejor que los humanos y estos pierdan el trabajo?

El problema es que no podemos entrenar a los jóvenes para asumir las «profesiones del futuro», ya que nadie sabe cuáles van a ser. Por lo tanto, cada vez son más los pedagogos que apuestan por no enseñar profesiones sino capacitaciones. Tenemos que enseñar a nuestros jóvenes a ser flexibles, a adaptarse a las situaciones nuevas y desconocidas, a reciclarse constantemente, a hacer las cosas que los robots no pueden hacer. Se debe poner más énfasis en aspectos humanos como la creatividad (de ahí la importancia que tienen la pintura, las artes plásticas, la música), la curiosidad (de ahí la importancia de incentivar a formular preguntas y no solo enseñar a hallar respuestas), el espíritu crítico (a no considerar como si fuera una verdad bíblica todo lo que explican los profesores), la conexión de ideas (en las escuelas modernas se están abandonando las asignaturas en favor de la educación por proyectos), la empatía, la introspección, y se debe restar énfasis (¡que no eliminar!) a la memorización, al cálculo repetitivo y a otras tareas que las máquinas hacen, y siempre harán, mucho mejor que los seres humanos.

Dicho de un modo quizá demasiado simple pero clarificador: en el siglo XX hemos educado a nuestros niños para que hagan de robots. Ahora debemos educarlos para que hagan de humanos.

La invasión de los robots

La tesis principal de este capítulo es que, probablemente, la revolución tecnológica que estamos viviendo en los comienzos del siglo XXI acabará creando más ocupación de la que destruirá, igual que las otras revoluciones industriales. Ahora bien, ¿qué pasaría si en esta ocasión el resultado fuera distinto, tal como dicen muchos analistas? ¿Podría existir un mundo sin trabajo? ¿Un mundo en el que los robots, los algoritmos y la inteligencia artificial hicieran que los hombres y las mujeres no tuvieran ningún tipo de trabajo?

Cada vez que alguien me describe un mundo en el que los robots llevan a cabo el trabajo de los seres humanos pienso en una anécdota que, según cuentan, protagonizaron Henry Ford (el introductor de la cadena de montaje en el sector del automóvil) y el líder sindical de su empresa. Se cuenta que paseaban por la fábrica mientras Ford le mostraba, orgulloso, la última adquisición: una especie de brazos de robot que montaban coches sin intervención humana. Henry Ford dijo al sindicalista, en tono irónico: «¿Ves los nuevos robots? Son vuestros sustitutos. ¡Pronto las fábricas no necesitarán trabajadores como tú!». El sindicalista, con no menos ironía, le replicó: «¡Pues espero que estos robots te compren muchos coches!».

Seguramente esta anécdota apócrifa no sea cierta, pero como dicen los italianos *«si non è vero, è ben trovato»*. La cuestión es que, sea auténtica o no, me acuerdo de esta anécdota cada vez que alguien me dice que nos dirigimos hacia un mundo en el que unas pocas empresas multinacionales serán propietarias de montones de robots que asumirán todos los trabajos que desempeñan hoy en día los humanos. Los propietarios de estas multinacionales serán inmensamente ricos, mientras que el 99 % de la humanidad pasará hambre por falta de trabajo. Si este es el mundo hacia el que nos dirigimos, debemos preguntarnos: «Si el 99 % de la humanidad no tiene trabajo ni recursos para sobrevivir, ¿quién comprará y consumirá los productos hechos por los robots?». Y ¿cómo van a hacerse ricos los propietarios de los robots si no pueden vender la producción? Este escenario de ciencia ficción no puede tener lugar de ninguna manera: para que los propietarios de las empresas robotizadas puedan ganar dinero van a necesitar vender sus productos y, para venderlos, hace falta que el resto de las personas tengan ingresos. Seguramente la forma de obtener dinero será la misma que hoy en día: cobrar sueldos a cambio de trabajo.

Un escenario bastante más probable es que la mayor parte de los humanos seamos propietarios de robots, algoritmos, aplicaciones, *software* o de nuevas tecnologías que complementen (que no sustituyan) a los humanos. ¿Por qué digo que es lo más probable? ¡Pues porque ya está sucediendo! Considerad el aparato que, a buen seguro, lleváis en el bolsillo ahora mismo: el teléfono inteligente. El poder computacional del iPhone o de cualquier otro teléfono inteligente de hoy en día es superior al de los computadores que tenía la NASA en 1969 durante la misión Apollo que llevó al hombre a la Luna. Seguro que habréis visto las imágenes: una sala gigantesca llena de pantallas en blanco y negro y docenas de operarios tecleando códigos constantemente. Aquel era el computador más potente y más caro del mundo. De hecho, era tan caro que solo el gobierno del país más rico y poderoso del planeta, Estados Unidos, podía comprarlo. Pues bien, aquel computador tenía una potencia de cálculo inferior al teléfono inteligente que se usa hoy habitualmente y que cuesta pocos centenares de dólares. Fijaos bien en lo que ha pasado: en 1969 solo la NASA podía comprar aquel poder computacional. En la actualidad cualquier ciudadano del mundo (incluyendo África, donde el índice de penetración de teléfonos celulares supera el 80 %) se lo puede permitir. De nuevo, el progreso tecnológico ha abaratado tanto el producto —en este caso el teléfono/computador—, que todos nosotros podemos poseer lo que antes solo podían pagar los más poderosos. Lo mismo ha pasado con los computadores, el *software* y todo tipo de aparatos electrónicos. Y muchos de nosotros utilizamos estas innovaciones para ser más productivos en el trabajo, ya sea con las aplicaciones del móvil, el Microsoft Word o el programa de diseño gráfico. Con toda probabilidad, las futuras innovaciones continuarán abaratando los costes de los «robots» y los algoritmos inteligentes.[1] Por lo tanto, no viviremos en un mundo en el que varios millonarios serán propietarios de todos los robots, sino que cada uno de nosotros tendremos nuestros propios robots que usaremos en nuestro trabajo para complementar nuestras tareas. Naturalmente, a cambio de este trabajo continuaremos recibiendo un sueldo que utilizaremos para comprar los productos y los servicios que continuarán ofreciendo las empresas que ocuparán humanos y robots.

Dicho esto, debe quedar claro que, si el mundo avanza en esta dirección, será importante que la sociedad garantice que cada ciudadano tenga acceso a estas tecnologías. Actualmente la mayor parte de las sociedades modernas garantizan la igualdad de oportunidades para ganarse la vida, asegurando que los ciudadanos tengan acceso a la educación y la sanidad. Al fin y al cabo, hoy en día nos ganamos la vida trabajando y, para trabajar, se necesita un cuerpo sano (sanidad) que tenga unas determinadas capacitaciones (educación). Si en el futuro los cuerpos humanos se van a complementar con los robots para trabajar, quizá deberemos empezar a garantizar que todo el mundo tenga acceso a estas tecnologías. No sé cuál es la mejor manera de lograrlo, pero quizá los filósofos y los politólogos deberían empezar a pensar en ello.

Adán y Eva

Sí, pero ¿y si estoy equivocado y esta vez es diferente y las nuevas tecnologías acaban destruyendo todos los puestos de trabajo de los humanos? ¿Qué pasaría entonces?

1. Tal como he venido haciendo hasta ahora, utilizo el término «robot» para simplificar, ya que en realidad me estoy refiriendo a tecnología (*software*, códigos, aparatos electrónicos, algoritmos, inteligencia artificial…) y no a aparatos de forma humana que caminan con dos piernas y tiene rostro y ojos.

El primer libro del Antiguo Testamento, el Génesis, nos explica que Dios creó al hombre, Adán, lo puso en el paraíso y le dio el mandamiento siguiente: «Puedes comer de los frutos de todos los árboles del jardín. Pero no comas del fruto del árbol del conocimiento del bien y del mal, porque el día que comas, ten por cierto que morirás».

Dios vio que el hombre ya estaba hecho y, cuando se quedó dormido, le sacó una costilla y rellenó con carne el vacío que había dejado. De la costilla extraída, el Señor hizo a la mujer. Ambos, el hombre y la mujer, iban desnudos y no se avergonzaban de ello. Un día, mientras la mujer paseaba sola por el paraíso, se le apareció una serpiente, el más astuto de los animales que el Señor había creado. Y le dijo:

—¿Así que Dios os ha dicho que no comáis de los frutos de ningún árbol del jardín?

—Podemos comer de los frutos de todos los árboles. Pero del árbol que hay en medio del jardín, Dios ha dicho que no comamos sus frutos ni los toquemos, porque moriríamos —respondió la mujer.

—¡No, no moriríais! Dios sabe que si un día comierais de sus frutos abriríais los ojos y seríais como dioses: conoceríais el bien y el mal —replicó la serpiente.

La serpiente le ofreció el fruto a la mujer y ella, viendo que el fruto de aquel árbol tenía un aspecto apetitoso, y que era tentador tener aquel conocimiento, lo comió. Después lo ofreció al hombre, que también lo comió. Entonces ambos abrieron los ojos y se dieron cuenta de que iban desnudos. Cosieron unas hojas de parra y se hicieron una falda. De pronto, el hombre y la mujer oyeron los pasos de Dios, que paseaba por el jardín tomando el aire fresco de la tarde, y se escondieron entre los árboles para que no los viera. Pero Dios los vio y les preguntó:

—¿Por qué os escondéis?

—He oído que paseabas por el jardín y, como voy desnudo, he tenido miedo y me he escondido —respondió Adán.

—¿Quién te ha hecho saber que ibas desnudo? ¿No habrás

comido el fruto del árbol que yo te había prohibido? —replicó el Señor.

Adán intentó escaquearse y pasó las culpas a Eva:

—La mujer que me has puesto al lado me ha ofrecido el fruto del árbol y lo he comido.

—¿Por qué lo has hecho? —preguntó entonces Dios a la mujer.

Ella también intentó exculparse y acusó a la serpiente:

—La serpiente me ha engañado y yo he comido del fruto.

Entonces el Señor decidió castigar a los tres. Primero se dirigió a la serpiente y le dijo:

—Por lo que has hecho, serás la más maldita de todas las bestias y de todos los animales salvajes. Te arrastrarás sobre tu vientre y comerás polvo toda la vida.

Supongo que, aunque esto la Biblia no lo dice, Dios también castigó a la serpiente quitándole el don de la palabra, porque las serpientes ya no hablan.

Después se dirigió a la mujer:

—Te haré sufrir las grandes fatigas del embarazo y darás a luz con dolor.

Finalmente infligió un castigo al hombre:

—Por haber escuchado a la mujer y comido el fruto del árbol que yo había prohibido, la tierra será maldita por tu culpa: toda la vida pasarás fatigas para obtener alimento de ella. La tierra te producirá cardos y espinas, y tendrás que alimentarte de lo que den los campos. Ganarás el pan con el sudor de tu frente hasta que vuelvas a la tierra de donde fuiste sacado: porque polvo eres y al polvo volverás.

Entonces Dios hizo unas túnicas de piel, vistió al hombre y a la mujer y los expulsó del jardín del Edén para que trabajasen la tierra.

Según el libro sagrado del cristianismo y del judaísmo, Dios castiga a la serpiente a arrastrarse por el mundo; a la mujer, a parir con dolor; y al hombre, a tener que trabajar para ganarse la vida. Del castigo a la serpiente no hablaré. El castigo a la mujer lo arregló la epidural. El tercer castigo es el trabajo. ¡Sí, el trabajo! Los seres humanos siempre han considerado el trabajo un castigo, una carga de la que hay que liberarse. Por esto, a lo largo de la historia muchas civilizaciones han esclavizado a los enemigos para que trabajaran, y así liberaran del castigo a sus propios ciudadanos.

Si esta vez el progreso tecnológico consiguiera que los robots trabajaran para nosotros, habríamos logrado liberarnos finalmente del castigo divino que nos ha esclavizado desde el principio de los días, y podríamos dedicar nuestro tiempo a hacer de seres humanos liberados, nuevamente en el jardín del Edén. ¡Solo tendríamos que garantizar que todo el mundo tuviera acceso a los robots! Lástima que esto no va a ocurrir y que los seres humanos tendremos que seguir trabajando durante muchos años… a pesar de ¡la invasión de los robots!

7

Tramposos, mentirosos y estafadores

El caballo de Troya

Cuenta la mitología griega que Paris, príncipe de Troya, se enamoró de la princesa espartana Helena, de la que se decía que era la mujer más bella del planeta. Ayudado por la diosa Afrodita, el príncipe viajó a Esparta, sedujo a Helena y se la llevó secuestrada a Troya. El problema para Paris es que Helena estaba casada con el rey de Esparta, Menelao, que al enterarse del secuestro de su amada esposa instó a todos sus aliados de las distintas islas griegas a que le ayudaran con sus ejércitos a rescatarla. Uno de los aliados que acudió a Troya para ayudar a Menelao fue Ulises de Ítaca.

Llegados a Troya, los griegos rodearon la ciudad, pero no pudieron entrar porque estaba protegida por unos muros imponentes. Durante nueve largos años, los griegos intentaron todas las tácticas militares conocidas para poder penetrar los muros, pero ninguna funcionó. Cuando ya hacía casi diez años desde el inicio de la guerra de Troya, los asaltantes llegaron a la conclusión de que no podrían ganarla con métodos convencionales. Entonces, Ulises urdió un ingenioso plan para invadir la ciudad.

La idea era fabricar un enorme caballo de madera hueco por dentro. Los griegos lo dejarían en la playa como homenaje a los dioses y fingirían volver a casa. Ulises pensó que los troyanos, viendo que los griegos abandonaban el campo de batalla, saldrían a la playa y se llevarían el caballo a la ciudad. Pero, lejos de ser un homenaje a los dioses, el caballo sería una trampa que ocultaría a unos cuantos soldados en su interior. Una vez dentro de las murallas, y aprovechando la oscuridad de la noche, los soldados saldrían de las entrañas del caballo y abrirían las puertas de la ciudad para que entrara todo el ejército griego.

Y así lo hicieron: construyeron el caballo de madera en el que se metieron Ulises y algunos de sus soldados. El caballo fue abandonado en la playa y los griegos fingieron retirarse embarcando y desapareciendo por el horizonte. Bueno, no todos fingieron marcharse. Junto al caballo dejaron a Sinón, un actor primo de Ulises, que tenía que hacer el papel de desertor del ejército griego. La misión de Sinón era convencer a los troyanos para que no abandonaran el caballo en la playa y lo acabaran introduciendo en la ciudad a través de las murallas.

Cuando los troyanos vieron que los griegos embarcaban y zarpaban, salieron de la ciudad y se dirigieron a la playa donde estaba el caballo. Al principio no entendieron por qué habían construido y abandonado aquella estatua gigante de madera. Enseguida se generó un gran debate para decidir qué debían hacer. Unos la querían destruir, otros pensaban que era mejor conservarla, pero dejándola fuera de las murallas. Un tercer grupo quería llevarla a la ciudad, en señal de victoria. Como no sabían exactamente qué hacer, consultaron a los sabios, los oráculos y los augures. El sacerdote Laocoonte, que desconfiaba de todo lo que tuviera que ver con los griegos y, en particular, de todo lo que tuviera relación con Ulises, recomendó dejar la estatua en la playa. La princesa Casandra, hermana de Paris, y a quien el dios Apolo había concedido el don de adivinar el futuro (pero la maldición de que nunca nadie haría caso de sus predicciones), les advirtió del error que suponía entrar el caballo dentro de las murallas.

Mientras unos y otros discutían, apareció Sinón y les explicó por qué Ulises y los suyos habían construido aquella escultura gigante: «El caballo es una ofrenda a Poseidón, dios de los mares. Los griegos la han construido para asegurarse la protección divina para el viaje de vuelta. La razón por la que el caballo es tan grande es que los griegos no quieren que pase por las puertas de la muralla porque, si os lo lleváis dentro de la ciudad, Poseidón dejará de protegerlos a ellos y os protegerá a vosotros». Aquellas palabras acabaron de convencer a los troyanos, que pensaron que, si los griegos no querían que entraran el caballo en la ciudad, lo que debían hacer era entrarlo inmediatamente. Y eso es exactamente lo que hicieron: derribaron una parte del muro, entraron al caballo de madera en la ciudad, reconstruyeron la muralla y empezaron a celebrar la victoria sobre los griegos tras una década de guerra. Bebieron, bailaron, cantaron y se excedieron. Cuando cayó la noche y ya todos dormían, Ulises y sus soldados salieron de las entrañas del caballo y abrieron las puertas de la muralla. El ejército griego, que había regresado a la muralla mientras los troyanos celebraban su victoria, arrasó con todo. La expresión «arde Troya» ha pasado a la posteridad como testimonio del destrozo que causaron los griegos. La guerra se acabó gracias a una trampa, a un subterfugio con el que Ulises y los suyos consiguieron engañar al enemigo.

Es interesante resaltar que esta famosa historia no se explica detalladamente en la *Odisea* de Homero (escritor griego) sino en el poema épico latino de la *Eneida*, escrito por Virgilio (un escritor romano).

Llegados a este punto os preguntaréis por qué hablamos del caballo de Troya en un libro de economía. Pues porque este relato ha pasado a la historia como ejemplo paradigmático del engaño. Y, en este capítulo, quiero tratar sobre algunos de los actores menos analizados, pero más importantes, de nuestras economías: los tramposos, los mentirosos y los estafadores.

Fraudes por doquier

En el libro *The Honest Truth about Dishonesty*, Dan Ariely, profesor de la Universidad de Duke, explica que nuestras vidas están llenas de episodios en los que la trampa, la mentira o el comportamiento deshonesto son los protagonistas. Desde los trileros de la calle hasta los legendarios tramposos del póquer del Far West que se sacan cartas de la manga, pasando por los que hacen fotocopias ilegales de libros, los que se descargan música o películas de internet, los ciudadanos que no pagan el IVA al jardinero, la gente que no declara todos sus ingresos, la que pide la baja laboral sin estar enferma, sin olvidarnos de los políticos que roban o mienten en campañas electorales.

La aparición de internet ha originado una nueva constelación de estafadores. Seguramente la más conocida es la de los nigerianos que envían correos electrónicos de parte de un supuesto príncipe que posee una fortuna bloqueada en Nigeria y que solo podrá rescatarla haciendo una transferencia a una cuenta extranjera. Por esto ofrece la mitad de esta supuesta fortuna, a cambio de que el destinatario le dé su número de cuenta corriente. Naturalmente, una vez tienen el número de cuenta, a las pobres víctimas no les ingresan nada y, además, les vacían la cuenta.[1]

Una de las estafas más espectaculares de la historia es la protagonizada por Viktor Lustig, que consiguió vender a un empresario francés ni más ni menos que… ¡la torre Eiffel! La famosa torre fue construida como monumento temporal en 1889 con motivo de la Exposición Universal de París. Aquella torre de metal tenía que ser desmantelada una vez finalizada la muestra, ya que no encajaba con la arquitectura clásica del resto de la ciudad. Pero entre una cosa y otra, la demolición se fue posponiendo. Al finalizar la Primera Guerra Mundial, Viktor Lustig leyó en el periódico que el Ayuntamiento de París se había quedado sin dinero y tenía una gran necesidad de ingresar cualquier fondo para continuar operando. Entonces tuvo la gran idea: se haría pasar por representante del Ayuntamien-

---

1. Como curiosidad, en algunos países la estafa de los nigerianos no está protagonizada por un príncipe nigeriano, sino por un prisionero español poseedor de una gran fortuna. La idea es la misma: obtener el número de cuenta corriente de la víctima y dejar la cuenta sin un céntimo. En estos países este fraude se llama «la estafa del prisionero español».

to de París y vendería la torre a alguna empresa de chatarra. Reunió los recortes de periódico que documentaban las necesidades financieras del Ayuntamiento, se hizo imprimir unas tarjetas falsas que lo convertían en funcionario municipal encargado de ejecutar la venta y empezó a entrevistarse con empresas de chatarra de la ciudad. Así se fue reuniendo con todos los empresarios del ramo, a quienes explicaba que el Ayuntamiento no tenía suficiente dinero para pintar y mantener aquella torre de metal y que había decidido venderla. Repitió el discurso ante muchos empresarios hasta que, ¡bingo!, uno de ellos le compró la torre Eiffel. Parece ser que la víctima se llamaba André Poisson, aunque este extremo no se sabe con certeza porque fue tanta la vergüenza de haber sido víctima de un fraude tan estúpido que nunca lo denunció.

La estafa piramidal

Uno de los fraudes más comunes y repetidos de la historia es la estafa piramidal. Esta modalidad de engaño se hizo famosa en 1920 cuando Carlo Ponzi, un italiano dicharachero establecido en Boston, anunció que había encontrado la manera de ganar dinero comprando en Europa unos cupones que se podían redimir por sellos en Estados Unidos. La diferencia de precios causada por el tipo de cambio permitía, según él, ganar cantidades sustanciales de dinero. Ponzi ofrecía a sus clientes una tentadora rentabilidad del 50 % en cuarenta y cinco días. En realidad, no compraba ni cupones ni sellos. Nunca lo hizo. Se limitaba a pagar a la primera ronda de inversores con el dinero de la segunda ronda de inversores, y la segunda ronda de inversores con el dinero de la tercera ronda, y así sucesivamente sin comprar jamás ni un solo sello. A este tipo de estafa se la llama «piramidal» porque, para que funcione, se necesita que cada ronda de inversores sea mayor que la ronda anterior, de manera que, si visualizamos las sucesivas rondas, unas sobre otras, veremos que se forma una estructura en forma de pirámide. Lógicamente las estafas piramidales no pueden durar siempre porque, para continuar activas, necesitan un número de inversores cada día mayor. Puesto que el número de inversores potenciales es finito, siempre llega un momento en que el estafador no tiene suficiente dinero para pagar la última ronda y la pirámide se hunde.

Carlo Ponzi fue el estafador de la pirámide más conocido de la historia, pero no ha sido el último. De hecho, esta estafa es tan fácil de organizar que docenas de estafadores la han llevado a cabo desde entonces: los casos Gescartera, Fórum Filatélico o Nueva Rumasa han sido ejemplos destacados en España, el caso Roghel en Bolivia, el DMG (David Murcia Guzmán) en Colombia, el del notario Cabrera en Ecuador, el Centro Latinoamericano de Asesoramiento Empresarial (CLAE) en Perú, el caso Astrotel en Venezuela o los casos «Coneja» o «Cutufa» en Colombia. A nivel mundial, el caso que ha tenido más repercusión últimamente ha sido el caso Madoff en Estados Unidos.

Las estafas piramidales siempre incluyen dos elementos que las convierten en infalibles. El primero es que el estafador siempre dice haber encontrado una manera secreta de ganar dinero que resulta más o menos creíble. En el caso de Ponzi el negocio es la compraventa de sellos, en los que se supone que el estafador es un gran experto. En el caso de Madoff, el (falso) negocio consistía en comprar y vender activos financieros sofisticados que solo alguien tan listo como Madoff era capaz de entender.

El segundo elemento de las estafas piramidales es que ofrecen unos rendimientos muy por encima de lo que es normal en los mercados financieros. Este retorno tan goloso hace que la gente que tiene ganas de ganar dinero fácilmente y sin trabajar se olvide de una de las leyes fundamentales de las finanzas: «Si una inversión da un rendimiento que parece demasiado alto para ser real, ¡es que no es real!».

La combinación de estos dos elementos ha convertido la estafa piramidal en la más común y letal de la historia. Miles de inversores han perdido miles de millones de dólares por culpa de este tipo de fraude.

Elixires mágicos y drogas milagrosas

Las aventuras del *cowboy* Lucky Luke fueron un referente para quienes, como yo, crecimos en la década de los sesenta. Recuerdo que uno de los episodios que más impacto me causó fue «El elixir del Doctor Doxey». En este episodio se describe una de las plagas que infestaron el Oeste americano: los vendedores de elixires mágicos que se suponía que curaban todos los males. Me impactó porque el Doctor Doxey era un estafador que intentaba enriquecerse engañando a la gente pobre y enferma que tenía como única esperanza aquel elixir que él sabía perfectamente que no servía para nada. Pero al doctor le importaba muy poco que el elixir mágico fuera un engaño: su único objetivo era enriquecerse, aunque fuera a costa de perjudicar a los más débiles.

Lamentablemente, los vendedores de elixires mágicos han existido siempre y siempre existirán. A diferencia del Doctor Doxey, que se paseaba por el Far West con su carreta de caballos, los estafadores de elixires actuales se organizan a través de grandes empresas y engatusan al personal a través de publicidad engañosa. Una de las últimas modas son las bebidas desintoxicantes, o *detox*, unas bebidas de color verde que se venden a precios extravagantes y que últimamente han invadido los supermercados. Como pasa con la mayor parte de las dietas mágicas, los promotores de las bebidas *detox* prometen grandes mejoras en la salud de los usuarios que las consumen: reducen la cantidad de toxinas que tenemos en la sangre, nos hace perder peso, evitan que contraigamos todo tipo de enfermedades… Los defensores de estas bebidas recomiendan que, al tiempo que consumen sus productos, los usuarios restrinjan la dieta y consuman menos de 800 calorías al día, además de practicar ejercicio regularmente. Los consumidores ven, maravillados, que empiezan a perder peso. Pero, claro, no es que pierdan peso gracias a la bebida *detox*, sino a la dieta baja en calorías y al ejercicio físico: si usted reduce su consumo de calorías a 800 diarias, hace ejercicio y se pone un sombrero amarillo, también verá como pierde peso… ¡pero eso no tendrá nada que ver con el sombrero amarillo! Ah, por cierto: consumir menos de 800 calorías al día es altamente peligroso, y solo debería hacerse bajo supervisión médica.

La epidemia global de la obesidad ha propiciado que el negocio de las dietas mágicas sea más grande que nunca. Cada día aparece algún tipo de gurú con una idea nueva que se supone que nos va a permitir perder peso con poco o ningún sacrificio: dietas intensas en proteínas (como la del francés Pierre Dukan, un doctor que ha sido expulsado del Colegio de Médicos por mentir sobre los beneficios de su dieta), dietas bajas en carbohidratos, dietas con hierbas o productos naturales mágicos (que solo puedes comprar en casas especializadas como Naturhouse o Herbalife),[2] dietas basadas en el consumo exclusivo de un solo producto (por ejemplo, la sandía, el pomelo o la col verde —o *kale*, como se llama ahora en los círculos sofisticados—), las dietas alcalinas (que, además de adelgazar, ¡resulta que previenen el cáncer y la artritis!) o las dietas con complementos milagrosos como el agua de fructosa, la naranja, el té verde o los «yogures que limpian por dentro». Todos los expertos nutricionistas que no trabajan para ninguna de las empresas que se benefician económicamente de estas modas dicen que estas dietas pueden funcionar a corto plazo, pero que, cuando terminan, los pacientes recuperan el peso perdido y quizá acaban más gordos que antes de empezar la dieta. Aparte de este efecto en el peso total de los clientes (el llamado «efecto yoyó»), algunas de estas dietas pueden ser seriamente perjudiciales para la salud, ya que eliminan algunos tipos de alimentos esenciales para el buen funcionamiento del organismo.

Los elixires mágicos no existen únicamente en el mundo de la dietética, sino que se extienden en todos los ámbitos de la medicina. La mayor parte de los médicos explican que los productos homeopáticos o de medicina alternativa no funcionan. Es decir,

---

2. La fundación Española de Dietistas-Nutricionistas alertó en 2008 del riesgo para la salud que comportaban los productos de Naturhouse. La empresa presentó una querella contra el presidente de la fundación, que acabó siendo desestimada por el Tribunal Supremo en 2010.

hay infinidad de estudios que demuestran que el impacto de estas medicinas alternativas en la salud no es superior al que tendría un placebo. Es decir, si a un grupo de pacientes se les administra la medicina homeopática y a otro grupo de pacientes se les da una pastilla de azúcar que ellos creen que es un remedio (placebo), la mejora de la salud de los dos grupos no es estadísticamente diferente. Seguramente esto es cierto... ¡porque los medicamentos homeopáticos no son más que pastillas de azúcar!

El hecho de que los resultados de los medicamentos homeopáticos no sean mejores (ni peores) que los de los placebos no significa que los efectos de la homeopatía sean nulos. Significa que no son superiores a los efectos del placebo. La distinción es importante, porque los médicos descubrieron hace años que el efecto placebo existe: si una persona cree que le están dando un tratamiento beneficioso, a menudo su salud mejora, aunque el tratamiento no tenga ningún tipo de impacto químico sobre el organismo. Esto puede explicar por qué hay tantas personas que creen que la homeopatía los ha ayudado a curar determinadas enfermedades. Por otro lado, no debe pasarnos por alto que a menudo los «médicos» homeopáticos dedican una cantidad de tiempo y de atención a sus pacientes que no es la misma que dedican los médicos convencionales. La atención y el tiempo del médico pueden tener efectos positivos en el enfermo, aunque el facultativo acabe recetando pastillas de azúcar. [3]

3. Un problema grave que puede causar la medicina alternativa es que el paciente que cree que se acabará curando con esta medicina abandone los tratamientos de la ciencia médica convencional para someterse a los tratamientos alternativos. Existen enfermedades, como el cáncer, en cuya curación la prontitud es un factor crucial. Es posible que la medicina alternativa no tenga efectos negativos directos. Sin embargo, en la medida en que propicia que muchos pacientes pospongan el tratamiento convencional, puede tener consecuencias catastróficas. Se dice que Steve Jobs descubrió que tenía cáncer de páncreas e intentó tratarlo con medicina alternativa india. Pasaron los meses y el tumor no desapareció. Entonces Jobs fue a buscar a uno de los médicos convencionales más famosos de California, David Agus, pero ya era demasiado tarde.

Y ya que hablamos de medicina convencional: es cierto que, en principio, el método científico avala la mayor parte de los fármacos y medicamentos utilizados por los médicos y hospitales convencionales. Pero también es cierto que la industria farmacéutica ha sido denunciada y en muchos casos condenada a pagar multas millonarias por presentar los resultados «científicos» de sus productos de manera más positiva de lo que la ciencia realmente permite. En 2013, Johnson&Johnson tuvo que pagar una multa de 2.200 millones de dólares por haber sobornado a médicos para que recomendaran fármacos como Bextra (un antiinflamatorio), Geodon (un antipsicótico), Zyvox (un antibiótico) o Lyrica (para la fibromialgia).

Empresas farmacéuticas también han sido condenadas por falsificar los test científicos o esconder información obtenida por estos que demuestra la existencia de efectos secundarios negativos peligrosos. Por ejemplo, en 2012, GlaxoSmithKline pagó una multa de 3.000 millones de dólares por haber ocultado datos relevantes en medicamentos como el antidepresivo Paxil, productos para dejar de fumar como Wellbutrin o Bupropin, antiasmáticos como Advair, o el fármaco para tratar la epilepsia, Lamictal. Casi todas las grandes multinacionales farmacéuticas han sido condenadas y multadas alguna vez. La lista incluye a Pfizer, Merck, Novartis, AstraZeneca, BristolMeyers, Purdue Pharma, Allergan, y un larguísimo etcétera. Podemos afirmar, pues, que la industria farmacéutica convencional también contribuye sistemáticamente a la aparición de elixires mágicos, a pesar de la apariencia científica de su departamento de investigación y desarrollo.

Publicidad engañosa

La Asociación Nacional de Publicistas de Estados Unidos calcula que la publicidad genera el 19 % del producto nacional bruto norteamericano. Esto representa unos 3,5 billones (con be) de dólares anuales. La publicidad es útil porque ayuda a los clientes a encontrar los productos que buscan. También ayuda a las empresas a construir marcas en las que los clientes depositen su confianza. El problema es que, muchas veces, las empresas caminan por la delicada línea que separa la verdad de la mentira y emiten mensajes publicitarios engañosos o que intentan manipular el cerebro humano, convenciéndole de que sus productos tienen unas propiedades que no tienen.

Por ejemplo, aunque muchos anuncios de perfume no lo dicen directamente, casi todos utilizan imágenes de personas guapas. Con esto se transmite la idea de que el perfume hace sexualmente atractivas a las personas que lo gastan. Este mismo truco del cebo sexual es utilizado por algunas empresas de cava para anunciar sus vinos espumosos, o por George Clooney cuando utiliza el café Nespresso para atraer a mujeres bellas.

En los anuncios de coches, los conductores suelen mostrarse felices y relajados mientras están conduciendo aquel vehículo particular, lo cual viene a decir que, si uno compra aquel modelo, y no otro, logrará acceder a la paz interior y a la felicidad. Naturalmente, cuando los conductores de aquel vehículo se encuentran en medio de un atasco, yendo al trabajo, ponen la misma cara de cabreados que los conductores de todos los otros coches.

Los anuncios de jabones y detergentes nos muestran a mujeres (y recientemente también hombres) pasando una esponja por una superficie sucia que, por arte de magia y sin esfuerzo, queda como los chorros del oro. Después, cuando uno compra aquel detergente y lo utiliza en casa, se da cuenta de que la magia del limpiador que había visto en la televisión era, pues esto, magia televisiva que no tiene nada que ver con el detergente real.

No me extenderé ahora haciendo una lista larga de los trucos de los publicistas para enganchar al espectador. Solo diré que casi todos los spots publicitarios contienen elementos de engaño, unos más flagrantes, otros más sutiles. Por esta razón una parte del negocio de la publicidad merece tener cabida en este capítulo sobre tramposos, mentirosos y estafadores.

Políticos mentirosos y corruptos

Otro grupo de personas que merecen ser analizadas en un capítulo sobre tramposos, mentirosos y estafadores es el de la clase política. Por dos razones. Por un lado, tenemos unas campañas electorales en las que los políticos de todos los partidos son capaces de prometer las cosas más extravagantes con tal de ganar. Después, los políticos incumplen las promesas casi siempre e incluso hacen lo contrario de lo prometido. Incumplir las promesas electorales no parece importar a una clase política casada con la mentira sistemática y patológica.

Por otro lado, la clase política merece ser destacada en un capítulo sobre tramposos, mentirosos y estafadores por los numerosos casos de corrupción que aparecen virtualmente cada año en todos los países del mundo. Decía lord Acton que el poder corrompe (y el poder absoluto corrompe absolutamente) y nunca se ha hecho más evidente esta teoría que en la América Latina de los últimos años con el escándalo de la empresa constructora brasileña Odebrecht: el 21 de diciembre de 2016, el Departamento de Justicia de Estados Unidos revela documentos sobre presuntos sobornos de Odebrecht a funcionarios y políticos de doce países: Angola, Argentina, Colombia, Ecuador, Estados Unidos, Guatemala, México, Mozambique, Panamá, Perú, República Dominicana y Venezuela. Los papeles demuestran que el gigante de la construcción brasileño hizo donaciones por un monto total de 788 millones de dólares a políticos, partidos políticos o campañas electorales de esos doce países a cambio de beneficios en contrataciones públicas. El escándalo en América Latina es mayúsculo y las fiscalías de los doce países se ponen a trabajar de inmediato para esclarecer los hechos. Se trata del mayor caso de corrupción de la historia de la que, según el índice de percepción de corrupción de Transparencia Internacional, es la segunda región más corrupta del planeta, después de África.

El problema de la corrupción es global y endémico. Políticos de casi todos los países del mundo han utilizado su poder para obtener beneficios económicos o para financiar a sus partidos con el objetivo de mantenerse en el poder. Son famosas las historias de corrupción de los políticos locales de la ciudad de Chicago o Nueva York en Estados Unidos, aunque quien se ha llevado las portadas de la prensa mundial últimamente haya sido la primera ministra de Corea del Sur, Park Geun-hye, que fue obligada a dimitir de su cargo en diciembre de 2016.

También ha sido muy comentada la purga que el premier chino, Xi Jinping, está llevando a cabo en su país para eliminar la corrupción que está gangrenando la economía del gigante asiático. En España ya han empezado a salir las primeras sentencias judiciales del llamado «Caso Gürtel» que condenan a diferentes políticos del Partido Popular por haber recibido dinero de empresas privadas a cambio de concesiones y contratos. En definitiva, la corrupción es una plaga casi universal de tramposos, mentirosos y estafadores.

Estafas bancarias

Uno de los sectores más proclives a acumular tramposos, mentirosos y estafadores es el sector financiero. Supongo que esto se debe a que los ladrones tienden a orbitar donde se mueve el dinero y pocos sectores mueven más dinero que el financiero. Ya hemos hablado del caso Madoff, en Estados Unidos, que utilizó el sistema piramidal para engañar a inversores de todo el mundo. Pero el caso Madoff no es el único. En 2012 el periódico británico *Financial Times* descubrió que varios bancos, liderados por el omnipresente Barclays Bank, cooperaron para manipular el LIBOR (el LIBOR es la versión londinense del euríbor, el tipo de interés sobre el que se referencian, entre otras cosas, las hipotecas). Es decir, el LIBOR es el tipo de interés medio que los bancos tienen que pagar a otros bancos para obtener un crédito. Para calcularlo, cada día a las diez de la mañana se realiza una llamada a un total de dieciocho bancos de Londres y se les pregunta cuál es el tipo al que podrían pedir préstamos a otros bancos. Cada banco contesta a la pregunta. A continuación, se eliminan las cuatro respuestas más altas y las cuatro más bajas, y se calcula la media de las doce restantes.

Pues bien, el *Financial Times* descubrió que Barclays se coordinaba con otros bancos para dar información hinchada. El objetivo era que el LIBOR apareciera más elevado de lo que era realmente y, de este modo, los bancos podían cobrar más a los clientes a los que habían concedido hipotecas. Se calcula que los clientes perdieron miles de millones de libras esterlinas a causa de esta manipulación. Cuando el *Financial Times* destapó el fraude, las autoridades competentes de Reino Unido y Estados Unidos juzgaron el escándalo y obligaron a los bancos implicados a pagar multas de centenares de millones de dólares. Entre los bancos multados estaban Barclays, Deutsche Bank, JP Morgan, Royal Bank of Scotland y Lloyd's.

Otro escándalo, menos espectacular pero mucho más común, es la utilización por parte de muchos bancos del estatus y la credibilidad de los directores de las sucursales para recomendar a sus clientes no los productos que les interesan a ellos, sino los que interesan a la entidad. En plena crisis financiera en España, los bancos y las cajas de ahorros se dedicaron a la venta masiva de unos activos llamados «participaciones preferentes». Las participaciones preferentes eran una especie de bonos que pagaban un interés fijo, pero que, a diferencia de los bonos normales, solo lo pagaban si el banco tenía beneficios. Su nombre era engañoso, ya que, en caso de que el banco o la caja de ahorros quebrara, los últimos en cobrar (es decir, los que precisamente tenían menos preferencia) eran los propietarios de dichas participaciones. Esto significa que los clientes que compraban preferentes corrían el riesgo de no cobrar intereses si el banco, o la caja, no obtenía beneficios y, además, podían perder todo el dinero si el banco o la caja quebraba, porque los poseedores de las preferentes eran los que menos preferencia tenían a la hora de cobrar. ¿Por qué los bancos y las cajas se valieron de sus inmensas redes de sucursales para vender unos activos tan poco ventajosos para los clientes? Pues porque los reguladores de Basilea decidieron que las entidades podían contabilizar el dinero que obtenían vendiendo preferentes como capital. Es decir, si un cliente tenía 10.000 euros en un depósito en el banco, este dinero no podría ser contado por el banco como capital. Por el contrario, si inducía al cliente a comprar una participación preferente de 10.000 euros, el banco podía contabilizar aquel dinero como capital.

El problema surgió en plena crisis financiera, cuando los reguladores de Basilea obligaron a los bancos y las cajas españolas a recapitalizarse para asegurar su supervivencia. Los bancos pudieron pedir ampliaciones de capital a los accionistas. Pero las cajas carecían de accionistas, de modo que fueron inducidas a vender participaciones preferentes y pidieron a los directores de todas las sucursales que convencieran a los clientes para que las compraran. Los directivos de aquellas cajas sabían que se trataba de un producto arriesgado para los clientes, porque las cajas podían ir a la bancarrota y los clientes perder todos sus ahorros. Pero decidieron engañarlos y venderles aquella porquería financiera porque era lo que interesaba al banco. Una estafa en toda regla por la que algunos todavía tienen que pagar.

Los abusos de los monopolios

Por último, otros lugares donde aparecen los tramposos y los estafadores son las empresas monopolísticas, que se aprovechan de la falta de competencia para abusar de sus clientes. Todos hemos visto cómo las empresas de telefonía abusan de nosotros cuando viajamos al extranjero y tenemos la osadía de usar el teléfono celular. Las facturas de *roaming* pueden subir a centenares de dólares por el simple hecho de habernos conectado a internet durante unos pocos segundos. Los precios obscenos que nos cobran las compañías de telefonía no se deben a los costes técnicos de realizar llamadas internacionales. Esto lo hemos podido comprobar ahora que dentro de la Unión Europea está prohibido cobrar más al cliente cuando se encuentra en el extranjero. Resulta que el coste de la comunicación era el mismo tanto si la comunicación se realizaba dentro del país como si se hacía desde fuera. La desmesura de las facturas de *roaming* es, pues, el resultado de un abuso de poder debido a la falta de competencia y a la colusión entre empresas del sector.

Los abusos de monopolio no están necesariamente ligados a las grandes empresas. Las pequeñas empresas locales también abusan de los clientes si se encuentran en situación de monopolio. Lamentablemente, esto lo constatamos el día que se nos muere un ser querido y tenemos que hacernos cargo de la factura del entierro. Debido a la falta de alternativas, uno está obligado a pagar unos precios desorbitados por el ataúd y toda la constelación de complementos que hacen que, en nuestro país, ¡casi resulta más caro estar muerto que vivo!

¿Por qué hay estafadores?: Gary Becker y la escuela de Chicago

La lista de estafas y engaños económicos es larguísima y podríamos seguir hasta la extenuación. Desde un punto de vista económico, sin embargo, no es interesante saber qué tipos de estafa se han practicado a lo largo de la historia o qué tipos de engaño sufrimos en la actualidad. Las preguntas realmente importantes son: primero, ¿por qué hay gente que se dedica a estafar, engañar o mentir mucho y gente que se dedica a estafar, engañar o mentir poco? Es decir, ¿qué es lo que lleva a algunos por el camino de la deshonestidad? La segunda pregunta es: ¿por qué hay tanta gente que cae víctima de los tramposos?

El primer economista que intentó responder a la pregunta de cómo deciden algunos transitar por la senda de la deshonestidad fue el profesor Gary Becker de la Universidad de Chicago.[4] Becker propuso que considerásemos a los estafadores, y a los delincuentes en general, como seres racionales que evalúan los costes y los beneficios de cometer delitos. Es decir, si cuando tomamos la decisión de comprar peras o manzanas, de trabajar o no trabajar, de casarnos o tener hijos, los economistas analizamos los costes y los beneficios de cada una de las opciones, deberíamos hacer lo mismo cuando analicemos la decisión de delinquir. Decía Becker que la idea se le ocurrió un día que estaba buscando aparcamiento y no encontraba ningún sitio para dejar el coche legalmente. Entonces se encontró a sí mismo decidiendo si merecía la pena dejar el coche en un lugar no autorizado. Calculó la probabilidad de que pasara un policía y el importe de la multa que le pondría, y la comparó con la necesidad de aparcar inmediatamente. Y acto seguido se dedicó a investigar las decisiones de los delincuentes.

Entre los beneficios que obtienen los delincuentes está, obviamente, el enriquecimiento personal que obtiene el estafador si el fraude le funciona. En el caso de la corrupción de los partidos políticos, el beneficio puede ser la ventaja que la financiación ilegal del partido da a sus dirigentes y militantes, una ventaja que les ayuda a mantener el poder político. En el lado de los costes existe la posibilidad de que la policía pille al delincuente y el juez le imponga un castigo. El castigo puede ser una multa, el ingreso en prisión y, en algunos países, el castigo físico como la tortura, la amputación de una mano o incluso la pena de muerte. Frente a las circunstancias que se dan en cada país, los estafadores comparan los costes y los beneficios. Si los beneficios esperados son superiores a los costes percibidos, delinquen. Y si no, no lo hacen. Lógicamente, la teoría de Becker predice que deberíamos ver más delincuentes en países con sistemas policiales débiles (donde la probabilidad de ser capturado con las manos en la masa es pequeña) o en los que se

<hr>

4. Gary S. Becker, «Crime and punishment: an economic approach», *Journal of Political Economy*, Chicago Journals 76 (2), marzo-abril de 1968, pp. 169-217.

imponen penas reducidas a los delincuentes. Dicho de otro modo, si un país quiere reducir el grado de criminalidad, lo que debe hacer es dar más recursos a la policía y al sector judicial y, al mismo tiempo, aumentar los castigos por este tipo de delitos.

¿Por qué existen los estafadores?: la economía conductual

La teoría de Becker fue ampliamente aceptada por el mundo académico hasta que empezó la revolución de la economía conductual que incorpora los análisis que hacen los psicólogos al mundo de la economía.[5] En el fascinante libro sobre la deshonestidad de los seres humanos,[6] Dan Ariely, profesor de la Universidad de Duke, nos dice que nuestro cerebro intenta evitar lo que los psicólogos llaman la «disonancia cognitiva»,[7] que es la tensión que experimentamos los humanos cuando lo que hacemos entra en contradicción con lo que pensamos o creemos. Es decir, si yo robo una manzana y mis creencias sobre el comportamiento correcto de los humanos son que robar está mal, entro en la «disonancia cognitiva»: a mi yo interior no le gusta lo que hace mi yo exterior. Una manera de evitar esta tensión cognitiva es, lógicamente, no hacer lo que pensamos que está mal. Pero otra manera de encontrar la consonancia entre lo que pienso y lo que hago es hacer lo que sé que está mal y cambiar mi manera de pensar. Es decir, buscar una «autojustificación» que racionalice mis actos. Es decir, pienso que la vendedora de manzanas pone un precio abusivo por estas y, por lo tanto, cuando le robo una manzana estoy haciendo justicia. Y así, mágicamente, ¡ya puedo dormir tranquilo!

---

5. Para ver un análisis de la economía conductual y sus críticas a la economía convencional, véase el «capítulo granate» del primer libro *Economía en colores*.

6. Dan Ariely, *The Honest Truth about Dishonesty: How we Lie to Everyone… Especially Ourselves*, Nueva York, Harper Collins, 2012.

7. La expresión «disonancia cognitiva» fue propuesta por el psicólogo Leon Festinger.

Otro ejemplo de disonancia cognitiva lo encontramos en la gente que fuma y que sabe que el tabaco provoca cáncer. Esto les crea una tensión psicológica («disonancia cognitiva») porque saben que están haciendo algo perjudicial para su salud. A veces esta tensión se resuelve dejando de fumar o, por lo menos, intentándolo. Ahora bien, hay fumadores que, aun sabiendo que fumar no es bueno, no quieren dejar el tabaco, y buscan en internet algún artículo que argumente que aún no está demostrado totalmente que fumar mata. Y se lo ponen en la cabecera de la cama para autojustificar su comportamiento peligroso. La evidencia que relaciona el fumar con el cáncer es, no obstante, tan arrolladora que llega el momento en que el artículo ya no convence ni a los propios fumadores, y entonces pasan a la siguiente fase: racionalizan su comportamiento afirmando que «prefieren vivir menos años, pero ser felices haciendo lo que les gusta». Y, así, el cerebro consigue la consonancia cognitiva: lo que hacemos y lo que creemos coincide y, a partir de ahí, podemos vivir felices con nuestras acciones.

Pues bien, Dan Ariely piensa que los estafadores, los tramposos y los mentirosos utilizan este tipo de mecanismos para justificar su deshonestidad. A nadie le gusta pensar que es mala persona y, por lo tanto, el cerebro de los delincuentes les hace justificar sus actos. Los evasores de impuestos saben que su comportamiento perjudica al resto de la sociedad: si no se pagan impuestos, hay menos recursos para atender a enfermos en los hospitales o para financiar los colegios de nuestros niños. Por lo tanto, el cerebro del evasor vive una tensión entre lo que hace (evadir) y lo que cree («evadir está mal»). Algunas personas solucionan esta tensión, o disonancia, dejando de evadir. Otras cambian la manera de pensar y buscan la autojustificación. Una forma de racionalizar la evasión es decirse a uno mismo que «todo el mundo evade» o que «total, si el dinero irá a parar a políticos corruptos, más vale que se quede en mi bolsillo, así lo utilizaré para cuidar a mis hijos». Una vez encontrada la justificación, nuestro cerebro encuentra la «consonancia cognitiva» y ya puede convivir tranquilamente con el comportamiento deshonesto.

En este sentido, el título del libro de Ariely es sugestivo: «La honesta verdad sobre la deshonestidad: por qué mentimos a todo el mundo, especialmente a nosotros mismos». ¡Especialmente a nosotros mismos! Es decir, para eliminar la tensión que la disonancia cognitiva genera en nuestro cerebro, nos autoengañamos. Si esta teoría es correcta, la forma de reducir los delitos no es subir las multas y las penas, o aumentar la eficiencia policial y judicial, sino eliminar los elementos que permiten la autojustificación. Por ejemplo, si la gente utiliza la corrupción y el derroche de caudales públicos para racionalizar la evasión fiscal, lo que hay que hacer es luchar contra la corrupción y el derroche.

Uno de los factores que nos ayuda a racionalizar el comportamiento irregular o delictivo es la cultura en la que uno crece y es educado. Por ejemplo, hay países donde una parte de la literatura tiende a glorificar a los estafadores y a los pícaros convirtiéndolos en personajes simpáticos y divertidos (la novela picaresca del Siglo de Oro español es un ejemplo de ello). Pues bien, Ariely y los economistas conductuales dirán que en países donde la literatura picaresca tiene un papel importante la gente tendrá menos problemas para autojustificar los hurtos y los pequeños fraudes y, por tanto, serán sociedades en las que la estafa estará más generalizada.

¿Coste-beneficio o cultura?

Tenemos, pues, dos grandes teorías económicas que explican la existencia de estafadores, tramposos y mentirosos: la teoría de la racionalidad de Chicago, que dice que los delincuentes comparan los costes y los beneficios de sus acciones, y la teoría conductual, que dice que tendrán comportamiento delictivo aquellos que procedan de culturas donde sea fácil encontrar autojustificaciones. La pregunta es: ¿y quién tiene razón? Fijaos en que la respuesta a esta pregunta es importante para una sociedad que quiera reducir la delincuencia: si aumentamos los costes de hacer trampas (aumentando las penas de prisión, por ejemplo) pero la teoría correcta es la conductual, ¡el efecto de nuestra política sobre la delincuencia será nula!

Para saber qué teoría es correcta podríamos comparar las tasas de delincuencia en diferentes países y analizar si los que tienen unos castigos más grandes acaban teniendo menos crimen. El problema de este tipo de análisis es que los países tienen, al mismo tiempo, culturas diferentes y sistemas legales diferentes, y por esta razón es difícil determinar si lo que diferencia a unos países de otros es la cultura o el sistema legal. Es decir, si vemos que los nigerianos cometen más delitos que los suecos, no sabremos si eso es debido a que el sistema legal sueco es mejor que el nigeriano, o a que los suecos tienen una cultura menos proclive a las ilegalidades que los nigerianos.

Para comprobar si la teoría que funciona es la de la autojustificación, y no la del coste-beneficio, deberíamos encontrar una situación en la que personas provenientes de diferentes culturas (por ejemplo, de Nigeria, Italia o Suecia) se enfrentaran a un mismo sistema legal que infligiera el mismo castigo a todos. Curiosamente, los profesores Ray Fisman y Ted Miguel[8] afirman que existe un lugar donde esto ocurre: ¡Nueva York! Y concretamente, alrededor de las Naciones Unidas.

No me preguntéis por qué, pero resulta que los diplomáticos de la ONU que viven en Nueva York no pagan las multas de tráfico. Quizá la ONU y el Ayuntamiento han alcanzado algún tipo de acuerdo (un acuerdo que, dicho sea de paso, nos perjudica al resto de los habitantes de Manhattan, que sí tenemos que pagar las multas.) Sea como fuere, el caso es que la diplomacia de ningún país destacado de las Naciones Unidas paga las multas de la ciudad de Nueva York. Esto significa que las delegaciones de todos los países se enfrentan a los mismos costes de cometer infracciones: ¡cero! La pregunta que se plantean Fisman y Miguel

---

8. Raymond Fisman; Miguel Edward, «Corruption, Norms and Legal Enforcement: Evidence from Diplomatic Parking Tickets», *Journal of Political Economy* 115 (6), 2007, pp. 1020-1048.

es: ¿la cantidad de multas (no pagadas) es la misma para todas las delegaciones? Para responder a esa pregunta, Fisman y Miguel se entretuvieron en contar todas y cada una de las infracciones cometidas por cada una de las delegaciones y en comparar el resultado con el índice de percepción de corrupción que publica Amnistía Internacional. El resultado fue espectacular y revelador: los países más corruptos (como Nigeria) tienen más multas que los que lo son menos (Italia) y estos, a su vez, reciben más que los que prácticamente no tienen corrupción (Suecia).

La conclusión es que lo que acaba determinando el comportamiento fraudulento de las distintas delegaciones no es el coste-beneficio (todas las delegaciones tienen los mismos costes y beneficios resultantes de las leyes de la ciudad de Nueva York), sino la cultura que cada delegación lleva a la ONU desde su país de origen.

Finalmente: ¿por qué picamos?

La segunda gran pregunta que los economistas nos planteamos acerca de las estafas es: ¿por qué tanta gente acaba siendo víctima de ellas? ¿Qué es lo que hace que unos piquemos y otros no? A decir verdad, las respuestas a esta pregunta son más bien especulativas, aunque existen diferentes hipótesis.

La primera explicación que a uno le viene a la cabeza es que las víctimas son poco inteligentes. Pero esto no puede ser cierto. Un rápido análisis de las víctimas de las diferentes estafas de la historia desmiente esta primera hipótesis. Por ejemplo, entre las víctimas de la estafa piramidal de Madoff había bancos y fondos de inversión gestionados por los gurús más importantes del mundo. Uno de ellos fue Banco Santander, que invirtió 3.000 millones de sus clientes en la pirámide de Madoff. Los gestores de un banco tan importante como el Santander no son estúpidos… O tal vez sí.

Una explicación quizá más convincente es que a las víctimas les ciega la codicia. Los que acaban comprando elixires mágicos a menudo buscan atajos que les permitan obtener los beneficios de adelgazarse, pero sin pagar los costes correspondientes en forma de ejercicio o de cambio de estilo de vida. Las víctimas de las estafas financieras no solo están ofuscadas por unos retornos o premios fuera de lo normal, sino que muchas veces son ellas mismas las que quieren engañar a los estafadores. ¡Recordad, si no, que los troyanos decidieron llevar el caballo dentro de la ciudad cuando Sinón les explicó que, si lo hacían, los dioses dejarían de proteger a los griegos! La codicia es muy mala compañera de la racionalidad. Se junta con la envidia para hacer que abandonemos la racionalidad y nos comportemos como un rebaño de ovejas. Cuando vemos que nuestros amigos, vecinos o familiares se están enriqueciendo sin trabajar, los demás no queremos ser menos y acabamos haciendo lo mismo, aunque la razón nos diga que aquella inversión es peligrosa y podría ser una estafa.

La tercera razón es que a la víctima le cuesta cuestionar la autoridad intelectual de quien la está engañando. Recordad que mucha gente aceptó sin dudar ni un segundo el consejo del director de la sucursal de su banco o caja cuando le recomendó que comprara preferentes. Los bancos se sirvieron del aura de credibilidad de sus directores de sucursal (que durante años se habían erigido como las personas más cualificadas del pueblo para hablar de economía y negocios) para perpetrar su gran engaño.

Porque los estafadores no tienen cara de estafadores. De hecho, invierten mucho dinero y muchos recursos para parecer normales y tener credibilidad. La empresa de Ruiz Mateos, Nueva Rumasa, ponía anuncios a doble página en los mejores periódicos de España para dar credibilidad a su estafa piramidal. Cuando la gente preguntaba «¿Estás seguro de que Rumasa puede pagar un retorno tan elevado?», alguien respondía: «¡Sí! ¡Lo he visto publicado en *La Vanguardia*!». Y ya se sabe que si lo dice *La Vanguardia* ¡va a misa! (bueno, en el caso de Rumasa no fue a misa, sino a la ruina).

Finalmente, la última explicación nos la dan los psicólogos y se llama «sesgo de confirmación». Cuando nuestro cerebro recibe explicaciones contradictorias, escoge entre todos los argumentos los que confirman nuestros prejuicios. Es decir, la gente oye lo que quiere oír. Y cuando uno tiene muchas ganas de oír que una determinada inversión «es muy buena» y recibe distintas informaciones —unas sostienen que «puede ser una estafa» y, otras, que «es una buena inversión»—, tiende a hacer más caso a los argumentos que confirman que la inversión es buena.

Esto es seguramente lo que hizo caer a los troyanos en la trampa de Ulises. Sí, entre los troyanos había voces como la del sacerdote Laocoonte que decían que había que andarse con cuidado con Ulises, que era famoso por sus mentiras y sus manipulaciones. Pero, al final, los troyanos tenían tantas ganas de que el abandono de los griegos fuera cierto que las advertencias de los sabios en favor de la prudencia fueron finalmente desoídas.

Epílogo

Por cierto, he olvidado decir que este capítulo ha empezado con una gran mentira. Recordad que la historia del caballo de Troya es mencionada, muy de pasada, por Homero (que era griego) en la *Odisea*, pero que quien narró la historia con todo lujo de detalles fue Virgilio (escritor romano) en la *Eneida*. Pues bien, hay que recordar que, en aquella época, los romanos no eran muy amigos de los griegos, y es posible que Virgilio (que, insisto, era latino) escribiera la historia del caballo de Troya para difamar a sus enemigos griegos y presentarlos como unos tramposos, estafadores y mentirosos. Por lo menos, esto es lo que nos hace sospechar el hecho de que Homero casi ni mencionara una historia tan extraordinaria. En definitiva, la gran lección de la historia del caballo de Troya es que probablemente la propia historia fue un gran ejemplo de lo comunes que son en nuestro mundo las cuadrillas de tramposos, estafadores y mentirosos.

8

¿Cobra demasiado Messi?

El meme de Michael Jordan

Uno de los primeros *memes* que circularon por internet es de la época en la que Michael Jordan reinaba en el baloncesto mundial. El texto era un poco largo, y más o menos decía lo siguiente:

Michael Jordan ingresa, entre salarios y publicidad, unos 65 millones de dólares por año. Esto representa unos 179.000 cada día. Si Jordan duerme siete horas, gana 52.000 dólares durante la noche. Si va al cine, la entrada le cuesta siete dólares, pero cobrará 15.000 mientras mira la película. Mientras hace un huevo pasado por agua de cinco minutos, gana 618 dólares. Jordan ingresa 7.410 más por hora que el salario mínimo interprofesional. Durante un episodio de *Friends* (sí, el meme fue publicado cuando *Friends* era la serie más popular de la televisión norteamericana) se lleva al bolsillo 3.708 dólares. Si quisiera comprarse un coche de 90.000, tardaría doce horas en obtener el dinero para hacerlo. Si le pagaran el salario en monedas, le tendrían que dar dos dólares cada segundo. Al jugar un partido de golf, tendría que pagar 200 dólares por el green… pero cobraría 22.250 mientras hace los 18 hoyos. Si vosotros ganarais un céntimo por cada 10 dólares que él ingresa, tendríais un salario anual de 65.000 dólares. Mientras mira la carrera de 100 metros lisos en los Juegos Olímpicos (que dura 9 segundos y medio), él gana 19 dólares y 60 céntimos. Si en vez de los 100 metros, mira el maratón de Boston, entonces obtiene 15.700 dólares.

Este año Michael Jordan ganará más dinero que todos los presidentes de Estados Unidos de la historia juntos. ¿No es impresionante?

Pues bien, si Jordan ahorrara TODO lo que gana, ¡tardaría 450 años en tener tanto dinero como Bill Gates!

Game over. El empollón gana y el deportista pierde.

Este *meme* refleja la pelea constante que se da en todos los institutos del mundo entre chicos y chicas deportistas y chicos y chicas empollones (en inglés, los *jocks* y los *nerds*): a los atletas se les caricaturiza como físicamente atractivos (y por esto son los que triunfan social y sexualmente en las fiestas…) pero intelectualmente flojos. En cambio, los empollones no tienen fuerza corporal, ni velocidad, ni atractivo físico o sexual. Llevan unas gafas sucias y gruesas (normalmente con algún arreglo casero a base de esparadrapo) y una colección de bolígrafos en el bolsillo de la camisa manchada de tinta. Eso sí, son muy inteligentes y sacan las mejores notas de la clase.

Seguramente, el *meme* de Michael Jordan y Bill Gates fue elaborado por los empollones para demostrar que, en la vida, ellos acaban ganando, aunque en el instituto parece que sean los perdedores. No lo sé. Lo que sí sé es que en la lista Forbes de las personas más ricas del planeta —la lista de billonarios— hay empresarios que, cuando eran jóvenes, pertenecían al grupo de los empollones. Muchos de ellos han inventado cosas relacionadas con las nuevas tecnologías: Bill Gates (Microsoft), Jeff Bezzos (Amazon), Sergey Brin y Larry Page (Google) o Mark Zuckerberg (Facebook) son solo algunos ejemplos. En la lista de billonarios también hay personas del mundo del entretenimiento (actrices, actores, productores o directores de cine o televisión). Lo curioso de la lista, sin embargo, es que no hay ningún deportista. Es decir, a pesar de que el *meme* de Jordan fue ideado como un gag cómico, en el fondo refleja una pregunta interesante desde el punto de vista económico: todos tenemos la sensación de que los deportistas cobran mucho porque cobran mucho más que todos nosotros. Sin embargo, si los comparamos con los más ricos del mundo, cobran relativamente poco. ¿Por qué?

Esto nos lleva a la pregunta siguiente: ¿cobran demasiado los deportistas? Y, para ser más concretos, no nos centraremos en el mejor baloncestista de todos los tiempos (Michael Jordan), sino en el mejor futbolista de todos los tiempos: Leo Messi. Así, en este capítulo nos preguntaremos: ¿cobra demasiado Messi?

Salarios y ética

En primer lugar, dejadme que aclare que no intentaremos buscar la respuesta en el ámbito de la ética o la moralidad. Ya sé que, si preguntamos a la gente de la calle si Messi (o los deportistas en general) gana demasiado, muchos nos dirán que lo que cobra es una inmoralidad. Detrás de estos juicios de valor, seguramente está la comparación con lo que ingresan los más pobres del mundo o del país, y la creencia de que, si repartiéramos el dinero que ganan los futbolistas entre los pobres, el mundo iría mejor. Aunque, lógicamente, los economistas tengamos nuestra propia opinión y nuestros propios juicios éticos, la realidad es que la ciencia económica tal como se entiende en la actualidad no permite responder a la pregunta desde el campo de la ética o la moralidad. Con esto no quiero decir que la moralidad o la ética no sean importantes, ni que los economistas no debiéramos ser capaces de hablar de ellas. Lo que digo es que, para bien o para mal, actualmente las herramientas de los economistas no incorporan esta rama de la filosofía.

Por tanto, puesto que soy economista, no diré si el salario de Messi es inmoral o poco ético. Tampoco juzgaré los problemas fiscales que Messi (y otros deportistas de alto nivel como Cristiano Ronaldo) ha tenido con la Hacienda española, ni si realmente ha evadido impuestos de manera consciente o ha sido víctima de una caza de brujas diseñada por las autoridades españolas con el objetivo de que la gente tenga miedo de no pagar a Hacienda.

Salarios y productividad

Ahora bien, que los economistas no estemos preparados para hablar de los aspectos éticos o morales del salario de los deportistas no significa que no tengamos nada que decir al respecto. Desde el punto de vista económico, el salario es el pago que recibe un trabajador por su contribución en la producción, que es lo que denominamos «productividad». Por lo tanto, para saber si un salario es demasiado alto o demasiado bajo, lo primero que debemos hacer es compararlo con la productividad.

¿Por qué los salarios y la productividad están relacionados? Veamos el caso de un trabajador de una pizzería. Imaginemos que este trabajador es capaz de hacer una pizza cada hora, y que el precio de una pizza es de diez dólares. Con estos diez dólares, el propietario de la pizzería tiene que pagar el sueldo del trabajador, pero también los costes de los ingredientes (la harina, el tomate, el queso, el aceite, la sal, el orégano, etc.), los costes del capital físico (el horno, la máquina de amasar, el mostrador, los utensilios, las sillas y las mesas de la pizzería, la electricidad, el agua), el alquiler del local, los intereses del banco en el caso de que haya pedido un crédito para abrir el negocio, los impuestos y, finalmente, los beneficios que se queda él, como emprendedor que tuvo la idea y se arriesgó a abrir una pizzería.

La fracción de los diez dólares que se quedará finalmente el trabajador dependerá de las leyes y las regulaciones laborales del país en el que se ubica la pizzería, del poder de negociación de los sindicatos y de su capacidad de negociar con el empresario que lo contrata. Por lo tanto, de entrada, no sabemos qué sueldo tendrá el chico que cocina las pizzas. Lo que sí sabemos seguro es que su salario no puede ser en ningún caso superior a los diez dólares por hora: si cobrara diez dólares o más, al empresario no le saldrían las cuentas, porque, solo en salarios, pagaría más de lo que ingresaría, y no tendría dinero ni siquiera para comprar los ingredientes. Por tanto, si el salario fuera igual o superior a diez dólares, el empresario cerraría inmediatamente la empresa. Sabemos, pues, que el salario del cocinero será inferior a diez dólares por hora.

Por otro lado, también sabemos que el salario no será cero, ya que, sin cobrar, el trabajador no trabajaría ni un solo minuto. Por tanto, el sueldo estará entre cero y diez dólares. Si el trabajador tiene poco poder de negociación, o si no hay leyes que obliguen a un salario mínimo, el salario del trabajador estará más cerca de cero que de diez, y si tiene poder de negociación, estará más cerca de diez que de cero. Lo que debe quedar claro es que el salario en ningún caso superará los diez dólares.

¿Qué tendría que ocurrir para que el salario aumentara por encima de este nivel? Una posibilidad sería que el propietario aumentara el precio de venta de las pizzas. Si en vez de diez dólares, una pizza costara veinte, entonces el salario se podría doblar. El problema es que el empresario vendería menos pizzas, porque los clientes, viendo que las pizzas son más caras, irían masivamente a otros establecimientos que no hubiesen subido tanto los precios. Al ver que esto sería la ruina, el propietario de la pizzería optaría por no aumentar los precios.

Otra posibilidad sería que el trabajador no hiciera una sino dos pizzas cada hora. O tres. ¡O diez! Si consiguiera cocinar diez pizzas por hora, el restaurante ingresaría cien dólares cada hora gracias a él, lo que significa que su sueldo ya no tendría que ser inferior a diez dólares la hora, sino inferior a cien. Al aumento de la cantidad de productos (pizzas) producidos por los trabajadores, los economistas lo llamamos «mejora de la productividad».

Los salarios en Suiza son cien veces más altos que los de Uganda. ¿Por qué? ¿Quizá porque los sindicatos suizos tienen más fuerza que los ugandeses? ¿O porque las leyes suizas obligan a pagar salarios más altos que los de Uganda? ¡No! La razón es que los trabajadores suizos son mucho más productivos que los ugandeses. Sin una productividad elevada, los salarios elevados son imposibles.

Esta es la primera gran lección de este capítulo: los salarios están ligados a la productividad de los trabajadores. El salario es lo que la empresa da al trabajador. La productividad es lo que el trabajador da a la empresa. Lo que la empresa da al trabajador debe ser más o menos igual a lo que el trabajador da a la empresa. Salarios y productividad van siempre ligados. Si queremos que los salarios aumenten, se debe conseguir que la productividad aumente.

Capital físico, capital humano, progreso tecnológico

Entonces, la pregunta clave es: ¿cómo podemos aumentar la productividad del trabajo? La respuesta es que hay diferentes maneras. Volvamos a la pizzería. Para aumentar el número de pizzas por hora, podríamos poner más «máquinas» que ayudaran al trabajador: más máquinas de amasar y más hornos. La maquinaria es aquello a lo que los economistas llamamos «capital físico». Si salimos de la pizzería nos daremos cuenta de que los trabajadores de los países ricos, como Suiza, trabajan con más maquinaria que los de Uganda. Solo hay que visitar una granja en uno y en otro país: en una granja suiza veremos tractores, máquinas para la labranza, invernaderos, ordeñadoras, neveras, etc. En Uganda, con suerte veremos picos y palas. Por consiguiente, la inversión en maquinaria sería la primera manera de aumentar la productividad del trabajo y, por tanto, de aumentar los salarios.

La segunda manera de aumentar la productividad del trabajador de la pizzería sería que él tuviera más experiencia y conocimientos: a fuerza de cocinar docenas de pizzas, él mismo adquiere experiencia y las hace cada día mejor. También puede ir a una academia de cocina, donde aprenderá todo tipo de técnicas y trucos para hacer su trabajo cada día mejor. La educación y la experiencia constituyen el factor al que los economistas llaman «capital humano». Invertir en capital humano es un modo de ser más productivos. Otra gran diferencia entre los trabajadores de Suiza y los de Uganda es la cantidad de estudios que tienen los unos y los otros. En Suiza casi todos los niños acaban la enseñaza secundaria. En Uganda a duras penas acaban la primaria. Además, los colegios suizos, por su calidad, mejoran por cada hora de clase el capital humano de los suizos mucho más que los colegios ugandeses, que cuentan con malos profesores y recursos escasos.

La tercera manera de mejorar la productividad sería introducir mejores tecnologías: en la pizzería, se podría sustituir el horno de leña tradicional por un horno que tardara menos en calentarse y redujera el tiempo de cocción de las pizzas. O se podría sustituir la máquina de amasar por un modelo mejor que tardara menos tiempo en elaborar la masa de la pizza. A esto los economistas le llaman «progreso tecnológico». De hecho, el aumento de la productividad del trabajo a lo largo de la historia se ha caracterizado por un progreso tecnológico constante: las nuevas y mejores maneras de elaborar alimentos, de fabricar ropa, de transportar productos y seres humanos o de comunicarnos ha permitido que los trabajadores de todo el mundo sean cada día más productivos y, por tanto, reciban salarios cada día más altos.

Aumentar el capital físico, mejorar el capital humano e introducir progreso tecnológico: estos son los tres elementos principales para incrementar la productividad y, por tanto, para mejorar el salario de los trabajadores.

Henry Ford y los salarios de eficiencia

En 1913, el empresario del automóvil Henry Ford contaba con una de las cadenas de montaje más modernas del mundo. La cadena de montaje era una manera de dividir el trabajo entre diferentes personas para aumentar la producción de automóviles en cada fábrica. La invención de la cadena de montaje revolucionó no solo la industria del automóvil en Estados Unidos, sino la productividad en todos los sectores de la industria y en todo el mundo. Pero la cadena de montaje tenía un pequeño problema: para los trabajadores, estar en una cadena de montaje era una tarea aburrida que les ocasionaba un gran estrés. Ford detectó que muchos empleados pedían la baja con bastante frecuencia, que una gran mayoría abandonaban el trabajo a los pocos meses de haber sido contratados, y que muchos de ellos se escapaban para fumar o descansar fuera de los momentos autorizados. Dado que formaban parte de una gran cadena de producción en la que un trabajador no podía hacer nada hasta que el trabajador anterior hubiera acabado su tarea, cuando algunos empleados dejaban de llevar a cabo su tarea o abandonaban la empresa, toda la cadena tenía que detenerse. Y eso comportaba enormes pérdidas.

Así que Henry Ford tuvo una idea que revolucionó el mundo: decidió… ¡doblar los salarios! Sí, sí: los trabajadores de Ford pasaron de cobrar 2,5 dólares diarios a cobrar 5.

Desde el punto de vista del empresario capitalista, aumentar los salarios puede parecer una locura, ya que, cuanto más cobran los trabajadores, menos margen y menos beneficio queda para el empresario. Pero Henry Ford pensó que, a él, esta fórmula no le acababa de funcionar. Su intuición le decía que si pagaba el doble que las empresas de la competencia (entre las que destacaba General Motors), los trabajadores no querrían irse de Ford unos meses después de haber sido contratados. Tampoco pedirían la baja innecesariamente y no irían a fumar al lavabo por miedo a ser pillados. Al fin y al cabo, si eran despedidos tendrían que ir a trabajar a la competencia… ¡por la mitad del salario!

Es decir, Henry Ford pensó que, aparte del capital físico, el capital humano y la tecnología, un factor que afecta a la productividad del trabajador era el propio salario: las empresas que tratan bien a los trabajadores tienden a tener empleados más eficientes, más comprometidos con el trabajo y más productivos. Pagar salarios más altos para lograr que los trabajadores sean más eficientes se llama «pagar salarios de eficiencia».

Los goles de Messi: bienes no rivales

Ya tenemos las bases para poder reflexionar sobre si Messi cobra demasiado o demasiado poco: lo que debemos hacer es comparar su salario con lo que produce. Pero ¿qué produce, Messi? Y más en general: ¿qué tipo de producto generan los futbolistas y los deportistas? Supongo que cada jugador asume funciones diferentes dentro del equipo, ya que, en el mundo del fútbol, como en el resto de la economía, hay especialización: el portero detiene el balón, los defensas evitan que los delanteros contrarios marquen goles, los laterales corren por las bandas, los centrocampistas distribuyen el juego y los delanteros marcan goles. En el fútbol total que practica el Barça de Messi, todos hacen un poco todo. Como decía Johan Cruyff: «El portero es el primer delantero y el delantero centro es el primer defensa».

¿Qué hace Messi en el equipo? Pues, un poco todo, aunque su gran especialidad es marcar muchos tantos (lleva más de 500) y elaborar jugadas que son obras de arte construidas con los pies. Ahora bien, haga lo que haga, una cosa está clara: su «producto», que los economistas califican de bien *«no rival»*. Un bien no rival significa que el hecho de que yo lo consuma no impide que otras personas lo consuman al mismo tiempo. Un café, por ejemplo, es rival, ya que, si yo me tomo un café, vosotros no podéis tomaros aquel mismo café. Esto significa que si hay 200 millones de personas que quieren tomar café, hay que preparar 200 millones de cafés. No falla.

En cambio, los goles de Messi son muy distintos: el hecho de que yo los disfrute no impide que vosotros también los disfrutéis. De hecho, todos los seguidores del Barça (y se calcula que hay alrededor de 200 millones en todo el mundo) disfrutan al mismo tiempo de un gol de Messi, sin que la felicidad que experimentan unos haga disminuir la alegría de los demás. Esto significa que, a diferencia de los cafés, para que 200 millones de personas puedan disfrutar de un gol, Messi no necesita marcar 200 millones de goles, ¡solo tiene que marcar uno!

Ahora supongamos que todos los seguidores de Messi pagaran dinero para disfrutar de uno de sus goles. Esto es lo que hacemos, por ejemplo, con los cafés: cuando pagamos voluntariamente un dólar por un café servido en un bar o en un restaurante, implícitamente estamos valorando ese café en un dólar. Si el café nos produjera un placer inferior a un dólar, no pagaríamos un dólar por él. Y si nos produjera un placer muy superior a un dólar, los propietarios de los bares se darían cuenta y subirían su precio. Por tanto, el precio de las cosas acaba siendo más o menos similar al placer que nos generan cuando las consumimos.

¿Cuánto placer nos produce un gol de Messi? Pues, con toda seguridad a cada uno de nosotros nos genera un goce diferente. A los que son muy fans del Barça les genera más placer que a los que lo son menos. También depende del gol y del partido. Cuando hicimos el programa de televisión *Economia en colors*, realizamos una encuesta entre los seguidores del Barça durante la jornada del Madrid-Barça de la temporada 2016-2017. ¿Os acordáis? En aquella jornada Messi marcó el gol que significaba el 2-3 en el último minuto y, justo después de marcarlo, fue corriendo hacia el banderín de córner, se quitó la camiseta y la mostró al público del Santiago Bernabéu… Pues bien, minutos antes de que marcara el gol, nosotros estábamos preguntando entre los seguidores del Barça cuánto estarían dispuestos a pagar por un gol de Messi en aquel momento. La gente nos respondía auténticas barbaridades: los más moderados nos decían que estarían dispuestos a pagar cien, doscientos, trescientos dólares. Esas cantidades iban subiendo a medida que el partido se iba acabando y el gol el Barça no llegaba. Casi al final, alguien nos dijo que pagaría ¡su salario de todo un mes!

Pero no nos dejemos llevar por la exageración y pongamos por caso que un gol nos proporciona, de media, a todos los seguidores del Barça, un placer equivalente a un café. Es decir, más o menos un dólar por cada hincha. Puesto que el gol es no rival, el mismo gol genera placer a cada uno de los 200 millones de seguidores del Barça y, por tanto, un solo gol genera un placer agregado de 200 millones de dólares. Si él cobrara por todo el placer que generan esos goles —tal como hacen los vendedores de cafés— Messi debería cobrar 200 millones por gol. Y, dado que Messi marca de media unos 50 goles por año, su salario tendría que ser de 10.000 millones de dólares anuales. Desconozco cuánto cobra Messi ahora, ya que su salario es confidencial, pero según dice la prensa cobra 50 millones anuales aproximadamente. Si pudiera conseguir que los hinchas le pagaran una cantidad equivalente al placer que les genera, Messi debería cobrar unos 10.000 millones, es decir, 200 veces más de lo que cobra ahora. Bajo esta perspectiva, pues, la respuesta a la pregunta de si cobra demasiado es un rotundo NO: Messi no solo no cobra demasiado, sino que cobra demasiado poco. ¡Al menos si comparamos lo que cobra con el placer que genera a sus innumerables seguidores!

Bienes no excluyentes

Fijaos en que para llegar a esta conclusión he dicho: «Si Messi cobrara por todo el placer que genera, tal como hacen los vendedores de cafés, debería cobrar unos 200 millones por gol o 10.000 millones de dólares anuales». El problema es que Messi no cobra todos los dólares que generan sus goles. Porque, aparte de ser no rivales, los goles de fútbol son productos *no excluyentes*. Un bien es excluyente si el propietario puede impedir su uso al cliente. Los cafés, por ejemplo, son excluyentes ya que, si tú no pagas el precio exigido por el propietario del bar, el camarero no te lo sirve y tú no puedes beber el café. Es decir, el propietario puede evitar que te tomes un café si no lo pagas.

Desgraciadamente para Messi, no hay modo alguno de evitar que millones de hinchas disfruten de sus goles, aunque no paguen nada. ¿Recordáis que el día del Madrid-Barça fuimos con las cámaras del programa *Economia en colors* a preguntar a los seguidores del Barça cuánto estarían dispuestos a pagar por un gol de Messi? Y ¿recordáis que, cuando el Barça estaba empatando, muchos de ellos estaban dispuestos a pagar cien, doscientos, trescientos o incluso el salario de todo un mes por el gol? ¿Qué pasaría si Messi, después de marcar el gol, pasara el platillo para que pagaran lo que habían dicho? Seguramente todos ellos se harían el despistado y no pagarían. ¿Por qué? Pues porque, a diferencia de los propietarios de los bares que pueden no servir cafés si el cliente no paga, Messi no puede marcar un gol solo para la gente que paga. O bien marca el gol, para disfrute de todos, o bien no lo hace, y no disfruta nadie. Y si marca el gol, todo el mundo sabe que puede disfrutarlo, aunque no pague.

Desde este punto de vista, fijaos en que Messi hace un producto por el que difícilmente puede cobrar directamente a los seguidores. Y puesto que hace un producto por el que es difícil cobrar, su salario debería ser cero. Como, en realidad, su sueldo es de 50 millones, llegamos a la conclusión de que cobra demasiado.

Es decir, el hecho de que Messi haga un producto *no rival* implica que tendría que cobrar unos 10.000 millones anuales y, por tanto, cobra demasiado poco. ¡Pero el hecho de que su producto también sea *no excluyente* implica que no tendría que cobrar nada porque no lo puede vender directamente y, por tanto, cobra demasiado! ¿En qué quedamos? ¿Demasiado o demasiado poco?

Bienes públicos

Dejadme que haga una pequeña anotación para decir que los bienes que son a la vez no rivales y no excluyentes reciben el nombre de «bienes públicos» y que el mundo está repleto de bienes públicos.[1] Aparte de los goles de Messi, un ejemplo de bien público es el aire que respiramos: el hecho de que yo respire aire no impide que tú también lo hagas y, por tanto, el aire es no rival. Ade-

---

1. No nos confundamos: en economía, los bienes públicos no son los bienes suministrados por el Estado. Son los bienes que son a la vez «no rivales» y «no excluyentes».

más, no hay modo posible de evitar que la gente respire el aire que le rodea, por lo que también es no excluyente. Otro ejemplo serían las fórmulas matemáticas, como el teorema de Pitágoras: el hecho de que yo use el teorema no impide que tú lo uses al mismo tiempo (por tanto, es no rival) y no hay ninguna manera de prohibir que la gente aplique el teorema (por tanto, es no excluyente). Otro ejemplo son los fuegos de artificio: que yo los mire no impide que tú los mires (no rival) y no se puede evitar que alguien los mire, aunque no haya pagado para verlos (no excluyente). O la radio: que yo la escuche no impide que tú la escuches al mismo tiempo (no rival) y no se puede evitar que las ondas lleguen a tu receptor de radio (no excluyentes).

Los bienes públicos son importantes e interesantes porque no se pueden producir y vender a cambio de un precio, tal como ocurre con los bienes normales como los cafés, que son rivales y excluyentes, sino que se deben suministrar y financiar de otra manera.[2] Algunos de ellos, como los fuegos de artificio o las fórmulas matemáticas básicas, están financiados a través del sector público. Otros, como la radio, se financian a través de la publicidad. Entonces ¿cómo se pagan los goles de Messi?

Los clubes de fútbol

Los futbolistas no venden su producto (sus goles) directamente a los seguidores a cambio de un precio, sino que lo venden a través de unos intermediarios a los que llamamos clubes de fútbol. Los clubes tampoco pueden cobrar directamente por cada gol. Es decir, los goles son no excluyentes y esto significa que ni Messi ni el Barça pueden cobrar directamente a la gente que los disfruta. Ahora bien, los clubes cobran indirectamente vendiendo activos relacionados con los jugadores. Por ejemplo, los clubes venden los

2. Volveremos a hablar de bienes públicos en el capítulo 9, titulado «La propiedad».

derechos de televisión que permiten ver los partidos en los que participan sus jugadores; organizan el *merchandising* que les permite explotar la imagen de sus jugadores mediante la venta de camisetas, balones, botas o llaveros del equipo; venden las entradas y los carnets de socio a quienes desean ver los partidos en directo; cobran a las empresas por poner sus nombres en las camisetas que van a llevar los jugadores los días de partido, y se inventan múltiples formas de extraer dinero de los seguidores que disfrutan con los goles de sus ídolos. Una vez ingresado todo el dinero, los clubes lo destinan al pago de los sueldos de los jugadores.

A consecuencia de la globalización, hoy en día es posible ver partidos en directo desde cualquier lugar del planeta. Esto ha multiplicado el número de personas que quieren camisetas de Messi en todo el mundo y ha dado pie a que muchas empresas estén dispuestas a relacionar sus nombres con las marcas de fútbol. Por esta razón los ingresos de la mayor parte de equipos de fútbol, entre los que se incluye el Barça, han aumentado exponencialmente en los últimos diez años. Pero, curiosamente, esto no parece haber aportado una mejora de la situación financiera de los clubes. ¿Por qué? Pues porque los clubes acaban canalizando casi todos los nuevos ingresos hacia el bolsillo de los jugadores. Dicho de otro modo: el aumento exponencial de los ingresos de los clubes de fútbol ha ido acompañado de un aumento igualmente exponencial de los salarios de los jugadores.

Productos relativos

¿Por qué los clubes gastan casi todo lo que ingresan en sueldos de jugadores? Pues porque los equipos de fútbol y los deportistas en general hacen un producto relativo. Con esto quiero decir que lo que importa a un equipo de fútbol no es el número total de puntos que acumula al final de la liga, sino tener más puntos que el adversario. El objetivo de un equipo no es jugar bien, sino jugar mejor que el rival. No es marcar una determinada cantidad de goles, sino marcar más que el contrario. No es obtener una cierta cantidad de puntos al final de la temporada, sino tener más puntos que los adversarios.

Lo mismo sucede en el mundo de las carreras: el objetivo de un corredor, un nadador o un ciclista no es obtener una determinada marca, sino ganar la carrera. Si Usain Bolt corre los 100 metros en 9,57 segundos —el récord mundial está ahora mismo en 9,58 segundos—, pero el atleta de su derecha corre en 9,56 segundos, habrá perdido la carrera y seguramente se llevará una gran decepción. Lo que importa a los atletas no es «hacer un tiempo X», sino «hacer menos tiempo que los demás». En las carreras, como en el fútbol, ¡todo es relativo!

De nuevo, lo que ocurre en el caso del bar o el restaurante que vende cafés es muy diferente: para que le cuadren los números, el dueño del bar debe vender una cantidad determinada de cafés, sin importarle si vende más cafés o menos cafés que el bar de la esquina. En el mundo del café, la producción se mide en términos absolutos. En el deporte, en cambio, se mide en términos relativos.

El hecho de que la producción deportiva sea relativa y no absoluta comporta que todos los implicados tengan muchos incentivos para esforzarse «un poco más» que el resto. Tus jugadores no solo tienen que ser buenos: tienen que ser «un poco mejores» que los del equipo contrario. Por esta razón los clubes compiten para fichar mejores jugadores que el adversario, lo cual los lleva a tener que pagarles «un poco más que el rival». Esta carrera enfermiza entre los clubes de todo el mundo —una carrera que recuerda bastante a una carrera armamentística nuclear de la guerra fría— explica que los salarios de los jugadores se hayan disparado con los ingresos y que los márgenes de beneficio que se quedan los clubes continúen siendo muy pequeños: cada dólar adicional ingresado por los clubes se destina a «mejorar la plantilla», es decir, a pagar a los jugadores.

Economía de las superestrellas

Para acabar de complicar el análisis de si Messi cobra demasiado o demasiado poco, debemos decir que el producto de los futbolistas se incluye en la categoría de lo que llamamos «economía de las superestrellas». Sabemos que Messi cobra mil veces más que un jugador de un club de segunda división. Si salario es igual a productividad, ¿significa que Messi es mil veces mejor jugador? ¡No! En el mundo del fútbol, la productividad no es exactamente la cantidad de goles que realiza un jugador, sino la cantidad de gente que desea ver sus goles. Puesto que los goles son no rivales, si un jugador como Messi tiene mil veces más seguidores que un jugador del Sabadell, sus goles valdrán mil veces más. Las diferencias de calidad entre Messi y el otro jugador puede que sean pequeñas, pero las diferencias en el número de seguidores pueden ser enormes.

Algo similar ocurre en el mundo de la música, el cine, la literatura o las aplicaciones para computadores o teléfonos celulares. Cantantes como Shakira ganan mil veces más que otros cantantes no tan reconocidos. No es que Shakira cante mil veces mejor que ellos. Seguramente solo canta «un poquito mejor». Lo que ocurre es que la música, al igual que los goles de Messi, es un bien no rival: el hecho de que yo escuche un disco de Shakira no impide que un millón de personas lo escuchen al mismo tiempo. Como la gente solo escucha una cantidad determinada de canciones a lo largo del día, las cantantes «un poco» mejores se llevan todo el mercado y acaban cobrando miles de millones de dólares, mientras que las que son «un poco» peores se quedan sin nada. Fijaos en que ocurre lo mismo con las actrices y el cine (Angelina Jolie no es mil veces mejor actriz que otras actrices no tan cotizadas, pero cobra mil veces más que ellas por cada película) o con los libros (J. K. Rowling no es mil veces mejor escritora que otras autoras menos conocidas, pero la autora de Harry Potter vende mil veces más libros que ellas).

El economista Sherwin Rosen llamó a este fenómeno «economía de las superestrellas»: los mercados de superestrellas son aquellos en los que unos cuantos trabajadores que producen bienes no rivales (como la música, el cine, la literatura o los goles) se quedan con una parte desproporcionada del mercado y, por tanto, acaban cobrando mucho más que los otros trabajadores que solo son «un poco» menos productivos.

Todo esto explica por qué Messi cobra decenas de millones de dólares. Estas cantidades duelen a la mayoría de la gente, que cobra menos de la milésima parte. Si preguntamos, toda esta gente que se marea al conocer los sueldos estratosféricos que cobran los jugadores de fútbol responderán convencidos que Messi ingresa demasiado. Desgraciadamente, los economistas no podemos estar tan seguros de que esto sea cierto y, por lo tanto, no podemos dar una respuesta clara a la pregunta: ¿cobra demasiado Messi?

9

La propiedad

El contrato de Xiaogang

Es curioso que, en nuestro mundo, algunos animales como los atunes estén en peligro de extinción, mientras que otros como los pollos, no. ¿Por qué será?

Para responder a esta pregunta emprenderemos un viaje a lo largo de la historia, concretamente, iremos a la China de 1958. Aquel año, el presidente del Comité Central del Partido Comunista, Mao Tse-Tung, proclamó una nueva política económica que tenía que llevar el progreso y la modernidad al país. La llamó «Gran Salto Adelante». La nueva ley abolía la propiedad privada, de manera que todas las granjas del territorio pasaban a ser del Estado y los campesinos pasaban a formar parte de comunas constituidas por hasta 5.000 familias. Cada comuna tenía la obligación de entregar una determinada cantidad de producto al Estado. Todo lo que generaba por encima de la cuota asignada se repartía en partes iguales entre las 5.000 familias de la comuna. El Estado, a su vez, pensaba utilizar la producción agrícola obtenida para alimentar a los trabajadores de la nueva industria que iba a modernizar el país.

Además de generar productos agrícolas, los campesinos de las comunas fueron obligados a construir pequeños hornos para producir acero. La idea era que todo ese acero también fuera utilizado por los trabajadores industriales de las grandes ciudades del país para fabricar armamento, utensilios, máquinas y vehículos.

Mao y los líderes del Partido Comunista no se dieron cuenta de que esta política tenía un grave problema: los incentivos. Los campesinos carecían de cualquier tipo de incentivo para trabajar, esforzarse e invertir en la mejora de la producción y en innovación para encontrar maneras mejores de obtener alimentos o acero. «A fin de cuentas —pensaba el campesino—, en el caso de que con mi esfuerzo lograra aumentar la producción de arroz, todo lo que produjera de más iría al Estado o a las otras familias de la comuna, pero no sería para mí ni para mi familia. Entonces ¿para qué tengo que mejorar mi productividad?» La consecuencia casi inmediata es que millones de campesinos dejaron de esforzarse y de trabajar, y la producción empezó a disminuir. Las comunas no llegaban a producir el mínimo exigido por el Estado. Al ver que no podían obtener alimentos trabajando la tierra, muchos de ellos abandonaron el campo y se dedicaron a cazar conejos en el bosque, a recolectar raíces o setas, o recorrieron las carreteras pidiendo limosna. Esto redujo más aún la producción agrícola.[1]

Por lo que respecta a la producción de acero, Mao no cayó en la cuenta de que los campesinos no sabían cómo producirlo. Por otro lado, tampoco tenían el hierro y el carbón necesarios, y sus hornos, construidos artesanalmente, eran demasiado pequeños para producir acero a escala industrial. Pero como el plan del Partido Comunista les obligaba a entregar una determinada cantidad de acero cada mes, no tardaron en fundir los cubiertos y los pomos de las puertas de sus casas.

A causa de esta situación, la producción del país entero (tanto la agrícola como la industrial) cayó en picado: no solo no se producían alimentos suficientes para alimentar a los trabajadores de la industria, sino que tampoco se producía bastante para alimentar a los propios campesinos, que empezaron a morir de hambre. Se calcula que, durante los veinte años que vinieron a continua-

---

1. La China de Mao Tse-Tung sería un ejemplo de lo que en el capítulo 5 hemos llamado economía con «instituciones extractivas».

ción, entre 20 y 50 millones de personas murieron por falta de comida: ¡el resultado del Gran Salto Adelante acabó siendo uno de los pasos atrás más grandes vividos por la humanidad a lo largo de toda su historia!

Uno de los pueblos que sufrió esta devastación fue Xiaogang, en la provincia de Anhui, al este del país. En 1958, allí vivían ciento veinte familias, pero más de la mitad de la población murió de hambre durante los dos primeros años del Gran Salto Adelante. Veinte años más tarde, en diciembre de 1978, las dieciocho familias que quedaban decidieron que hasta allí habían llegado y que no querían seguir pasando hambre. Dirigidos por el líder de la comuna, Yan Junchang, llegaron a un acuerdo que plasmaron en un contrato.[2] Este pequeño documento se ha hecho famoso y se ha convertido en uno de los contratos más importantes jamás firmados, porque cambió la historia de la humanidad.

Las dieciocho familias decidieron dividir la tierra comunal en dieciocho parcelas, una para cada familia. A partir de aquel momento, cada una de ellas se encargaría de trabajar su parcela y aportaría una decimoctava parte de la cuota impuesta por el gobierno. Sin embargo, toda la producción que estuviera por encima de la cuota gubernamental sería propiedad de la familia, y no de la comunidad. Los dieciocho firmantes del acuerdo secreto sabían que se jugaban la vida, ya que su pacto suponía la reinstauración de la propiedad de la tierra, que había sido prohibida por el Partido Comunista. Y sabiendo que si les pillaban serían ejecutados, se comprometieron (y así lo firmaron en el contrato) a que, si uno de ellos era encarcelado o asesinado por la policía, el resto de las familias alimentaría y cuidaría de sus hijos hasta que tuvieran dieciocho años. El acuerdo secreto era muy peligroso y ellos lo sabían… Pero era tanta la desesperación de ver a sus hijos morir de hambre, que no encontraron ninguna otra salida.

Fijaos en que, con este acuerdo, los incentivos de los campesi-

2. Podéis leer la historia de las dieciocho familias de Xiaogang en este enlace: <http://www.china.org.cn/china/features/content_11778487.htm>.

nos cambiaron radicalmente: a partir de aquel momento, si invertían esfuerzo, recursos e ideas en mejorar la productividad de su parcela, toda la producción que superara la cuota iría a parar directamente a su familia, y no a la comuna o al Estado. Ahora sí tenían incentivos para deslomarse trabajando, para mejorar las técnicas de cultivo o para invertir en maquinaria, utensilios, fertilizantes y pesticidas, todo ello encaminado al incremento de la producción. Y, como por obra de un milagro divino, la producción de Xiaogang se disparó. En un par de años, la producción de arroz pasó de 15 a 90 toneladas, es decir, se multiplicó por seis. Los campesinos plantaron nuevos productos (soja o frutos como la uva) y empezaron a criar gallinas, vacas y cerdos. En 1978, cuando firmaron el contrato, Yang, el líder del grupo de Xiaogang, vivía en una cabaña con puertas de paja. En 1993 se compró una casa de piedra y disponía de dinero suficiente para comprar tractores e incluso un televisor.

Un año después de haber sido firmado el acuerdo secreto, el secretario del partido de la prefectura de la zona se dio cuenta de la infracción cometida por las dieciocho familias de Xiaogang. Pero, a la vista del éxito que había tenido la iniciativa, juntamente con la miseria generalizada en la que vivía el resto de China, no les castigaron, sino que les permitieron continuar el experimento. Es más, corrió la voz de lo que había hecho el grupo de los dieciocho de Xiaogang, y los pueblos de los alrededores empezaron a imitarlos. Finalmente, la noticia llegó a la capital, Pekín, y, en vista del éxito, el nuevo líder del partido, Deng Xiaoping, autorizó a todos los campesinos de China a hacer lo mismo. Así empezó el gran milagro económico: durante los cuarenta años que vinieron a continuación, China creció a un ritmo del 10 % anual, y, de ser el país más pobre del mundo (con 50 millones de personas muriéndose de hambre), pasó a ser la segunda potencia mundial que es hoy en día. Durante estas cuatro décadas, 800 millones de chinos dejaron de ser pobres. Nunca, en toda la historia de la humanidad, tanta gente había dejado de ser pobre tan rápidamente. Y todo empezó desde abajo, gracias a que dieciocho familias no quisieron resignarse a morir de hambre y decidieron que el fruto de la tierra que trabajaban pasaría a ser de su propiedad.

La economía de mercado: cooperación a gran escala

Los seres humanos, considerados individualmente y en comparación con otras especies animales, no son especialmente fuertes, ni rápidos ni ágiles. Físicamente somos animales más bien débiles y vulnerables. ¿Qué pasaría si abandonáramos a una persona sola en una isla desierta? Las posibilidades de que sobreviviera serían más bien escasas. En cualquier caso, menores que las de un gorila, un león o un ratón. Siendo así, ¿por qué razón un animal que no está especialmente bien dotado físicamente ha sido capaz de dominar el planeta en tan poco tiempo?[3]

Seguramente muchos de vosotros pensaréis que la explicación radica en que los humanos estamos dotados de una inteligencia muy superior a la del resto de los animales, que nos ha permitido dominar el mundo. Pero la inteligencia no explica las escasas posibilidades de supervivencia que un ser humano tendría en una isla desierta. Tampoco explica el hecho de que antepasados nuestros, como los *Homo erectus* o los neandertales, aun teniendo una inteligencia muy superior a la de los otros animales no fueran capaces de hacer todo lo que hacemos los humanos.

Así pues, si no es la inteligencia, ¿cuál es entonces el rasgo que nos distingue del resto de los animales? Según el historiador israelí Yuval Harari, la respuesta es que los humanos somos los únicos animales capaces de cooperar a gran escala y de manera flexible con otros miembros de nuestra especie.[4] Cuando habla de cooperar se

---

3. El *Homo sapiens* existe desde hace tan solo 200.000 años, un tiempo muy breve, especialmente si lo comparamos, por ejemplo, con los tiburones, que existen desde hace 400 millones de años, o con las medusas, desde hace 700 millones.

4. Véase Yuval Noah Harari, *Homo Deus. Breve historia del mañana*, Editorial Debate, 2016. Aunque Harari ha popularizado recientemente la idea de

refiere a que los hombres son capaces de coordinarse para alcanzar un objetivo común. Pensad en lo que sucedería si, en vez de abandonar a un humano solo en una isla desierta, dejáramos a cien. Seguro que enseguida se coordinarían para realizar diferentes tareas: unos se dedicarían a buscar comida, otros a construir viviendas, otros buscarían agua, otros protegerían al grupo de las fieras que pudieran atacarlos durante la noche. Es decir, cada uno se especializaría en una tarea determinada, pero entre todos acabarían haciendo todo. Esto les permitiría no solo sobrevivir, sino acabar dominando a todas las demás especies animales de la isla desierta. Lo que suponemos que ocurriría en la isla imaginaria es, en realidad, lo que ha sucedido a escala planetaria: los humanos hemos sido capaces de coordinarnos para acabar dominando el mundo.

Si la cooperación es la clave de nuestro éxito, ¿por qué las hormigas no han sido capaces de construir cohetes para ir a la Luna, teniendo en cuenta que ellas también cooperan y que empezaron a cooperar millones de años antes que nosotros? El problema de las hormigas es que los tipos de cooperación que pueden practicar son muy inflexibles. Es decir, en un nido de hormigas unas exploran el terreno en busca de alimentos, otras los van a buscar, otras defienden el nido contra los invasores y otras lo limpian. Finalmente hay una, la reina, que se dedica a poner huevos y a reproducirse para garantizar la continuidad de la colonia. La cooperación entre las hormigas es formidable y les ha permitido sobrevivir durante 99 millones de años. Pero la cooperación de la que son capaces es muy inflexible en el sentido de que las hormigas soldado solo pueden defender el hormiguero y no saben explorar ni transportar el alimento. Las trabajadoras, por su parte, no pueden dar un golpe de Estado para derrocar a la reina y sustituirla por una hormiga trabaja-

---

que la clave del éxito de la humanidad es la cooperación a través del mercado, hace décadas que esa idea ha sido introducida en la ciencia económica por economistas como Friedrich Hayek, por ejemplo.

dora para que se encargue de la reproducción de la especie. Las hormigas pueden cooperar a gran escala, pero no de un modo flexible.

Otras especies, como los leones, los lobos, los delfines o los chimpancés, sí pueden cooperar de un modo flexible, pero su cooperación se basa en el conocimiento personal, a menudo familiar, de los miembros con los que trabajan. Es decir, si yo soy una leona y tú eres una leona y quiero cooperar contigo para cazar mejor, tengo que conocerte personalmente. Por esto los leones solo cooperan en grupos muy reducidos. Cuando una leona foránea intenta unirse a un clan ya constituido, los miembros del grupo la expulsan al momento. Lo mismo ocurre con los delfines, los chimpancés y los lobos.

El ser humano, en cambio, es el único animal capaz de cooperar de manera flexible y a gran escala. Lo hacemos creando jerarquías, redes, supersticiones y normas seguidas por todos. Unas de las redes de cooperación más fuertes que han creado los humanos para dominar el mundo son los ejércitos. Julio César conquistó 300 naciones con tres millones de soldados, mientras que su ejército contaba con tan solo 50.000 legionarios. Pero estaba mejor organizado, es decir, sus soldados eran capaces de coordinarse y de cooperar mejor que los enemigos. Los humanos también hemos cooperado a gran escala para construir las pirámides o la gran muralla china, o para ir a la Luna.

Sin embargo, la red de cooperación más impresionante creada por los humanos es el sistema de mercado. Se trata de un sistema económico en el que cada uno de nosotros realiza tareas muy pequeñas y muy concretas que forman parte de una gran cadena de producción mundial. Una vez realizadas todas las tareas, intercambiamos lo que producimos en unos lugares llamados «mercados»: yo produzco carne para ti y para mí, tú fabricas ropa para ti y para mí, y después vamos al mercado y lo intercambiamos. Y no lo hacemos solamente con la carne y la ropa, sino con los millones de productos y servicios que utilizamos: zapatos, vehículos, computadores, teléfonos, medicamentos, masajes, entretenimiento, seguridad, religión, educación, maquinaria, turismo y un largo etcétera.

¿Habéis pensado alguna vez detenidamente en el milagro que supone que podáis tomar un café con leche cada día por la mañana? ¿Habéis pensado en la enorme complicación que representaría prepararlo vosotros mismos? No me refiero a introducir la cápsula de café en la máquina Nespresso. No, me refiero a preparar el café con leche desde cero: plantar las semillas de café, hacer crecer y cultivar las plantas, tostar los granos, triturarlos hasta convertirlos en el polvo que pondremos en la cafetera. También quiero decir criar y alimentar a la ternera hasta convertirla en vaca, y ordeñarla para obtener la leche. Además, tendríais que cultivar la caña, extraer el jugo dulce que contiene la sacarosa, evaporar el agua y granular el resultado hasta convertirlo en azúcar. Por no hablar de fabricar una taza o una olla para hervir el agua. ¡Ah! Y también tendríamos que saber hacer fuego. Si tuviéramos que hacerlo todo nosotros, tardaríamos, literalmente, meses en preparar un solo café con leche. Y, sin embargo, cada día nos levantamos, bajamos al bar de la esquina y una camarera muy amable nos sirve el café con leche en menos de un minuto. ¿No es espectacular?

En realidad, este milagro lo hemos conseguido gracias a un sistema económico creado a lo largo de los siglos, que permite que miles de millones de personas de todo el planeta cooperemos y nos coordinemos para, entre todos, hacerlo todo: unos se dedican a plantar y cuidar la planta del café, otros tuestan los granos, otros lo distribuyen en las tiendas, otros lo venden; otros cuidan de las vacas, otros las ordeñan, otros envasan la leche, la transportan y la distribuyen en los comercios de alimentación; otros hacen azúcar, y una señora compra todos los ingredientes, los combina y me los sirve para que yo pueda desayunar. Se trata de una larguísima cadena de personas que, a diferencia de las leonas de la manada, colaboran con personas a las que no conocen de nada para que yo pueda tomar un café. ¿Por qué lo hacen si entre ellos no se conocen y tampoco me conocen a mí? Pues porque, a cambio, yo formo parte de alguna otra larga cadena que, a su vez, produce y distribuye cosas que ellos quieren comprar: el almuerzo, la cena, la ropa, los teléfonos celulares, los televisores, los coches, la educación, la sanidad, el entretenimiento, la seguridad, las clases de economía, y así todos los bienes y servicios disponibles en nuestra sociedad. De esta manera, todos trabajamos los unos para los otros y, entre todos, acabamos haciendo todo.

¿Quién coordina esta cadena? ¿El gobierno? ¿Un sabio planificador que ha preguntado a cada uno de nosotros qué deseamos para desayunar y ha dado órdenes a todos los trabajadores de la cadena para que tengan los ingredientes preparados cuando lleguemos al bar? Pues no. La verdad es que no hay ninguna persona específica que coordine el proceso de manera explícita. Quien nos coordina a todos son los mercados y el sistema de precios. La propietaria del bar simplemente mira el precio de los productos que debe comprar (el café, la leche, el azúcar, la cafetera, las tazas y las cucharas, la electricidad, las mesas y las sillas, y los impuestos y tasas que tendrá que pagar por la licencia). También mira el precio al que cree que podrá vender el café con leche y calcula los potenciales beneficios. Si le salen las cuentas, abre el negocio, y si no, no. Lo mismo hacen los granjeros de Colombia que cultivan el café, los criadores de vacas que producen la leche, los empresarios chinos que fabrican las tazas, los distribuidores y vendedores de mesas, sillas, cafeteras y el resto de los productos necesarios para que el bar funcione. Todos y cada uno de ellos solo quieren ganarse la vida, y han pensado que pueden hacerlo dedicándose al negocio que les corresponde. Y, a pesar de que todos y cada uno de ellos no realizan la actividad que realizan para que nosotros estemos contentos, sino para ganarse la vida, de alguna manera tienen que procurar hacer lo que queremos nosotros, los clientes. Porque solo si entre todos acaban haciendo lo que queremos los clientes (un café con leche), ellos acabarán cobrando. Es decir, si la cadena de producción no produce café con leche, sino soja con vainilla cuando, en realidad, queremos café con leche, los clientes castigaremos a toda la cadena no comprándole la soja con vainilla.

Por tanto, quien produzca soja con vainilla se arruinará, dejará de ganarse la vida y desaparecerá. Solo sobrevivirá quien haga lo que la gente quiere. Este es el gran milagro: los mercados son un mecanismo que coordina a todos los ciudadanos del mundo para que, entre todos, acabemos produciendo no cualquier cosa, sino los productos que todos queremos. Los mercados nos permiten cooperar y coordinarnos, sin saberlo, con gente que no conocemos.

Es importante destacar que ninguno de los participantes en el proceso trabaja conscientemente para satisfacer las necesidades de sus vecinos. Simplemente intentan, todos ellos y egoístamente, ganarse la vida. Ahora bien, saben que para sacarse un dinerillo tienen que vender su producción y esto solo es posible si hacen algo que interese a los vecinos. Es decir, el mercado transforma su comportamiento egoísta (querer ganar dinero) en un beneficio social (satisfacer, entre todos, las necesidades de los clientes). De alguna manera, y recurriendo a una expresión empleada por Adam Smith en *La riqueza de las naciones*, es como si existiera una «mano invisible» que transformara el egoísmo personal en un bien social: todo el mundo se busca la vida y acabamos haciendo, entre todos, todo lo que se necesita.

Esta «mano invisible» que canaliza el egoísmo individual para conseguir el bien social ha sido criticada por los detractores del capitalismo, aduciendo que la economía de mercado «promueve el egoísmo» entre las personas. Pero estos críticos se equivocan. El mercado no promueve el egoísmo. El mercado utiliza y canaliza el egoísmo innato del ser humano y consigue coordinarnos y que entre todos hagamos todo. Seguramente, el egoísmo es una característica evolutiva que nos ha permitido sobrevivir como especie: entre nuestros ancestros, los que pasaron sus genes a las generaciones siguientes fueron los egoístas que procuraron para ellos, sus familias y sus hijos.

Cuando los mercados no existían y diferentes grupos de *Homo sapiens* viajaban por el planeta Tierra cazando y recolectando frutos, cada clan se espabilaba compitiendo con otros clanes. Y cuando un grupo veía la posibilidad, robaba el antílope que otro grupo había cazado y se quedaba tan tranquilo. Del mismo modo, si un clan molestaba demasiado, el clan vecino lo atacaba y lo exterminaba, igual que hacen los leones hoy en día. La historia de la humanidad está llena de clanes, pueblos, ciudades y civilizaciones que han masacrado a otros clanes, pueblos, ciudades y civilizaciones para robarles los recursos como el agua, la tierra y el oro. O los hijos, para esclavizarlos y obligarlos a trabajar. Esto ocurrió en la antigua Babilonia, en Egipto, en la India de los Vedas, en la China de las dinastías, en la Roma imperial, en el África de los zulúes o los leles, en la América maya, azteca, inca o sioux, en la Europa de los vikingos, en la España de los Austrias y de los Borbones, en la Francia revolucionaria, en la napoleónica y en la republicana, en las colonias norteamericanas, en el Congo Belga, en la Rodesia inglesa y en la Sudáfrica holandesa, en las plantaciones del Caribe y en las de Virginia, en la Unión Soviética de Stalin y en la China de Mao que describíamos en el inicio de este capítulo. El ser humano se ha comportado de manera egoísta, y a menudo cruel y sanguinaria, a lo largo de la historia y en todos los sistemas económicos. Esto incluye a los sistemas socialistas y comunistas contemporáneos (¿o no eran egoístas los miembros de la Nomenklatura soviética que esclavizaban a sus compatriotas?), y a todos los que han existido durante los milenios que han precedido el sistema capitalista que nos describe Adam Smith en *La riqueza de las naciones*.

En definitiva, la lección no es que el capitalismo promueva el egoísmo, sino que el capitalismo aprovecha que el ser humano es egoísta para conseguir el beneficio social, es decir, el mercado consigue que miles de millones de personas egoístas cooperen para, entre todas, producir bienes y servicios que hacen falta a la sociedad. Ningún otro sistema ha conseguido algo remotamente parecido.

Lo más curioso es que un sistema tan milagroso como el del mercado haya surgido de manera espontánea. A diferencia del sistema comunista, que fue ideado por Karl Marx, Vladimir Lenin, Joseph Stalin y otros ideólogos, el sistema de mercado se ha ido formando a lo largo de los siglos y ha evolucionado poco a poco. Es algo parecido a los idiomas: nadie se ha inventado el castellano, el catalán, el francés, el inglés, el mandarín ni ningún otro idioma. Los idiomas nacen y evolucionan a través del uso que hacen de ellos miles o millones de personas. Es cierto que hoy en día existen institutos o academias donde varios sabios aprueban o desaprueban cambios léxicos o gramaticales. Pero fijaos en que a menudo lo que hacen estos sabios es aprobar o desaprobar los cambios que incorpora la gente de manera natural. Por ejemplo, recientemente una gran parte de los cambios provienen de la incorporación de anglicismos, como *software* o *bitcoin*, no porque los sabios crean que los ingleses dicen las cosas mejor que nosotros, sino porque los hablantes, espontáneamente, utilizan palabras inglesas que los sabios se ven obligados a incorporar.

Pues esto mismo ha ocurrido con la economía de mercado. Los mercados no aparecieron un buen día siguiendo las recomendaciones de Adam Smith. Los mercados evolucionaron a lo largo de los siglos y continúan evolucionando a medida que las tecnologías avanzan. Con la aparición de internet han surgido nuevas maneras de vender y producir que han hecho cambiar los mercados.

Fracasos del mercado (1): las externalidades

Aun siendo la mejor manera conocida para cooperar a gran escala, los mercados no son perfectos. No lo son en el sentido de que, a veces, la mano invisible no acaba de funcionar. Es decir, hay ocasiones en las que, si dejamos que los seres humanos actúen con total libertad, no acabarán haciendo las cosas que benefician a la sociedad, tal como dice la mano invisible de Adam Smith, sino que harán algo perjudicial.

Este es el caso, por ejemplo, de algunos productos sujetos a lo que los economistas llaman «externalidades»: productos que perjudican o benefician a terceras personas. El ejemplo más claro de externalidad son los productos contaminantes. Cuando utilizo mi automóvil, emito gases a la atmósfera que perjudican la salud o la economía del resto de los ciudadanos. Cuando una empresa produce papel y vierte al río los residuos que matan la vida acuática, perjudica a las familias y a las empresas que viven río abajo.

Cuando construimos una casa que tapa las vistas al mar de la casa que tenemos detrás, perjudicamos a los vecinos que pierden esas vistas. Cuando los turistas colapsan las playas o las calles de una ciudad, perjudican a sus residentes habituales. Cuando estamos en un avión y la persona que se sienta delante decide inclinar el asiento hacia atrás, nos perjudica porque reduce el espacio que nos queda para extender las piernas.

Y aunque parezca mentira, cuando tomamos antibióticos para curar una enfermedad, estamos afectando negativamente la salud del resto de los humanos. Porque cuando las bacterias se enfrentan a los antibióticos, son capaces de mutar hacia formas de vida más resistentes. Y cuando, en el futuro, estas bacterias resistentes ataquen a otros seres humanos, ¡estos no se podrán curar tomando antibióticos! Por lo tanto, el consumo de antibióticos por parte de unos ciudadanos acaba haciendo que otros ciudadanos sean más vulnerables a los microbios. De hecho, algunos médicos temen que el abuso de fármacos[5] por parte de muchos de nosotros acabe creando una especie de superbacterias resistentes a todas las formas de antibióticos de las que disponemos.[6] Y esto podría poner en peligro la supervivencia de nuestra especie.

Cabe decir que no todas las externalidades son negativas. Las hay positivas. Por ejemplo, el criador de abejas tiene un efecto

---

5. Mucha gente toma antibióticos cuando padece enfermedades causadas por virus. Este uso de los antibióticos no tiene ningún efecto positivo para el usuario (los antibióticos solo afectan a las bacterias, no a los virus) y, sin embargo, continúan teniendo efectos perjudiciales para todo el mundo, ya que pueden aumentar la resistencia de las bacterias.

6. Gran parte de la preocupación de los médicos viene dada por el uso abusivo de antibióticos por parte de los ganaderos en la cría de animales.

positivo sobre las granjas próximas, ya que las abejas ayudan a polinizar y reproducir las plantas de los alrededores.

¿Cuál es el problema de fondo de las externalidades? Pues bien, los productos normales como el café con leche tienen un precio. Como hemos explicado, este precio sirve para compensar el coste de todos los que contribuyen a producirlo: el campesino que cultiva el café o el azúcar, el ganadero que produce la leche o los fabricantes de tazas y cafeteras. Los bienes con externalidades negativas también tienen un coste de producción y el precio sirve para compensar este coste. El problema es que, además de ese coste de producción, los bienes con externalidades tienen un coste adicional que pagan las personas que no intervienen en la producción: los que sufren la contaminación, los que dejan de tener vistas al mar cuando les construyen una casa delante, los que padecerán enfermedades cuando aparezcan las superbacterias, o los viajeros que ven reducido su espacio en el avión cuando el pasajero de delante inclina su asiento hacia atrás. Al no estar incluidos en el precio, esos costes que sufren estas terceras personas no acaban siendo compensados.

La consecuencia es que el «precio» que paga el usuario es más bajo que el «coste social» (entendiendo por coste social el coste de crear el producto más el coste que sufre la tercera persona sometida a la externalidad), porque no tiene en cuenta el coste de los terceros afectados y, por tanto, tiende a producir estos bienes en demasía. Es decir, si el productor tuviese que pagar el coste que comporta a las terceras personas, seguramente reduciría su actividad.

Es importante destacar que el hecho de que algunos productos comporten externalidades negativas no implica que tengan que ser prohibidos: los coches, el papel o los antibióticos nos resultan útiles y no desearíamos tener que prescindir totalmente de ellos. Lo que sí implica es que, si dejamos que los usuarios y las empresas decidan libremente, con toda seguridad decidirán utilizar el coche más a menudo de lo que sería socialmente deseable, y acabarán utilizando demasiado papel o demasiados antibióticos.

¿Cómo se soluciona el problema de las externalidades? Las sociedades modernas han adoptado distintas soluciones. Una de ellas es la imposición de cuotas: las autoridades solo permiten producir una cantidad determinada de coches, de toneladas de papel o de comprimidos antibióticos. Una segunda posibilidad es introducir algún tipo de regulación que disminuya el uso de los bienes problemáticos: por ejemplo, prohibir la venta de antibióticos sin receta y penalizar a los médicos que hagan demasiadas recetas sin justificación; o prohibir circular a los coches que tengan la matrícula acabada en número par los lunes, miércoles y viernes, y a los que tengan la matrícula acabada en número impar, el resto de la semana.

Una tercera solución es poner un impuesto sobre la actividad que causa externalidades. Esta es la solución que propuso hace más de un siglo el economista británico Cecil Pigou, razón por la cual a este tipo de impuestos se les conoce con el nombre de «impuestos pigouvianos». Si se aplica un impuesto extraordinario sobre la gasolina, el precio del uso del coche aumentará. A consecuencia de ello, mucha gente utilizará menos el coche y se desplazará en transporte público o en bicicleta, que es la solución más deseable socialmente. De hecho, este es el motivo por el que en la gran mayoría de los países europeos la gasolina es tan cara: el 80 % aproximadamente del precio son impuestos exigidos por el gobierno, con el argumento de que los coches contaminan. Del mismo modo, si graváramos con un impuesto pigouviano los antibióticos o el papel, la gente reduciría su uso, y las externalidades se corregirían. En resumen, tanto si se trata de prohibir o regular, como de poner impuestos, la solución al problema de las externalidades pasa por la intervención del Estado.

El teorema de Coase

Sin embargo, no todos están de acuerdo con esta conclusión. Hay quien cree que las externalidades no son, en realidad, un problema de precio sino de derechos de propiedad y que para solucionarlo no hace falta la intervención del Estado. La idea —original del economista de Chicago Ronald Coase— es que en el problema de las externalidades no queda claro quién es el propietario del aire que respiramos, o del espacio que hay entre el asiento de delante y el de detrás en un avión. Según esta idea, la solución no pasa por poner cuotas, impuestos o regulaciones, sino por dejar claro quién es el propietario de cada cosa. Cuando lo hayamos decidido, dice Coase, el problema se arreglará solo.

Veamos cómo funciona el teorema de Coase con un ejemplo práctico: la decisión del pasajero que quiere reclinar su asiento del avión, con el consiguiente perjuicio al viajero que tiene detrás. Pongamos unas cifras concretas e imaginemos primero que si el «Sr. Delante» inclina su asiento, obtiene un placer equivalente a 20 dólares. Imaginemos también que la «Sra. Detrás» es una mujer bajita a quien no molesta demasiado que el asiento de delante le invada el espacio. Cuando el Sr. Delante se reclina, la Sra. Detrás tiene un perjuicio de –10 dólares (ponemos –10, en negativo, para indicar que se trata de un perjuicio). Puesto que la ganancia que obtiene el Sr. Delante (20 dólares) es superior al perjuicio que causa a la Sra. Detrás (–10 dólares), sería positivo, desde el punto de vista social, que el Sr. Delante pudiera estirarse.

Pero imaginemos una segunda situación en la que la Sra. Detrás es muy alta y sufre un enorme perjuicio cuando el Sr. Delante reclina su asiento. Concretamente, pongamos por caso que el perjuicio de la Sra. Detrás es de –30 dólares. Fijaos en que, en este caso, el beneficio de inclinar que obtiene el Sr. Delante (20 dólares) es menor que el perjuicio causado a la Sra. Detrás (–30 dólares) y, por tanto, sería positivo desde el punto de vista social que el Sr. Delante no tirara el asiento hacia atrás.

Vemos, por tanto, que la sociedad debería permitir que el Sr. Delante moviera su asiento solo en el primer caso, cuando el beneficio que obtiene al hacerlo es superior al perjuicio que causa. Fijaos en que si el gobierno interviniera y aprobara una ley que prohibiera los asientos reclinables, solo conseguiría el objetivo socialmente deseable en la mitad de las situaciones. Es decir, la prohibición de tirar el asiento hacia atrás sería contraproducente cada vez que la persona que se sienta detrás obtuviera un perjuicio menor al beneficio obtenido por la persona de delante. La ley y la regulación, pues, no serían la solución al problema de las externalidades.

Aquí es donde aparece el profesor Ronald Coase y nos dice que el problema de la externalidad es que no queda claro quién es el propietario del espacio que hay entre el asiento de delante y el de detrás. Si aclaramos quién es el propietario y permitimos que los dos pasajeros compren y vendan (si quieren) este espacio, el problema se habrá solucionado solo. Veámoslo. Supongamos que la ley dice que el espacio existente entre los dos asientos es propiedad de la persona que se sienta delante. Siendo así, el Sr. Delante tiene la potestad de decidir si quiere inclinar el asiento o no. En el caso de que el Sr. Delante obtenga un beneficio de 20 dólares y la Sra. Detrás un perjuicio de −10 dólares, el Sr. Delante simplemente mueve el asiento y la Sra. Detrás no puede protestar porque el espacio pertenece al de delante y se logra el óptimo social (recordemos que cuando el beneficio del Sr. Delante era superior al perjuicio de la Sra. Detrás, era óptimo que se pudiera tirar hacia atrás).

En el segundo caso, cuando el perjuicio de la Sra. Detrás es de −30 dólares, el Sr. Delante tiene la potestad de inclinar el siento hacia atrás y lo hace. Pero entonces la Sra. Detrás se saca 25 dólares del bolsillo y le compra el espacio para que no tire el asiento hacia atrás. Fijaos en que si el Sr. Delante inclina el asiento, ella sale perdiendo 30, de manera que, si le ofrece 25 para que no lo haga, aún gana 5. El Sr. Delante, por su parte, piensa: «Si muevo el asiento, gano el equivalente a 20 dólares en comodidad, y si no lo inclino, la mujer de detrás me da 25. Salgo ganando no inclinando el asiento». Fijaos en que, al final, ambos ganan 5 dólares, el asiento no se reclina y de nuevo se consigue el óptimo social. Resumiendo, tanto si la Sra. Detrás sale poco perjudicada como si sale muy perjudicada por el hecho de que el Sr. Delante incline el asiento, la negociación entre los dos pasajeros acaba logrando el óptimo social. Es decir, se consigue que el asiento de delante solo sea inclinado cuando el perjuicio que causa es menor.

Lo más espectacular del teorema de Coase es que lo único que debe hacer el Estado es decidir quién es el propietario del espacio en disputa, ya que la solución socialmente deseable se obtiene tanto si el propietario es el viajero de delante como si lo es el de detrás. Podemos comprobar este resultado sorprendente considerando qué pasará si el propietario del espacio que hay entre los dos asientos es la Sra. Detrás. Es decir, la Sra. Detrás es quien decide si el Sr. Delante puede inclinarlo o no. En el primer caso, cuando el Sr. Delante lo hace, obtiene un beneficio de 20 dólares, mientras que ella, la Sra. Detrás, tiene un perjuicio de –10 dólares. Entonces, la Sra. Detrás le dice que no se incline hacia atrás porque le molesta. Como es ella quien decide, él en principio tiene que obedecer… Pero ¡puede comprarle el espacio!: él se saca 15 dólares del bolsillo y se los ofrece a cambio de que le deje mover el asiento. Fijaos en que, si ella lo acepta, tiene un perjuicio de –10 pero obtiene una compensación de 15 dólares, por lo que acaba ganando 5 dólares si le permite inclinar el asiento. Él, por su parte, paga 15 dólares, pero obtiene un beneficio equivalente a 20 dólares en forma de comodidad, ya que puede inclinar el asiento. De nuevo, ambos salen ganando si el asiento es inclinado hacia atrás y se obtiene el óptimo social.

Finalmente, en el caso de que la Sra. Detrás tenga un perjuicio de –30, simplemente prohíbe al Sr. Delante que incline su asiento y se alcanza el óptimo social sin necesidad de que nadie pague a nadie.

En resumen, el teorema de Coase nos dice que el problema de las externalidades no es más que un tema de derechos de propiedad. Una vez determinados los derechos de propiedad, el problema se soluciona por sí solo dejando que las partes compren o vendan ese espacio libremente: si el propietario es el «perjudicador» y el perjuicio generado es muy grande, el «perjudicado» comprará los derechos de propiedad para impedir que se lleve a cabo la actividad nociva. Y esto será bueno porque cuando el perjuicio es grande, conviene que la actividad no se lleve a cabo. Si el perjudicado decide no comprar el espacio, es señal de que el perjuicio es pequeño.

Por el contrario, si el propietario es el «perjudicado» y el perjuicio es grande, simplemente lo prohíbe, y esto es bueno (de nuevo, cuando el perjuicio es grande, conviene que no se lleve a cabo la actividad nociva). Ahora bien, si el perjuicio es pequeño, el «perjudicado» puede vender los derechos al «perjudicador» para que realice la actividad nociva, y esto es bueno. De alguna manera, cuando Ronald Coase descubrió este teorema, resucitó la mano invisible de Adam Smith.

Los economistas críticos con Adam Smith encontraron rápidamente inconvenientes al teorema de Coase y señalaron, en parte correctamente, que a menudo es muy difícil que las partes implicadas en la disputa de una externalidad puedan negociar fácilmente. El ejemplo del avión es un caso sencillo. Pero ¿cómo pueden coordinarse y negociar los millones de ciudadanos que resultan perjudicados por una empresa que contamina un río o por los coches que contaminan una ciudad? Los críticos de Coase dicen que dicha imposibilidad de negociar hace que, si bien el teorema es bonito y elegante, en la práctica resulta poco útil.

Fracasos del mercado (2): bienes públicos

Las externalidades son el primer tipo de bienes que generan problemas a los mercados. Un segundo tipo de bienes problemáticos son los denominados «bienes públicos». De hecho, ya hemos hablado de ellos en el capítulo anterior: ¿os acordáis de los goles de Messi? Los goles de Messi tenían dos características que los distinguen de los bienes «normales» como el café: son no rivales y no excluyentes. Recordad que un bien es rival cuando el hecho de que una persona lo consuma comporta que otra persona no pueda consumirlo al mismo tiempo. Un café es rival: si yo me tomo este café, nadie más se lo puede tomar. Lo mismo ocurre con las galletas, los muslos de pollo o con casi todos los productos que encontramos cada día en el mercado. Esto contrasta con un gol de Messi: yo puedo disfrutar de él —de hecho, lo disfruto—, pero ello no impide que millones de seguidores del Barça de todos los rincones del mundo disfruten del gol al mismo tiempo. Cuando un producto puede ser disfrutado por mucha gente simultáneamente se dice que es «no rival».

La segunda característica que tienen los goles de Messi es que también son «no excluyentes». Es decir, Leo no puede impedir que la gente disfrute de sus goles, aunque no pague por verlos. El propietario del bar puede impedir que un cliente consuma un café, por ejemplo, si no paga. Por tanto, además de ser «rivales», los cafés también son «excluyentes». Esto no ocurre con los goles de Messi, ya que el jugador no puede marcar un gol y pedir que solo lo disfrute la gente que paga. O marca el gol para todo el mundo, o no lo marca para nadie. Y si marca el gol, lo disfrutan todos los fans del Barça sin excepción.

Pues bien, los productos que, como los goles de Messi, son a la vez «no rivales» y «no excluyentes» reciben el nombre de «bienes públicos». Ya hemos señalado que este nombre puede generar un poco de confusión, ya que uno podría pensar que son bienes que proporciona el sector público, como los colegios o los hospitales públicos. Pero no es así: los bienes públicos son aquellos que son no rivales y no excluyentes a la vez, aunque sean suministrados por empresas o ciudadanos privados, como podría ser Leo Messi.

Como hemos explicado en el capítulo anterior, en nuestras economías existen muchos bienes públicos. Por ejemplo, las fórmulas matemáticas, los fuegos artificiales, la defensa nacional o la radio (yo puedo escucharla sin que esto os impida a vosotros escucharla por lo que la radio es «no rival» y las emisoras emiten ondas de radio y no pueden impedir que cualquiera que tenga un aparato receptor la escuche, y no pueden emitir solo para los oyentes fieles o para aquellos que pagan una cuota por lo que es «excluyente»).

La imposibilidad de impedir que los clientes potenciales utilicen los bienes públicos implica que las empresas privadas tengan dificultades en su suministro: si una empresa privada hiciera fuegos de artificio e intentara cobrar una entrada a los que disfrutan de ellos, como si de cafés se tratara, se arruinaría porque la gente no pagaría ni un solo dólar para ver el espectáculo. Al fin y al cabo, si la empresa no puede impedir que disfrutes de los fuegos, ¿para qué pagar si podrás verlos igualmente? Dado que las empresas privadas no ganan dinero vendiendo este tipo de productos, no ofrecerán en general ese tipo de productos a cambio de un precio. La mayor parte de los economistas dicen que es necesario que sea el sector público el que se encargue de producir y suministrar ese tipo de bienes. En vez de cobrar un precio a los usuarios que disfrutan de los bienes públicos, estos se financian con los impuestos (obligatorios) de los contribuyentes. De este modo, ¡nadie puede gorrear y disfrutar de los bienes sin pagar! Es así como se justifica que el gobierno suministre la defensa nacional, la investigación básica para descubrir teoremas matemáticos o los fuegos artificiales de las fiestas mayores. Una vez más vemos que, cuando el mercado no puede hacer las cosas bien, hay economistas que defienden que es necesaria la intervención del sector público.

A pesar de que muy poca gente cuestiona la necesidad de intervención por parte del Estado para suministrar los bienes públicos, no está tan claro que el sector privado no pueda hacerlo. De hecho, Messi no trabaja para el gobierno, sino para una institución privada que se llama Fútbol Club Barcelona. Y la mayor parte de radios del mundo pertenecen a compañías de comunicación privadas. Entonces ¿cómo puede ser que bienes públicos como los goles de Messi o los programas de radio de esas emisoras sean suministrados por empresas o instituciones privadas? ¿No habíamos dicho que el sector privado no podría suministrar nunca este tipo de bienes, puesto que no tenían posibilidad de cobrarlos a los usuarios? Pues, efectivamente, las empresas privadas han encontrado maneras de suministrar los bienes problemáticos sin hacer pagar directamente a los usuarios: lo hacen a través de la publicidad y el *merchandising*. Es decir, en vez de que Messi pase el platillo entre los fans del Barça cada vez que marca un gol, el Barça cobra entradas a los espectadores para ver el partido en directo, o a los que quieren ver el museo del Barça; también cobra derechos a las televisiones de todo el mundo, cobra precios extravagantes para imprimir una marca en la camiseta del primer equipo, y también cobra por poner carteles en el estadio, unos carteles que saldrán por televisiones de todo el mundo. Una vez cobrado todo el dinero, el Barça lo reparte entre los jugadores. De aquí sale el sueldo de Messi y la recompensa que recibe por marcar goles para el Barça.

Con la radio ocurre algo parecido. Los propietarios de la emisora no cobran un precio directo a cada oyente cada vez que escucha la radio. Lo que hace es vender tiempo de emisión a las empresas que quieren emitir mensajes publicitarios para hacer llegar sus productos a los oyentes. Este tiempo recibe el nombre de «publicidad». No se cobra directamente al usuario porque esto es imposible, pero el mercado ha encontrado otros mecanismos para ganar dinero vendiendo bienes públicos. Así, el sector privado ha logrado ganar dinero en mercados problemáticos como son el fútbol, la radio o la televisión.

Fracasos del mercado (3): bienes comunales

Existe un tercer grupo de productos problemáticos. Se denominan «bienes comunales» y son productos que son rivales, pero no excluyentes. El ejemplo paradigmático son los peces que hay en el mar. Fijaos en que los peces del mar son rivales: si yo pesco un pez y me lo como, nadie más puede pescar el mismo pez y comérselo. Pero también son «no excluyentes», en el sentido de que las leyes actuales dicen que cualquier persona puede ir al mar y pescar un pez. Es decir, no se puede impedir que un ciudadano pesque. Claramente, pues, los peces del mar son no excluyentes. Es interesante precisar que lo son mientras se encuentran en el mar, ya que estos mismos peces, cuando están en la pescadería, son propiedad de la pescadera. Y si no pagamos el precio que nos pide por ellos, ella puede llamar a la policía e impedir que nos los llevemos. En definitiva, en la pescadería los peces son rivales y excluyentes, como el café. En cambio, en el mar no lo son.

Esto nos lleva de nuevo a la pregunta del inicio del presente capítulo: «¿Sabéis por qué los atunes están en peligro de extinción y, en cambio, los pollos no?». La respuesta es que los atunes son bienes comunales y los pollos no. Ambos animales son rivales, en el sentido de que, si un consumidor los come, nadie más se los puede comer. Ahora bien, mientras que los pollos son excluyentes (la ley no permite que cualquier persona vaya a la granja de pollos, se lleve uno y se lo zampe), los atunes no lo son: la ley del mar dice que cualquiera puede subirse a un barco y pescar un atún o una sardina.

El problema de los bienes comunales es que, si dejamos que las empresas actúen libremente, acaban extinguiéndose. A esto se le llama «tragedia de los bienes comunales». Este tipo de tragedia se dio en los pastos que rodeaban las ciudades medievales europeas. En la Europa medieval, las casas estaban situadas dentro de las murallas para evitar invasiones extranjeras, y las tierras para los pastos estaban fuera. Las leyes de la época decían que aquellas tierras pertenecían a la ciudad, y no a ningún granjero particular, de modo que todas las vacas podían ir allí a pastar. Fijaos en que la hierba que comía mi vaca no podía ser consumida por las otras vacas (la hierba era rival). Pero como la ley decía que cualquier propietario podía enviar sus vacas a pastar a la tierra de todos (la hierba era no excluyente), la consecuencia era que la gente acababa teniendo demasiadas vacas y la hierba se agotaba. Esta era la tragedia de los bienes comunales. Hoy en día vemos este drama en los elefantes (buscados por el marfil de los colmillos), los bosques de los parques naturales, las ballenas, los tiburones (pescados para obtener solamente su aleta dorsal) o los rinocerontes (perseguidos por sus cuernos supuestamente afrodisíacos).

Para entender el problema de los bienes comunales, compararemos las decisiones que adopta una granjera propietaria de pollos con las que adopta un pescador de atunes. La granjera decide cada día cuántos pollos sacrifica para llevar al mercado. Lo valora mirando la talla de los pollos y también el precio al que podrá venderlos hoy y mañana. Cuando la granjera realiza estos cálculos, hay algo que tiene muy claro: los pollos que decida no sacrificar hoy, los tendrá disponibles para la venta mañana. Porque todos los pollos son de su propiedad.

Por el contrario, el pescador en principio también podría fijarse en la medida de los atunes que pesca y en los precios de mercado de hoy y de mañana. Ahora bien, el pescador sabe que los atunes que decida no pescar hoy, mañana no los tendrá disponibles, ya que seguramente detrás de él vendrán otros barcos y los pescarán. Por esta razón, tiene todos los incentivos del mundo para pescar todos los atunes que pueda y a hacerlo hoy. Ningún pescador tiene incentivos para mantener las existencias de peces. Mientras la granjera de pollos tiene incentivos para mantener las existencias de pollos, cada pescador piensa que no será él quien se beneficie de mantener las existencias, sino que serán los otros pescadores. Esta carrera por pescar cuanto más y lo antes posible sitúa a los atunes en peligro de extinción.

¿Cómo se soluciona la tragedia de los bienes comunales? En principio los economistas han propuesto la misma lista de soluciones que para los productos problemáticos. La imposición de cuotas (cada barco puede pescar una cantidad máxima de atunes al año), la introducción de regulaciones (los barcos deben tener una medida o potencia máximas, lo cual limita la capacidad de pescar atunes) o los impuestos especiales sobre la captura de atunes.

Ninguna de estas soluciones resuelve el problema real de los bienes comunales porque, una vez más, es un problema de propiedad. La diferencia entre los pollos y los atunes es que los pollos tienen un propietario claro (la granjera) y los atunes del mar no son de nadie. Y como no son de nadie, nadie tiene incentivos para conservarlos en el mar. Lo que debe hacer el Estado es decidir de quién son y, una vez lo haya hecho, desaparecerá el peligro de extinción, igual que ha desaparecido para las gallinas, los cerdos o las vacas.

El establecimiento de derechos de propiedad sobre las diferentes parcelas en Xiaogang resultó ser la solución a lo que seguramente fue el mayor desastre económico del siglo XX, y que provocó la muerte de entre 20 y 50 millones de personas: el comunismo. Curiosamente, la economía de mercado fracasa o tiene dificultades en la producción y suministro de tres grandes tipos de bienes problemáticos: las externalidades, los bienes públicos y los bienes comunales. Y, curiosamente, la solución a los problemas del capitalismo también es la misma que encontraron los campesinos de Xiaogang cuando intentaban escapar del comunismo: establecer claramente quién es propietario de qué. ¡La clave es siempre dejar claro de quién es la propiedad!

10

La «fiesta perfecta»

Los regalos de Navidad

Entre el 17 y el 23 de diciembre, coincidiendo con el solsticio de invierno, los paganos de la antigua Roma celebraban las Saturnales (*Saturnalia*), una gran fiesta en honor del dios Saturno. Las familias se reunían, comían, bebían, cantaban y bailaban durante siete días y siete noches. Las casas se decoraban con velas y antorchas, y se ponían plantas y algunos árboles en el interior, en una suerte de intento de preservar la vida que, fuera, moría de frío durante el invierno. La gente se regalaba frutos secos, figuritas de barro o velas.

Una parte del éxito del cristianismo primerizo se debe a que, en vez de prohibir las fiestas tradicionales romanas y declararlas herejes, las adaptó a la nueva religión. Las Saturnales pasaron de ser la fiesta pagana del solsticio de invierno que honoraba a Saturno, a conmemorar el nacimiento de Jesucristo,[1] conservando

---

1. A pesar de que nadie sabe el día exacto que nació Jesús, algunos teólogos argumentan que tuvo que ser en la primavera. De hecho, la Biblia explica que, cuando nació, los pastores tenían a las ovejas pastando. En Israel, las ovejas no pastaban durante el invierno porque no había hierba. Por tanto, el nacimiento tuvo que ser en la primavera. En este mismo sentido, el astrónomo Dave Reneke publicó un artículo en la revista *New Scientist* (https://www.newscientist.com/blogs/shorts-harpscience/2008/12/jesus-was-a-gemini.html) en el que sostenía que la estrella de Oriente era, en realidad, un punto anormalmente

muchas de las tradiciones que acompañaban la fiesta: continuaron poniendo árboles dentro de las casas para mantener la vida durante el invierno y les llamaron «árboles de Navidad». Continuaron celebrando las fiestas con comida, bebidas, canciones y bailes. Continuaron decorando las casas con plantas y velas, aunque todo esto se hacía en conmemoración del nacimiento del hijo de Dios. Y siguieron haciéndose regalos de todo tipo.

El regalo es un elemento muy importante en las economías modernas. Se calcula que solamente los norteamericanos gastan una media de 950 dólares anuales en regalos (en total más de 300.000 millones de dólares en el conjunto del país). La pregunta que a menudo nos planteamos los economistas es si tiene sentido que nos regalemos cosas por Navidad. De hecho, la pregunta es si tiene sentido hacerse regalos en general, y no solo por Navidad. Al fin y al cabo, todos hemos recibido regalos que no nos han hecho la más mínima ilusión: aquella corbata horrorosa que nos regaló la tía Carmen, el jersey estampado que recibimos de la abuela y que jamás nos llegamos a poner, el libro de zombis que nos regaló el amigo que no sabía que odiábamos a los zombis, por no hablar de los patéticos regalos inútiles de los amigos invisibles.

En un interesantísimo estudio publicado en la *American Economic Review*, el profesor Joel Waldfogel llevó a cabo entrevistas en las que preguntaba a la gente cuál era el precio de los regalos recibidos y cuánto dinero habrían pagado por comprarlos. Dejadme que os haga la pregunta a vosotros: ¿cuánto dinero estaríais dispuestos a pagar por la corbata horrorosa que a la tía Carmen le había costado 50 dólares? Si realmente la corbata era tan nefasta, quizá no habríamos pagado un solo dólar por ella. O quizá habríamos pagado solo 10. Esta comparación es interesante porque,

---

brillante en el cielo fruto de la conjunción de Venus y Júpiter. Dicha conjunción tuvo lugar, según Reneke, el 17 de junio del año 2 a.C. Curiosamente, un 17 de junio, pero 1.964 años más tarde, nací yo. Una coincidencia que no tiene nada que ver con la historia que os estoy contando.

si la tía Carmen se gastó 50 en una corbata que nosotros valoramos en tan solo 10 dólares, ¿no sería mejor que la tía nos diera, por ejemplo, 30 dólares en metálico para que nos compremos lo que queramos? Fijaos en que, si nos regalara 30 dólares en lugar de la corbata, nosotros saldríamos ganando, ya que acabaríamos con 30 dólares en el bolsillo en vez de una corbata que solo valoramos en 10. Además, ella se ahorraría 20 dólares. ¡Si regaláramos dinero en lugar de corbatas, todo el mundo estaría más contento! O, dicho de otro modo, el hecho de que la tía Carmen nos regale una corbata de 50 dólares que nosotros valoramos en solo 10 implica que, de hecho, en la economía haya una «pérdida de eficiencia» de 40 dólares. La pérdida desaparecería si, en vez de la corbata, me regalara 30 dólares: ella saldría ganando (20) y yo también (y 20 + 20 = 40).

Supongo que esta es la razón por la que Sheldon Cooper, el protagonista de la serie *Big Bang Theory* decía que no hay que hacer regalos porque, si yo te regalo 50 dólares para tu cumpleaños, tú me los devuelves para el mío, al final del año estamos en paz. Y si un año tras otro repetimos lo mismo, al final de nuestras vidas o bien estaremos en paz o bien uno de nosotros acabará ganando 50 dólares, ¡dependiendo de quién se muera antes![2]

El estudio de Waldfogel demostró que, de media, los entrevistados habrían pagado por los regalos recibidos un 10 % menos de

2. Capítulo 16 de la primera temporada: «The Peanut Reaction». La conversación (en inglés) es la siguiente:

Penny: *Uh, Sheldon, I didn't see your present.*

Sheldon: *That's because I didn't bring one.*

Penny: *Well why not?*

Sheldon: *The entire institution of gift giving makes no sense. Let's say that I go out and I spend fifty dollars on you, it's a laborious activity, because I have to imagine what you need, whereas you know what you need. Now I can simplify things, just give you the fifty dollars directly, and you could give me fifty dollars on my birthday, and so on until one of us dies leaving the other one old and fifty dollars richer. And I ask you, is it worth it?*

lo que realmente costaban. Esto significa que en una economía como la norteamericana en la que se gastan 300.000 millones de dólares por Navidad, la compra de regalos, en vez de regalar dinero, significa tirar a la basura el equivalente a 30.000 millones de dólares (¡el doble del presupuesto de la NASA!).[3]

Pero no es de las Navidades y sus regalos de lo que quiero hablar en este capítulo, sino de una fiesta tradicional que se celebra en Catalunya (mi tierra) el 23 de abril, día de Sant Jordi. Esa fiesta es interesante porque es, al mismo tiempo, la fiesta del día de los enamorados, donde los hombres regalan una rosa a las mujeres que aman y, el día del libro (conmemorando que ese es el día en que murieron tanto Miguel de Cervantes como William Shakespeare), donde la gente se regala libros. La fiesta de Sant Jordi nos permite estudiar economía en cuatro áreas diferentes: el mercado de regalos, el mercado de las rosas, el mercado de los libros y el mercado del amor.

3. Las empresas saben perfectamente que hacer regalos es difícil y que muchas veces a la gente no le gusta lo que le regalan. Por esto han desarrollado estrategias que ayudan a solucionar el problema. La más obvia es la posibilidad de ir a la tienda y cambiar el regalo antes de que hayan transcurrido treinta días. Para ello han desarrollado incluso facturas en las que no se ve el precio, que sirven simplemente para cambiar regalos. Una segunda estrategia es la de las «listas de regalos», que se utilizan sobre todo para regalos de boda y de nacimiento. En estos casos en los que se junta tal cantidad de regalos, si los regaladores regalaran regalos no deseados causarían pérdidas enormes a la pareja que se va a casar o que ha tenido un bebé. En las listas de regalos, los receptores manifiestan qué cosas quieren que se les regalen y los regaladores eligen entre los objetos que figuran en la lista. En este caso, la ineficiencia desaparece, ya que todo lo que se regala ha sido escogido previamente por el receptor. La tercera estrategia desarrollada por los mercados para solucionar el problema de la ineficiencia de los regalos es la de los «cheques regalo»: las empresas vendedoras emiten una especie de tarjeta que vale una determinada cantidad de dinero (por ejemplo, 50 dólares) y el receptor puede ir a aquella tienda y comprar cualquier cosa por aquel importe. En cierto modo es como regalar dinero, pero de una manera menos fría.

El papel de los precios en la economía de mercado: las flores

Como ya he explicado, en Catalunya Sant Jordi es el día de los enamorados y los hombres regalan rosas a las mujeres que aman. Cuenta la leyenda catalana[4] que el caballero Jordi llegó a un pueblo que vivía aterrorizado por un dragón que devoraba humanos. Para calmar las iras del dragón, los ciudadanos le entregaban diariamente una criatura, elegida al azar entre todos los niños y niñas del pueblo, para que se la comiera. Un día, la fortuna hizo que la niña escogida fuera la hija del rey. Esto no gustó nada al monarca (al parecer, no le importaba que el dragón devorara a los hijos de los demás, pero cuando le tocó a su hija se enojó mucho), que decidió pedir ayuda a aquel caballero que, casualmente, había llegado al pueblo ese mismo día. El rey le pidió que matara al dragón antes de que se comiera a su hija, la princesa. Jordi aceptó el encargo y se enfrentó a la bestia (me refiero al dragón, no al rey), contra la que luchó en una feroz batalla. Finalmente, el caballero clavó mortalmente su lanza al animal y de la herida brotó una gran cantidad de sangre. Al caer al suelo, la sangre del dragón se convirtió en un rosal de rosas rojas. Entonces el caballero tomó una rosa y se la regaló a la princesa. A partir de aquel momento, Jordi y la princesa vivieron una larga historia de amor. Para conmemorar aquella gesta, los catalanes celebran el día de Sant Jordi regalando rosas desde tiempos inmemoriales. Parece ser que ya en el siglo XV, en los alrededores del palacio de la Generalitat, se organizaba una feria en la que las rosas eran las protagonistas.

Para el resto del mundo, el día de los enamorados, el día en que los hombres regalan flores a sus amadas es el de San Valentín.[5] A diferencia de Sant Jordi, que se celebra el 23 de abril, justo

4. Me refiero a la leyenda catalana, porque la historia de san Jorge se explica en muchos lugares del mundo de distintas maneras.

5. En Estados Unidos esta fiesta se llama *Valentine's Day* (sin lo de «San») para incluir a todos aquellos que no son cristianos y que, por tanto, no creen

en el inicio de la primavera del hemisferio norte, la fiesta de San Valentín se celebra el 14 de febrero, en pleno invierno. Esto significa que los hombres tienen que comprar rosas cuando los rosales todavía no han florecido. ¿Cómo consiguen rosas los vendedores de flores el 14 de febrero si los rosales todavía no han florecido? La explicación nos ayudará a entender un poco mejor el papel de los precios en la economía de mercado que hemos explicado en el capítulo anterior.

Hasta mediados los años setenta, las rosas se cultivaban en invernaderos, en Estados Unidos o en Europa. Los invernaderos son una especie de casas gigantes donde los humanos regulan artificialmente la temperatura y la humedad para que las flores florezcan el día que ellos quieren y no cuando lo dicta la naturaleza. En los invernaderos se pueden simular las condiciones climáticas precisas para que las rosas florezcan el 14 de febrero, el 23 de abril o el día que le dé la gana al propietario. El problema de los invernaderos es que, para conservar el calor y la humedad, necesitan una cantidad importante de energía. Esto no era un problema durante los años sesenta y setenta, porque en aquella época el petróleo era muy barato.

Pero en 1973 la situación cambió radicalmente: los países productores de petróleo se organizaron y crearon un cártel llamado OPEP,[6] con el objetivo de lograr que los países productores ingresaran más dinero. Para conseguirlo decidieron reducir la producción de petróleo. Pensaron que, extrayendo menos barriles cada día, el precio del crudo aumentaría y esto los llevaría a ganar más dinero. Y así lo hicieron. De pronto, no había suficiente petróleo para todas las empresas y todos los consumidores, entre los cuales estaban los transportistas, las empresas de aviación, los usuarios de automóviles... ¡y los invernaderos!

---

en los santos. Ya se sabe, cuanta más gente celebre una fiesta, más beneficios habrá para quienes la organizan...

6. OPEP son las siglas de la Organización de Países Exportadores de Petróleo.

Puesto que no había petróleo para todo el mundo, alguien tenía que dejar de utilizarlo. La pregunta es: ¿quién? Y ¿cómo se decidiría? ¿Quién daría las órdenes para que algunos de los usuarios de petróleo dejaran de utilizarlo? La respuesta a estas preguntas nos demuestra cómo funciona el fascinante mundo de los mercados: la realidad es que NADIE dio órdenes a nadie. Nunca hubo nadie que prohibiera a nadie utilizar petróleo… pero fueron los invernaderos, y no las empresas de transporte o de aviación los que redujeron drásticamente su uso. ¿Cómo sucedió? Veámoslo: cuando la OPEP redujo la oferta de petróleo, su precio aumentó. También aumentó el precio de sus derivados, como la gasolina o el fuel. De pronto, todas las empresas que utilizaban gasolina vieron cómo sus costes de producción se incrementaban. Las empresas que pudieron repercutir los costes en los precios lo hicieron. De un día para otro, viajar en avión salió mucho más caro. Los viajeros que pudieron dejar de ir en avión lo hicieron. Los que tenían que volar a toda costa, quizá por necesidades del negocio, pagaron un precio más elevado. Pero como no existía alternativa al avión en el transporte de larga distancia, los clientes continuaron volando y los aviones continuaron consumiendo petróleo. Otras empresas, como las productoras de flores, no pudieron repercutir los costes del petróleo en el precio de las rosas, ya que la gente no quería pagar 30 dólares por una rosa. Como los costes de producción de las rosas eran más elevados y el precio de las rosas no aumentaba, los propietarios de invernaderos se arruinaron y tuvieron que cerrar sus negocios.

Esto dejó un mercado abierto: en Estados Unidos y en Europa había millones de personas que querían comprar rosas el día 14 de febrero y las empresas que hasta ahora las suministraban se habían arruinado. Algunos emprendedores de Ecuador, Colombia o Kenia vieron en ello una oportunidad de negocio: al tratarse de países cálidos, se pueden producir rosas en el mes de febrero sin necesidad de invernaderos y, por tanto, sin necesidad de un consumo elevado de combustible para calentarlos. Por esto, a ellos sí les salían las cuentas que no salían a los empresarios norteamericanos y europeos. Y así, como quien no quiere la cosa, se dedicaron a producir flores y a exportarlas a Europa y Estados Unidos.

Fijaos en que las empresas de transporte, que no tuvieron más remedio que utilizar fuel, siguieron utilizándolo. Los productores de flores, por su parte, sí tenían alternativas, como cerrar los invernaderos y trasladar la producción a países cálidos como Kenia, Colombia o Ecuador. El sistema de precios consiguió que fueran los floricultores los que redujeran el consumo de petróleo y no las compañías de aviación. Y lo lograron sin necesidad de dar ninguna orden y sin que el gobierno dictara normas que dieran preferencia a los transportistas sobre los productores de flores. Se consiguió, simplemente, moviendo los precios: con los nuevos y elevados precios de la energía, a los floricultores europeos y norteamericanos no les salían las cuentas y cerraron. Los empresarios de Ecuador, Colombia y Kenia tomaron el relevo. De hecho, ni los floricultores ecuatorianos, colombianos o keniatas ni los norteamericanos sabían que la OPEP existía, o que esta había reducido la producción de petróleo. Ellos simplemente miraron el precio al que podían vender las rosas en Chicago o en Nueva York y cuál era el coste de plantar rosas en Kenia más el transporte hasta Estados Unidos y vieron que podían ganar más dinero. Con esto bastó para que el negocio de las flores abandonara los invernaderos de Europa y de Estados Unidos y se instalara en los países cálidos que hoy nos suministran las rosas.

Aunque parezca mentira, esta es una de las lecciones más importantes de la economía: el sistema de precios es un sistema simple que acaba haciendo lo que un planificador inteligente habría hecho sin necesidad de que haya ningún planificador inteligente: los que pueden llevar a cabo la actividad de un modo alternativo (los criadores de flores) lo hacen, y los que no (los transportistas) se quedan el poco petróleo que hay. ¡Y todo esto sin que nadie dé una sola orden!

La discriminación de precios: los libros

Una segunda característica del día de Sant Jordi es que la gente compra libros y los regala. Parece ser que la tradición de regalar libros no es tan antigua como la de regalar rosas. De hecho, los libros no formaron parte de la fiesta de Sant Jordi hasta el año 1926.

El mercado del libro nos sirve para explicar otro fenómeno importante que se da en diferentes mercados de la economía: la discriminación de precios. Observemos que el deseo que cada uno de nosotros tiene por un producto determinado (por ejemplo, un libro de Harry Potter) es muy diferente. Algunos lectores devotos estarían dispuestos a pagar enormes cantidades de dinero por ser los primeros en hacerse con un nuevo volumen de la saga del joven brujo. A otros les gustan las historias de Potter, pero sin llegar al fanatismo de los primeros. Y, finalmente, a otros no les importa leer los libros de Harry Potter, pero tampoco les importaría leer otras novelas.

Esto que ocurre con los libros es aplicable a todos los productos: hay personas que adoran las alcachofas, personas a quienes les gustan las alcachofas, pero sin llegar a la exageración, y otras que dudan entre las alcachofas y los espárragos.

Si pudieran, los productores cobrarían un precio muy elevado al grupo de fanáticos radicales, un precio más bajo al grupo de fans moderados y un precio reducido al grupo de potenciales compradores indiferentes. Cobrar precios diferentes a diferentes compradores recibe el nombre de «discriminación de precios». El problema es que los vendedores no saben qué consumidores pertenecen a cada grupo. Si lo preguntaran, los fans devotos disimularían y fingirían que el libro nos les gusta demasiado para evitar que les cobraran un precio más elevado. Ante la imposibilidad de cobrar diferentes precios, los vendedores han de fijar el mismo precio para todo el mundo… ¿No?

¡Pues no! Los vendedores de libros han inventado la manera de discriminar, que consiste en producir y vender distintas «calidades» de libro. Cuando se publica una novela nueva, lanzan una edición de tapa dura y papel bueno a un precio muy alto (pongamos por caso 30 dólares). Los lectores acérrimos de Harry Potter corren a las librerías para ser los primeros en tener el libro y lo compran a un precio elevado. Una vez todos los devotos han comprado el libro pagando este precio, los editores sacan la edición a 15 dólares, con cubiertas blandas y papel más barato. Al ser más económico, lo compran los lectores no tan radicales. Finalmente, cuando este segundo grupo se agota, la editorial publica la edición de bolsillo, más pequeña y de menos calidad, a 8 dólares el ejemplar.

El precio de un libro de tapa dura puede ser tres o cuatro veces más alto que el mismo libro en edición de bolsillo. ¿Cómo se explica esta diferencia de precio? ¿Se debe a que los costes de los libros de tapa dura son tres o cuatro veces más altos? De entrada, tenemos que decir que el coste principal de producir un libro son los derechos de propiedad intelectual del autor. Este coste, lógicamente, es el mismo tanto si las tapas son duras, como si son blandas o como si no tiene tapas. Los costes de publicidad y distribución también son los mismos para los dos tipos de libro. La única diferencia puede imputarse al coste de las tapas y del papel, que son un poco mejores en el caso de la edición de tapa dura. Se calcula que la diferencia de costes entre los libros de tapa dura y los de tapa blanda es de menos del 20 %. Por tanto, las diferencias de costes no explican una diferencia de precio que llega a ser del 400 %. ¿A qué se debe, pues, esta diferencia? La respuesta es clara: la editorial está aplicando una estrategia de discriminación de precios para obtener más beneficios.

Que las diferencias de precios entre los distintos tipos de edición de un libro responden más a estrategias de marketing que a diferencias de costes también se puede apreciar mirando el precio de las ediciones electrónicas. Una visita rápida a la web de Amazon nos permite observar que, a menudo, el precio de la versión electrónica es superior al de la edición de bolsillo. Este es el caso, por ejemplo, de los libros de Harry Potter. ¿Cómo puede ser que un libro electrónico, que se puede reproducir a coste cero, tenga un precio superior al de un libro de bolsillo por el que hay que pagar el papel, la tinta, el transporte y el almacenaje? Pues porque lo que determina los precios de los libros no son los costes, sino estrategias de marketing como la discriminación de precios.

Cabe decir que el sector editorial no es el único que utiliza la discriminación de precios para aumentar los beneficios. Las compañías aéreas, por ejemplo, también utilizan esta estrategia: los asientos de clase ejecutiva son entre cinco y diez veces más caros que los asientos de clase turista. Sin embargo, estos asientos no disfrutan de un espacio cinco o diez veces mayor, ni a sus usuarios se les ofrece cacahuetes o refrescos cinco o diez veces más buenos. No, la diferencia de precio no responde a una diferencia de coste, sino a estrategias comerciales de discriminación de precios: la gente que viaja por negocios está dispuesta a pagar más por el trayecto que la que viaja de turista, sobre todo porque quien paga el billete de los primeros no suele ser la persona que viaja sino la empresa para la que trabaja, mientras que el turista se lo paga de su bolsillo. Una manera de cobrar a los viajeros de negocios mucho más por el viaje es ofrecerles un producto un poco diferente. Es la discriminación de precios.

La paradoja de la Barbie

Un mercado en el que se observa una sorprendente discriminación de precios es el de las muñecas Barbie. La principal característica de Barbie es su gran variedad de versiones: Barbie doctora, Barbie piloto de avión, Barbie azafata, Barbie tenista, Barbie profesora, Barbie dependienta, Barbie mecánica, Barbie piloto de coches de carreras, Barbie nadadora, Barbie peluquera, Barbie ejecutiva, Barbie jueza… En fin, un montón de Barbies diferentes. La Barbie doctora, por ejemplo, cuesta 27 dólares, mientras que la gimnasta cuesta solo 19, ¡y la princesa 9,99![7] ¿Cómo puede ser que el precio

7. Fuente: <https://www.amazon.com/Barbie/pages/2582894011>.

de la doctora sea el triple que el de la princesa? ¿Es posible que los costes de producir una muñeca vestida de doctora sean tres veces superiores a los de producir una vestida de princesa? Claramente, la respuesta es no. ¿A qué se debe pues la colosal diferencia de precios?

Esta diferencia de precios aparentemente inexplicable ha llevado a los economistas a referirse a este fenómeno como «la paradoja de Barbie», aunque algunos sostienen que la paradoja no es más que una versión de la discriminación de precios.

Resulta que el departamento de marketing de Mattel, la empresa productora de la famosa muñeca, percibió que las familias que compraban Barbies doctoras eran diferentes de las que compraban Barbies gimnastas, Barbies peluqueras o Barbies princesas. Concretamente, la diferencia era que tenían un nivel de ingresos muy superior. Los analistas de Mattel dedujeron que los padres y las madres regalaban un tipo de muñeca u otro basándose un poco en las aspiraciones que tenían depositadas en sus hijas: las familias de rentas altas aspiraban a que sus hijas llegaran a ser juezas, mujeres de negocios, científicas o médicas y, por tanto, regalaban las muñecas que representaran estas profesiones. Al ser familias ricas, Mattel pensó que les podía pedir un precio más alto y que lo pagarían. Lo hicieron y, *voilà!*, los ricos lo pagaron. Allí empezó una discriminación de precios que ha perdurado hasta hoy.

No estoy emitiendo un juicio de valor ni recomendando que las aspiraciones de los hijos tengan que depender del nivel de ingresos de sus padres. Solo digo que Mattel observó que sus clientes se comportaban de aquel modo, y vio una oportunidad de cobrar más a las familias más ricas poniendo precios más altos a las Barbies que querían sus hijas. ¡La paradoja de Barbie es simplemente una variación de la estrategia de discriminación de precios!

La economía del amor

La tercera característica del día de Sant Jordi es que también es el día de los enamorados en Cataluña. Esto nos servirá de excusa para hablar del proceso de buscar y encontrar pareja. Quizá os parezca curioso que los economistas también estudiemos este proceso. Lo llamamos «economía del amor».

La búsqueda de pareja es un proceso de «búsqueda doble». En la mayor parte de los mercados, el cliente busca un producto como podría ser un televisor, un teléfono celular o unos pantalones. Estos son procesos de búsqueda simple, porque es el cliente quien busca el producto, y el producto no tiene nada que decir al respecto: para conseguir esos productos no tenemos que impresionar al televisor, al teléfono o a los pantalones para convencerlos de que vengan a nuestra casa. Eso contrasta con la búsqueda, por ejemplo, para conseguir una pareja, en la que no solo debemos encontrar a una persona que nos guste, sino que también tenemos que conseguir gustarle a ella. A diferencia de unos pantalones, si la persona que nos gusta dice que no quiere vernos ni en pintura, no será nuestra pareja.

En este sentido, el mercado de parejas se parece bastante al mercado laboral. Cuando una trabajadora busca empleo, no solo tiene que decidir qué trabajo le gusta, sino que también tiene que gustar ella a la empresa. No basta que tú quieras trabajar de delantero centro en el Barça. Para poder hacerlo, también el Barça tiene que querer que seas tú su delantero centro.

El proceso de búsqueda de pareja tiene un coste: uno debe ir a bares o a fiestas de solteros para ver si encuentra a alguien. Últimamente el coste se ha reducido con la aparición de las nuevas tecnologías y las redes sociales, que permiten registrarse en alguna aplicación o página web de citas, o en Facebook. Aun así, el coste no es cero ya que hay que pasarse horas y horas buscando y analizando los datos de todas las parejas potenciales. Una vez elegido un candidato o candidata, hay que establecer una cita: ir a cenar, al cine o a tomar un café. Después, una segunda cita y una tercera… Y si en algún momento el asunto no funciona, hay que empezar de nuevo.

Todo este proceso es muy costoso, lo cual limita la cantidad de gente que podemos acabar conociendo. Y dado que no podemos conocer a todo el mundo, existe la posibilidad de que acabemos no coincidiendo nunca con nuestra pareja ideal. A consecuencia de ello, después de cada cita deberemos decidir si nos plantamos (es decir, si nos quedamos con aquella persona) o si la rechazamos y continuamos buscando a alguien mejor. Si supiéramos que, tarde o temprano, acabaremos encontrando al hombre o a la mujer de nuestros sueños, rechazaríamos a todos los candidatos y candidatas que no fueran exactamente como queremos. Pero como no hay garantía de que acabemos encontrando a la pareja perfecta, después de cada cita debemos decidir si aceptamos aquella pareja imperfecta, o continuamos buscando y pagando los costes de buscar: más internet, más bares y discotecas, más copas, más cenas, más citas a ciegas, más Facebook… y más preocupaciones.

Las personas exigentes casi siempre rechazarán al candidato o candidata, y seguirán buscando. Esta exigencia las puede llevar más cerca de la pareja perfecta… Pero también las puede dejar sin pareja para siempre: cuando uno es demasiado exigente corre el riesgo de quedarse solo (o en el caso de buscar trabajo, corre el riesgo de quedarse en el paro). La gente tenderá a conformarse y aceptar una pareja imperfecta cuando el coste de buscar sea grande (por ejemplo, si les desagrada profundamente ir a ligar a las discotecas), cuando el coste de quedarse solo sea alto (las personas que no soportan estar solas aceptarán a la primera pareja que les pase por delante), cuando tenga otras cosas que hacer (la gente ocupada no tiene tiempo para buscar pareja) o cuando haya pocas alternativas (la gente que vive en pueblos pequeños, donde la cantidad de parejas es reducida, tenderá a conformarse con más facilidad).

¿Sabéis cuál es el lugar del mundo donde hay más solteros? La respuesta es… ¡Nueva York! Parece mentira, ¿verdad? Uno puede pensar que en una ciudad gigante, con tantos habitantes como Nueva York, debería ser muy fácil encontrar pareja y que, por tanto, en estas ciudades debería haber poca gente sin pareja. ¡Pues no! Sucede exactamente todo lo contrario. Precisamente porque hay muchas parejas potenciales, después de cada cita uno piensa: «Esta persona está muy bien…, pero seguro que puedo encontrar a otra mejor entre tantos millones de candidatos». La consecuencia es que la gente no baja el listón, no se conforma y sigue buscando. El resultado es que en Nueva York hay una gran cantidad de solteros que buscan pareja constantemente y que creen que, con tantos millones de candidatos y candidatas, están a punto de encontrar a su príncipe azul.

Información incompleta y selección adversa

Otra característica del mercado de las parejas es que cada uno de nosotros conocemos mejor que nadie nuestros defectos y nuestras virtudes.

Durante las primeras citas, aparte de analizar si la persona que tenemos delante nos gusta, tenemos que demostrar que somos personas educadas, inteligentes, respetuosas, divertidas y que reunimos una serie de características que nos hacen ser atractivos. Al mismo tiempo, escondemos nuestros defectos: raramente alguien eructa durante la primera cena con una potencial pareja (¡en cambio, sí lo hace después de un tiempo de matrimonio!). Todo esto, ¿por qué lo hacemos? Pues porque no basta con decidir que una persona te gusta, sino que también debes conseguir gustarle tú.

El hecho de conocer mejor que nadie tus defectos y tus virtudes hace que en el mercado de las parejas exista lo que se denomina «información asimétrica». Y esto acaba generando un problema muy grave: la selección adversa.

El problema de la selección adversa fue descrito por el economista George Akerlof en un artículo[8] que le valió el premio Nobel de Economía en 2001, con Joseph Stiglitz y Michael Spence. Aker-

8. George Akerlof, «The Market for Lemons: Quality Uncertainty and the Market Mechanism», *Quarterly Journal of Economics*, vol. 84, n.º 3 (agosto de 1970), pp. 488-500.

lof describió el problema con un ejemplo del mercado de coches de segunda mano: cuando vendes tu coche a un comprador, hay unos datos visibles (el kilometraje, si hay golpes en el parachoques o en las puertas, si la tapicería tiene quemaduras de cigarrillo, etc.). Pero hay cosas que no se ven y que solo el propietario sabe. Por ejemplo, solo el propietario sabe si ha forzado el motor durante los años o si ha puesto combustible de buena calidad.

Imaginemos que, en una empresa de coches de segunda mano, os ofrecen dos coches con un kilometraje y una apariencia exterior idénticos: el coche A ha sido perfectamente cuidado, mientras que el coche B ha sido maltratado durante años y es una chatarra.[9] Imaginemos que el valor del coche A es de 25.000 dólares, y el del B, solo 15.000 dólares. Dado que el comprador no ve cuál de los coches es el bueno y cuál el malo, ofrece el mismo precio por ambos: 20.000 dólares. El propietario del coche A sabe que su coche está bien cuidado y, por tanto, sabedor de que su valor es de 25.000, rechaza la oferta de 20.000. Por el contrario, el propietario de la chatarra sabe que el valor real de su coche es de 15.000 y, por tanto, acepta inmediatamente la oferta de 20.000. La consecuencia es que el coche bueno desaparece del mercado y solo quedan en él los coches malos. Fijaos en que se ha producido una «selección», pero no una selección en la que el mercado elige los coches buenos, sino un proceso que provoca que los que se quedan en el mercado sean los coches malos. Por esta razón, este proceso se llama «selección adversa».

Como no quiero herir la sensibilidad de nadie, dejo que vosotros mismos lleguéis a la conclusión de cuál es la calidad de las parejas potenciales que se apuntan en las webs de búsqueda de pareja o que van a la discoteca a intentar ligar. ¡Buena suerte!

---

9. En inglés, un coche en mal estado, al que familiarmente llamamos un hierro, un trasto o una chatarra, recibe el nombre de *lemon*. De ahí el título del artículo de Arkelof, «The market for Lemons».

Citas rápidas

Con la aparición de las aplicaciones de citas online y de las empresas de citas rápidas, ahora los economistas pueden entender un poco mejor cómo tomamos decisiones a la hora de buscar pareja. Las empresas de citas rápidas sirven para poner en contacto a personas que buscan pareja de una manera rápida y eficiente. El tema funciona más o menos del modo siguiente: la empresa reúne en una sala a diez hombres y a diez mujeres. Cada uno de ellos da sus datos de contacto a la empresa organizadora, pero no a los demás participantes. La empresa organiza diez mesas donde sienta a un hombre y una mujer, uno frente a la otra, durante cinco minutos. Antes de dar inicio a la conversación, a cada participante se le entrega una ficha con algunos datos básicos sobre la persona que tiene delante (altura, peso, profesión, salario, nivel de estudios, escuelas y universidades en donde se ha educado, etc.). Cuando suena la campana, ambas personas hablan de lo que quieran durante cinco minutos. Al final del tiempo asignado, suena la campana de nuevo, los hombres se levantan, cambian de mesa y de pareja y todo vuelve a empezar. El proceso se repite diez veces, de modo que todos los hombres habrán tenido una «cita rápida» con todas las mujeres. Al finalizar la sesión, cada participante entrega a la empresa una lista con los nombres de las personas con las que desearía una cita más larga. Si un hombre dice que quiere salir con una mujer y esta dice que quiere salir con el hombre, la empresa les facilita los números de teléfono y se organiza una cita más larga. Si uno de los dos no quiere, la empresa no da sus datos y así la persona se ahorra el tener que dar excusas, o verse en la obligación de rechazar a quien no desea ver nunca más.

Aparte de reducir los costes de buscar pareja, las empresas de citas rápidas generan una cantidad de datos que han permitido a economistas y psicólogos estudiar las preferencias de los participantes.[10] En general, los resultados de este tipo de estudios son

10. Fuente: <http://www.slate.com/articles/business/the_dismal_science/2007/11/an_economist_goes_to_a_bar.html>.

poco sorprendentes, ya que confirman bastantes estereotipos. Una primera conclusión es que la conversación no importa: en la primera impresión importan las características físicas y la información de la ficha.

La segunda conclusión es que las mujeres son más exigentes que los hombres. De media, las mujeres aceptan volver a ver solo al 20 % de los hombres con quienes han hablado. Por el contrario, los hombres quieren volver a ver al 80 % de las mujeres. Dicho en términos coloquiales, los hombres tienen «más hambre» que las mujeres.

En tercer lugar, tal como dice el estereotipo, las mujeres prefieren hombres altos y atléticos (no obesos). En cambio, a los hombres les gustan todas las mujeres (altas, bajas, medianas, delgadas y obesas). Ellas prefieren hombres ricos (no olvidéis que los ingresos anuales constan en la ficha). Ellos quieren volver a ver tanto a las chicas ricas como a las pobres. Un detalle curioso es que ellas aceptan hombres más bajos a cambio de que ganen más dinero. Concretamente, están dispuestas a sacrificar 10 cm de estatura a cambio de que su salario sea unos 146.000 dólares adicionales.

La cuarta conclusión es que las chicas blancas prefieren hombres blancos, y las negras hombres negros. En cambio, las asiáticas están dispuestas a citarse con hombres asiáticos y blancos. Los hombres, en cambio, aceptan a mujeres de todas las razas. La pareja interracial más común en Estados Unidos es la formada por un hombre blanco y una mujer asiática. Este fenómeno se ha explicado frecuentemente con la teoría de que a los hombres blancos les gusta el exotismo de las mujeres orientales. Los datos de las empresas de citas rápidas nos muestran que esta teoría está equivocada: a los hombres blancos nos gustan, de media, todas las mujeres de todas las razas y no tenemos una preferencia especial por las asiáticas. La pareja de hombre blanco y mujer oriental ocurre no porque lo quieran los hombres blancos, sino porque las mujeres asiáticas tienden a escoger hombres blancos, además de hombres asiáticos. De hecho, las mujeres orientales son las únicas que demuestran una preferencia por hombres que no son de su misma raza.

En quinto lugar, las mujeres prefieren hombres inteligentes con niveles educativos altos. Los hombres también prefieren mujeres educadas e inteligentes, ¡siempre y cuando no tengan un nivel superior a ellos! Tal como dice el estereotipo, los hombres tienen un ego que los hace sentirse amenazados por las mujeres que son más inteligentes o que tienen una educación superior a la de ellos.

Finalmente, los investigadores utilizan las citas rápidas para testar la teoría del príncipe azul. Según dicha teoría, las personas que buscan pareja no cesan hasta encontrar a la persona perfecta. La teoría alternativa, que sería la teoría economicista, dice que la gente elige la mejor pareja posible de entre las que están disponibles.

Para ver cuál de las dos teorías se ajusta más a la realidad, los investigadores llevan a cabo un experimento: reúnen aleatoriamente un grupo de diez mujeres y, en vez de proponerles diez hombres elegidos aleatoriamente, las ponen ante diez hombres «perfectos»: hombres altos, atléticos, ricos, inteligentes y educados. En definitiva, diez George Clooney. Otro día realizan el mismo experimento, pero con diez hombres nefastos (bajitos, obesos, con sueldos bajos y niveles educativos bajos). Si la teoría del príncipe azul fuera correcta, el día que las mujeres se reúnen con los Clooney, tendrían que aceptar volver a ver a los diez. Y el día que se reúnen con los bajitos obesos, no tendrían que aceptar a ninguno. Pues bien, no es esto lo que ocurre: cuando las mujeres conocen a los diez hombres perfectos, aceptan volver a ver solo al 20 %, y cuando se reúnen con los hombres nefastos también aceptan al 20 %. Al parecer, las mujeres no esperan la llegada del príncipe azul, sino que eligen a las mejores parejas entre las que están disponibles.

En la práctica, la conclusión de este estudio es que, cuando los hombres salgáis a ligar, debéis ir siempre con un grupo de amigos que sean más bajitos, más obesos y más pobres que vosotros. ¡Así aumentarán vuestras posibilidades!

Economía de los regalos: teoría de las señales y la paradoja de la elección

Todo esto nos lleva nuevamente al último aspecto que caracteriza la fiesta de Sant Jordi: los regalos. Al principio del capítulo hemos visto que regalar cosas es ineficiente, ya que el coste de los regalos es un 10 % superior al valor que le otorgan las personas que los reciben. Si los regalos son ineficientes, ¿por qué los hacemos? Una posible explicación es que no hacemos regalos para contentar a la persona que los recibe, sino a nosotros mismos. La gente disfruta regalando. De hecho, a todos nos gusta ver la cara de nuestra pareja o nuestros hijos mientras abren nuestros obsequios.

Pero esta no es la única explicación. ¿Os acordáis del profesor Michael Spencer, que ganó el premio Nobel de Economía con George Akerlof, el de la teoría de los coches de segunda mano? Pues bien, Spencer tiene otra teoría llamada «teoría de las señales». Esta teoría afirma, por ejemplo, que las empresas contratan a gente que ha estudiado carreras difíciles (como Matemáticas, Física o Ingeniería) no porque los estudiantes hayan aprendido en estas carreras algo que sea especialmente útil para la empresa, sino porque son una «señal» de que el estudiante es inteligente y posee capacidad para resolver problemas complicados. Aplicada a los obsequios, esta teoría afirma que los regalos son una señal que demuestra que has pensado en la persona a quien haces el obsequio. Regalar 50 dólares a tu pareja es un insulto porque es muy fácil. Lo que es difícil es escoger el perfume que le gusta, la música que le encanta, el viaje de sus sueños o su restaurante preferido. Si aciertas los gustos de tu pareja le demuestras que la conoces, que le prestas atención y que has pensado en ella cuando buscabas el regalo. O, como se dice ahora, demuestras habértelo «currado», le envías una señal de que la quieres y esta señal es lo que tiene valor, un valor muy superior al precio que pueda tener el regalo. Por esto encontramos insultante que nuestra pareja nos regale dinero, pero no que nos lo regale la tía Carmen. Al fin y al cabo, a diferencia de nuestra pareja, no nos importa demasiado saber si la tía nos quiere y sabe las cosas que nos gustan.

Regalar «cosas» es mejor que regalar dinero. Y esto nos lleva a la última pregunta: ¿qué regalo debemos elegir? Cuando entramos en unos grandes almacenes, encontramos infinidad de regalos potenciales: centenares de perfumes diferentes, de camisas, pantalones, aparatos electrónicos, discos, complementos de ropa, botellas de vino, champán, por no hablar de restaurantes, hoteles y viajes. ¡En la economía actual, las posibilidades son tantas que corremos el riesgo de paralizarnos! El psicólogo norteamericano Barry Schwartz habla de la paradoja de la elección:[11] a los seres humanos nos cuesta tomar decisiones y, cuando nos encontramos ante múltiples alternativas, nuestro cerebro se paraliza y no sabemos cuál elegir. Todos hemos agonizado en el momento de comprar un computador o un televisor LED: entre las pulgadas, los megahercios y el ROM, nos pasamos horas, días y semanas buscando ansiosamente, mirando y remirando sin poder tomar una decisión. Esta es la versión moderna del asno de Buridán. En el siglo XIV, el filósofo francés Jean Buridan nos decía que, si dejábamos a un burro hambriento a medio camino entre dos montones de paja, no sabría si ir al montón de la derecha o al de la izquierda. De tanto dudar, el asno acabaría muriendo de hambre sin haber decidido de qué montón comer.[12]

La paradoja de la elección nos dice que la agonía de elegir un regalo puede llegar a ser muy superior al placer de regalar o a la señal que damos a la persona amada. En este sentido, Sant Jordi es una fiesta en la que nos hacemos regalos, pero no cualquier tipo de regalos: nos regalamos libros y solo libros. Y esto reduce enor-

11. Fuente: <http://www.ted.com/talks/barry_schwartz_on_the_paradox_of_choice?language=en#t-1161193>.

12. Pese a que esta paradoja lleva el nombre del filósofo francés, los pensadores de la Grecia clásica ya mencionaban este dilema. En el año 350 a.C., Aristóteles habló del hombre que tiene tanto hambre como sed y que, si está a la misma distancia de la comida y del agua, no sabe si ir hacia un lado o hacia el otro, y, al final, acaba no comiendo ni bebiendo.

memente la angustia de tener que elegir. A diferencia de la Navidad, no tenemos que pensar si regalamos un perfume, un disco, un aparato electrónico o un complemento de ropa. ¡Solo podemos regalar libros! Es cierto que debemos elegir el libro específico que le va a gustar a nuestra pareja y, por tanto, la persona amada verá la señal que demuestra que la conocemos. La parte positiva del regalo, la señal, aún está ahí. Ahora bien, la parte negativa de la angustia que provoca la paradoja de la elección desaparece. Por esta razón creo que el día de Sant Jordi, y no la Navidad, es la fiesta perfecta.

11

¿El dinero da la felicidad?

Canciones preferidas

¿Cuál es vuestra canción preferida? La mía es «Bohemian Rapsody», de Queen. Me gustan sus cambios de ritmo y la locura daliniana que desprende. La he escuchado centenares, quizá miles de veces y, sin embargo, cada vez que la escucho se me pone la piel de gallina.

Cada uno tiene una música o una canción favorita. Me gustaría que os visualizarais a vosotros mismos sentados cómodamente en el sofá de vuestra casa mientras suena esa música que más os gusta. A algunos esta escena os despertará una sensación de paz; otros sentiréis alegría, nostalgia, amor o lo que sea. Pero, al ser vuestra melodía preferida, seguro que a todos os aporta felicidad.

¿Cuál es vuestra segunda canción preferida? Pensadlo. Ahora intentad visualizaros mientras suena esta segunda melodía. La mía sería «Amor particular», de Lluís Llach. Volved a visualizaros escuchando la segunda canción. Seguro que os invade nuevamente un sentimiento de felicidad. Repetid este ejercicio con la tercera, la cuarta y la quinta canción que más os gusten. Seguro que cada vez experimentáis sensaciones positivas.

Ahora, para acabar, intentad escuchar las cinco canciones al mismo tiempo. ¿A que os habéis llevado un buen susto? Porque el resultado de mezclar cinco canciones fantásticas no es una canción cinco veces más bonita, ¡sino una algarabía indigerible para el oído!

Os explico todo esto porque la felicidad está de moda. Está de moda en las librerías, donde cada día hay más libros de autoayuda que nos explican lo que debemos hacer para ser felices. Está de moda en internet, donde a diario aparecen centenares o miles de frases «mágicas» que nos indican cómo mejorar nuestra felicidad. Está de moda en las universidades, en las que cada vez hay más profesores que enseñan asignaturas relacionadas con la felicidad. Está de moda entre los políticos, que cada vez se cuestionan más si deberíamos sustituir las medidas económicas tradicionales, como el producto interior bruto (PIB) o la renta per cápita, por indicadores de felicidad, tal como ha hecho Bután, un país asiático que mide la «felicidad interior bruta». También está de moda entre los economistas, que últimamente han desarrollado una nueva rama de la ciencia llamada «economía de la felicidad». La pregunta principal que se plantean los economistas de la felicidad es si el progreso económico (es decir, el aumento de la renta per cápita) conlleva el aumento de la felicidad. O, formulado de otra manera, ¿el dinero da la felicidad?

La paradoja de Easterlin

Uno de los primeros en responder a esta pregunta en los años setenta fue el profesor de economía de la Universidad de Southern California, Richard Easterlin. La teoría tradicional utilizada por los economistas decía que, si bien el dinero no genera la felicidad directamente, sí ayuda a comprar cosas que generan felicidad: el dinero sirve para adquirir alimentos, ropa, vivienda, transporte, educación, viajes, aparatos electrónicos, electricidad, internet y todo lo que compramos diariamente de manera voluntaria. Si la gente decide adquirir toda esta serie de bienes y servicios, y lo hace libremente, significa que estos productos y experiencias les aportan felicidad. De no ser así, ¡no las comprarían! La teoría tradicional sostiene que la gente más rica es más feliz porque puede comprar más cosas que desea.

En 1974, Easterlin decidió analizar los datos para comprobar si era cierto que la gente con ingresos más altos era más feliz. Con este objetivo, utilizó unas encuestas en las que preguntaba: «En general, ¿qué grado de satisfacción tienes con tu vida?». Y se les instaba a valorar la satisfacción con un número entre el 1 y el 4. Easterlin obtuvo la media de todas las respuestas para cada país y las correlacionó con una medida de los ingresos monetarios de los ciudadanos como es el PIB per cápita. El resultado fue sorprendente: los habitantes de los países ricos tendían a ser más felices que los de los países pobres… Pero solo hasta que alcanzaban un nivel de 15.000 dólares (en precios actualizados). A partir de 15.000 dólares la felicidad de los ciudadanos no aumentaba, por mucho que aumentaran sus ingresos.

Este hallazgo fue paradójico, ya que la gente que cobra alrededor de 15.000 dólares anuales hace un gran esfuerzo para intentar ganar más dinero. La paradoja es: si a partir de 15.000 dólares, el ganar más dinero no aporta más felicidad, ¿por qué la gente trabaja tanto? ¿Por qué piensa la gente que 15.000 dólares es un sueldo bajo? Si las personas llevaran una vida más relajada y dejaran de preocuparse por ganar más dinero, tendrían más tiempo libre y serían igual de felices. De hecho, es como si la gente que cobra más de 15.000 dólares estuviera corriendo en la cinta de un gimnasio (o en la rueda de un hámster): corren y corren (es decir, se esfuerzan y trabajan), pero su felicidad no acaba de avanzar nunca.

El hallazgo de Easterlin tuvo tres consecuencias importantes. La primera es que, para evaluar el progreso de una sociedad, las Naciones Unidas crearon un nuevo índice llamado «índice de desarrollo humano». La idea era que había que añadir factores no monetarios a las tradicionales medidas de progreso, como son el PIB o la renta per cápita. Aconsejados por Amartya Sen, un profesor de economía originario de la India que daba clases en la Universidad de Harvard, los economistas de las Naciones Unidas tomaron la media de la renta per cápita, la esperanza de vida (que mide la salud de los ciudadanos de un país) y la educación. Lo llamaron «índice de desarrollo humano». Actualmente son muchos los economistas que, en vez de mirar el progreso de un país mediante el PIB per cápita, utilizan el índice de desarrollo humano.

Una segunda consecuencia de la paradoja de Easterlin fue la aparición de grupos de economistas que recomendaban el «crecimiento cero». Estos grupos, vinculados a movimientos medioambientales, argumentaban que, si el crecimiento del PIB no genera más felicidad a los ciudadanos de un país, pero sí genera, en cambio, destrucción de recursos naturales, entonces no tiene ningún sentido que las políticas económicas de todos los gobiernos busquen constantemente el crecimiento económico: si una vez alcanzada la renta per cápita de 15.000 dólares los países dejan de crecer, no destruiremos el planeta y los ciudadanos serán igual de felices.

La tercera consecuencia que tuvo la publicación de Richard Easterlin es que los economistas se dedicaron a investigar si la paradoja era real o había sido un error de cálculo de este famoso profesor. Así nació la rama que hoy llamamos «economía de la felicidad».

¿Qué es la felicidad?

Una de las primeras cosas que hicieron los economistas fue intentar definir la felicidad y qué es lo que hace feliz a la gente. Según el filósofo griego Epicuro, somos felices cuando experimentamos sensaciones placenteras y no experimentamos sensaciones desagradables. John Stuart Mill dijo que la felicidad no es más que el placer y la ausencia de dolor, y más allá del placer y el dolor no hay ni mal ni bien.

Una de las personas que, en tiempos recientes, se ha dedicado más a este tema es el psicólogo israelí Tal Ben-Shahar, de la Universidad de Harvard. Curiosamente, hoy en día Ben-Shahar imparte la clase más popular de la universidad, un honor que durante muchas décadas habían tenido les clases de introducción a la economía del profesor Gregory Mankiw. Según Ben-Shahar, la felicidad es una combinación de factores que actúan a corto y a largo plazo. El corto plazo está dominado por las cosas que nos producen placer. A largo plazo, la felicidad está determinada por factores que dan significado y sentido a nuestras vidas. Una hamburguesa, por ejemplo, nos puede generar placer o satisfacción cuando la comemos, pero acabará perjudicando nuestra salud (¡que es uno de los factores que dan sentido a nuestra vida!). Y, al contrario, a la mayoría de nosotros un simple plato de verdura no nos genera demasiado placer inmediato, pero tiene efectos positivos para nuestra salud. Naturalmente, lo ideal sería encontrar un tipo de comida que nos produjera placer y que, al mismo tiempo, fuera saludable. Y esto es lo que Ben-Shahar dice que la gente feliz consigue: el equilibrio entre el placer inmediato y las cosas que tienen significado a largo plazo.

Ben-Shahar dice: «Conseguir una felicidad duradera requiere que disfrutemos del viaje hacia un destino que consideremos valioso. La felicidad no se obtiene al alcanzar la cima de la montaña, ni subiendo a ella sin rumbo: la felicidad es la experiencia de escalar a la cima a la que queremos llegar».

Para alcanzar la felicidad, Ben-Shahar nos recomienda una serie de ejercicios. El primero es saber qué nos hace felices. En una hoja de papel, escribid la frase siguiente: «Para ser un 5 % más feliz, tendría que…». Ahora pensad cinco cosas que deberíais hacer para completar la frase. No pongáis «tener un millón de dólares». Escribid las experiencias que querríais vivir si tuvierais el dinero para llevarlas a cabo: viajar con la pareja y los hijos, ver más partidos de fútbol, sentir paz interior o lo que sea… Esta lista os ayudará a saber a qué cima queréis llegar.

Una segunda recomendación es crear rituales como, por ejemplo, escribir cada noche, antes de acostarse, las cinco cosas de las que estáis agradecidos que os hayan pasado durante ese día: un paseo después de comer, una ducha larga, lo a gusto que habéis cenado, la compañía de la que habéis disfrutado…

Un tercer consejo es imaginar que tenéis ciento diez años y que, retrocediendo en el tiempo, os encontráis con vosotros mismos tal como sois en la actualidad: ¿qué os recomendaríais? ¿Qué cosas que ahora os preocupan mucho serán consideradas por vosotros mismo simples trivialidades dentro de unos años? ¿Y qué cosas a las que ahora no concedéis importancia serán fundamentales cuando seáis mayores?

Un cuarto ejercicio es simplificar vuestra vida diaria. No asumáis más responsabilidades de las que podáis asumir, aunque os generen más dinero. Liberad tiempo para hacer cosas y caminar hacia objetivos que os hagan felices. ¡Es imposible que seamos felices si no dedicamos tiempo y recursos a hacer las cosas que nos hacen felices!

Otro consejo es recordar la importancia del cuerpo y de la salud: llevad una alimentación saludable, haced ejercicio, usad un calzado cómodo, dormid una cantidad de horas suficiente.

Ben-Shahar también recomienda que no nos obsesionemos con la felicidad y que no tengamos miedo a tener y sentir emociones negativas como el miedo, la ansiedad o la rabia. Estas emociones son naturales, y si creemos que podemos vivir sin ellas, no solo nos equivocaremos, sino que acabaremos decepcionados… e infelices.

Una última recomendación sería cambiar nuestra actitud. Dejando de lado acontecimientos extremos (accidentes, enfermedades, la muerte de seres queridos), quien determina nuestra felicidad somos nosotros mismos. Si nos fijamos en lo que nos molesta o nos genera frustración, sentiremos molestias y frustración. Si nos molesta que los coches nos adelanten en la carretera, debemos intentar no pensar en ello cuando conducimos. Estar pendientes de que no nos adelanten solo nos generará infelicidad innecesaria.

La biología de la felicidad

Desde el punto de vista biológico, la sensación de felicidad está generada por señales químicas y eléctricas que nos llegan al cerebro. Al fin y al cabo, las sensaciones de placer, dolor, miedo, ansiedad o frustración no son más que señales químicas producidas por moléculas neurotransmisoras como la dopamina, la serotonina, la oxitocina, el cortisol, la adrenalina o las endorfinas. Porque, en efecto, nuestras neuronas se comunican mediante señales químicas y eléctricas. Lo que a nosotros nos parece una sensación de euforia (por ejemplo, cuando nuestro equipo ha marcado un gol importante), no es más que una subida de dopamina. Cuando experimentamos una sensación de bienestar (quizá cuando recordamos la sensación de cuando nuestro equipo ganó un campeonato importante hace años), aumenta nuestro nivel de oxitocina o serotonina (de hecho, a la serotonina se la conoce como «la hormona de la felicidad»). La testosterona, por su lado, es una señal de excitación, quizá de índole sexual. Y el cortisol está relacionado con la sensación de ansiedad.

Nuestro cuerpo está diseñado para obtener premios cuando hacemos cosas que favorecen la supervivencia y la reproducción (por esto obtenemos placer comiendo o practicando sexo), y para recibir castigos cuando hacemos cosas que las amenazan (la sensación de miedo cuando nos encontramos a un león). Y la manera que tiene el cerebro de comunicar que algo es bueno o malo es a través de esas señales químicas. Dicho esto, las neuronas no saben exactamente lo que ocurre fuera del cerebro, simplemente ven si la dopamina sube o si el nivel de serotonina baja. Esto permite a los neurólogos tratar algunas enfermedades mentales como la depresión, dando pastillas que aumentan químicamente el nivel de serotonina. Las neuronas no saben si la serotonina ha aumentado porque nos hemos tomado una pastilla o porque nos hemos encontrado con un amigo de la infancia y esto nos ha despertado unos recuerdos que nos hacen felices. Simplemente ven que hay más serotonina y esto hace que se reduzca la sensación de depresión. Ocurre lo mismo cuando alguien toma una droga que genera euforia: las neuronas no saben si la euforia proviene de la droga o se debe a que tu equipo de fútbol ha marcado un gol.

Desde el punto de vista biológico, pues, la felicidad es un fenómeno puramente químico. Una vez entendido esto, queda claro que las emociones provocadas por la química tienen que ser necesariamente transitorias. Es decir, no sabemos si la felicidad se puede comprar o no, pero lo que sí sabemos es que tiene que ser temporal. ¿Por qué? Pues porque las subidas y bajadas de los neurotransmisores que nos generan euforia, placer, dolor, miedo, depresión o un orgasmo son premios o castigos a nuestra conducta. Cuando hacemos algo que es bueno para nuestra supervivencia, el cuerpo nos da un premio para que lo hagamos de nuevo. Es decir, dado que alimentarnos nos hace un bien, obtenemos un premio en forma de placer cuando comemos, y un castigo en forma de malestar cuando pasamos hambre. Dado que practicar sexo es bueno para la supervivencia de nuestros genes, obtenemos un premio en forma de éxtasis orgásmico cuando lo hacemos, y un castigo cuando ya hace tiempo que no.

Pero, para que sea realmente efectivo, este estímulo de placer debe desaparecer necesariamente. Si no fuera así, no tendríamos ganas de repetir lo que nos va bien. Imaginad que, por alguna extraña mutación genética, un antepasado nuestro hubiese tenido un orgasmo eterno. El buen hombre —o buena mujer— habría practicado sexo una vez y se habría quedado extasiado, tumbado en la cama para siempre. Esto no lo hubiera inducido a practicar sexo una y otra vez y, por tanto, con toda seguridad, aquel señor —o señora— no habría tenido hijos. O solamente habría tenido uno. Mientras tanto, los otros miembros de la tribu que no hubiesen experimentado aquella mutación genética y que sí experimentaban orgasmos temporales, al día siguiente del primer orgasmo habrían tenido ganas de volver a copular. Y al día siguiente también, y al otro y al otro. Es decir, mientras el hombre o la mujer del orgasmo infinito hubiera permanecido extasiado eternamente, sus compañeros y amigos se habrían pasado el resto de sus vidas fornicando y teniendo hijos. Claramente, los genes que se habrían reproducido habrían sido los de los individuos que obtenían un placer temporal y no los de los individuos con orgasmos eternos. Lo mismo sucede con la comida: nuestro cuerpo necesita que comamos cada día, y de ahí que la sensación de satisfacción que sentimos al comer cada día solo dure unas horas. Es la manera que tiene nuestro cuerpo de decirnos que debemos levantarnos y volver a comer.

En términos económicos, todo esto significa que, tanto si somos ricos como si somos pobres, nuestra felicidad está relacionada con la química del cerebro y que las sensaciones de bienestar y malestar son necesariamente temporales.[1] Desde este punto de vista, si el dinero da la felicidad tiene que ser porque, o bien los ricos se pueden permitir «comprar» más «dosis de dopamina» (pueden pagar para hacer las actividades que generan la sensación de euforia a corto plazo), o bien pueden emplear el dinero para tener más tranquilidad (no sufren para llegar a final de mes), y gracias a ello sufren menos depresión, estrés o ansiedad. Dicho esto, y que yo sepa, no existe ningún estudio que demuestre que los ricos sufran menos de estas disfunciones cerebrales que los pobres.

El budismo y la felicidad

El budismo es una religión que nos dice que la felicidad tiene poco que ver con el bienestar económico. De modo muy resumido, el budismo se fundamenta en lo que los budistas llaman «las

1. En su último best seller, titulado *Homo Deus*, el historiador israelí Noah Harari lleva esta conclusión al límite y se pregunta si, en vez de buscar la felicidad a partir de enriquecernos y poder comprar las cosas que nos generan los impulsos químicos, los humanos no tendríamos que comprar directamente los químicos que nos generan sensación de bienestar. Es decir, se pregunta si deberíamos consumir pastillas de serotonina o dopamina y dejarnos de intentar hacer buenas cenas y practicar buen sexo. Nunca he averiguado si esta es una propuesta seria o es una provocación intelectual de las que tanto gustan a Harari. En cualquier caso, es claramente una propuesta curiosa, que nos recuerda *Un mundo feliz*, la novela de ciencia ficción de Aldous Huxley, en la que las autoridades regulaban la felicidad de la gente mediante unas pastillas llamadas «soma».

cuatro verdades nobles». La primera verdad es que toda la existencia está impregnada de sufrimiento, pena y frustración, y que, cuando gozamos de la felicidad, esta es siempre temporal. Desde este punto de vista, el budismo está de acuerdo con la teoría evolutiva de la química del cerebro que acabamos de explicar: la felicidad es necesariamente temporal. La segunda verdad es que el sufrimiento siempre surge de los deseos insatisfechos, de la afección y de la ignorancia. La tercera verdad dice que el sufrimiento puede ser vencido y se puede alcanzar un estado de ausencia de sufrimiento (el *nirvana*), y que para ello hay que disminuir el deseo, la afección y la ignorancia. Es decir, si el sufrimiento viene de los deseos insatisfechos, para ser felices debemos desear menos cosas. Si la infelicidad proviene de la afección que tenemos por las cosas, debemos sentir menos apego por ellas. Si la infelicidad proviene de la ignorancia, debemos dejar de ser ignorantes.

La cuarta verdad nos dice que, para lograr la disminución del deseo, la afección y la ignorancia, hay que seguir el camino de los ocho pasos. Los ocho pasos son los siguiente: 1) la «comprensión correcta» de las cuatro verdades nobles; 2) el «pensamiento correcto» (no tener odios ni envidias); 3) la «palabra correcta» (no mentir ni hablar inútilmente); 4) la «acción correcta» (tener buena conducta moral); 5) la «ocupación correcta» (ganarse la vida sin hacer daño a personas o seres vivos); 6) el «esfuerzo correcto» (fomentar tendencias buenas); 7) la «atención correcta» (no ceder a los deseos), y 8) la «concentración correcta» (o arte de la meditación).

Las dos primeras verdades estarían compartidas por la mayor parte de los economistas: el sufrimiento o la falta de felicidad proviene de los deseos insatisfechos. La diferencia es que los economistas dicen que, si la infelicidad proviene de los deseos insatisfechos, lo que hay que hacer es satisfacerlos, y para ello es necesario el progreso económico. Los budistas, en cambio, dicen que, si el sufrimiento proviene de los deseos insatisfechos, hay que tener menos deseos. En definitiva, la clave está en cómo se cierra la brecha entre lo que deseamos y lo que tenemos.

Daniel Kahneman: la psicología aplicada a la economía

Daniel Kahneman es el único psicólogo que ha ganado el premio Nobel de Economía. Juntamente con Amos Tversky (que no recibió el premio Nobel porque, cuando le fue concedido, ya había fallecido), Kahneman ha revolucionado el mundo de la economía al incorporar ideas de la psicología sobre cómo nos comportamos los seres humanos.[2]

Kahneman dice que en cada uno de nosotros habitan dos personas diferentes: el «yo experimentador» y el «yo narrador». El «yo experimentador» vive al instante y representa nuestra consciencia en todo instante. El «yo narrador» se encarga de interpretar lo que nos ha pasado, de convertir nuestras experiencias pasadas en un relato (real o ficticio), olvidando lo que no nos interesa y añadiendo fantasías que, para nosotros, acaban siendo tan reales como la realidad. Para demostrar la existencia de esos dos «yos», Kahneman hizo un experimento remarcable dividido en tres partes. En la primera parte, se pedía a un grupo de estudiantes que pusiera la mano en un cubo con agua a 14 grados centígrados durante un minuto. Hay que decir que el agua a 14 grados es muy fría y poner la mano en ese cubo era bastante desagradable ya que, con el paso de los segundos, los estudiantes llegaban a sentir dolor. En la segunda parte, se pedía a los estudiantes que pusieran la mano de nuevo en un cubo con agua a 14 grados durante un minuto. Pasado este minuto, Kahneman añadía agua un poco más caliente que hacía subir la temperatura a 15 grados sin que el estudiante se diera cuenta y se le pedía que mantuviera la mano en el cubo durante 30 segundos más. Hay que decir que el agua a 15 grados es un poco mejor que el agua a 14, pero todavía produce cierto dolor. A la mitad de los estudiantes se les hacía empezar

---

2. Mientras escribía este libro, el comité del Banco Central de Suecia concedió el premio Nobel a Richard Thaler. A diferencia de Kahneman, Thaler no es psicólogo sino economista. Sin embargo, es otro de los científicos que más ha contribuido a incorporar elementos de la psicología moderna en la economía.

por la primera parte y a la otra mitad por la segunda. Y luego llegaba la parte más importante e interesante del experimento: exactamente siete minutos después de acabar las dos primeras pruebas, se les comunicaba a los estudiantes que debían repetir una de las dos pruebas pero que podían escoger cuál de las dos. El resultado fue espectacular: el 80 % de los voluntarios escogió volver a realizar la segunda prueba (la más larga) porque les «pareció» menos dolorosa.

Para el «yo experimentador», la segunda prueba es claramente más dolorosa: el estudiante está 60 segundos con la mano en agua a 14 grados (igual que en la primera prueba) pero, ADEMÁS, tiene la mano 30 segundos adicionales con la mano en agua a 15 grados. Añadir 30 segundos de «menos dolor» a los 60 segundos de dolor no puede ser mejor que experimentar solamente los 60 segundos de dolor. Sin embargo, los estudiantes preferían esa prueba larga a la corta. Según Kahneman, durante los siete minutos que pasaban entre la segunda y la tercera prueba, el «yo narrador» reescribía la historia en el cerebro de los participantes y los llevaba a recordar menos dolor en la prueba larga que en la corta. Gracias a esta famosa prueba, Kahneman descubrió que el «yo narrador» reescribe la historia utilizando una regla sencilla que bautizó con el nombre de «pico-final»: lo que queda grabado en nuestra memoria no es la duración de las experiencias sino el peor momento (el pico) y el momento final. En las dos pruebas (la larga y la corta), el peor dolor experimentado por los estudiantes era el que se siente cuando el agua está a 14 grados. Ahora bien, dado que en la prueba larga el dolor que sentían los participantes al final del experimento era menor ya que el agua estaba un poco más caliente, estos recordaban la prueba larga como menos dolorosa que la corta.

Kahneman y sus colegas siguieron investigando la existencia de los dos yos con pacientes sometidos a colonoscopias. Una colonoscopia es una intervención que consiste en introducir una pequeña cámara con un cable por el ano del paciente. El objetivo es mirar si tiene algún tipo de tumor en el colon. En los años noventa (que es cuando se hicieron estos experimentos), los hospitales no utilizaban anestesia para este tipo de intervenciones por lo que las colonoscopias eran profundamente dolorosas. Pues bien, Kahneman les pedía a los pacientes que valoraran entre 0 y 10 el dolor que sufrían durante cada minuto de la intervención. Los números que daban los pacientes minuto a minuto correspondían al dolor que sufría su «yo experimentador». Una vez finalizada la prueba, cuando el cable y la cámara ya se encontraban fuera del cuerpo del paciente, se les pedía también que valoraran entre 0 y 10 el dolor que habían sentido durante la prueba en su conjunto. Ese número final era el que daba su «yo narrador». Si el «yo experimentador» y el «yo narrador» fueran la misma persona, cabría suponer que la evaluación final se correspondería perfectamente con la suma de las evaluaciones minuto a minuto. Por ejemplo, si la prueba había sido muy larga, la nota final tendería a ser peor que si la prueba era corta. La sorpresa fue que los pacientes seguían perfectamente la regla del «pico-final». Es decir, si una intervención duraba 20 minutos y en el momento de más dolor el paciente había dicho que su dolor era de 9 y en el momento final el dolor era de 5, la evaluación final era de 7 (la media entre 5 y 9). Si una prueba duraba 10 minutos y el peor momento era de 10 y el final de 6, la nota final era de 8. El hecho de que la prueba durara el doble y que, por lo tanto, el «yo experimentador» experimentara mucho más dolor acumulado, no tenía ningún efecto en la evaluación final: lo único que importaba eran el peor momento (pico) y el momento final (final). Este revolucionario descubrimiento hizo que, a partir de entonces, los médicos de todo el mundo acabaran todas las colonoscopias dejando el cable en el interior del colon de los pacientes, inmóvil para que no causara dolor, durante unos minutos. De este modo, el momento final era mucho menos doloroso, la media entre el pico y el final caía en picado, y el recuerdo que le quedaba a los pacientes de esa desagradable experiencia era mucho menos doloroso.

Del mismo modo que en nuestro interior habitan dos personas distintas, existen dos tipos de felicidad: la del «yo experimentador» y la del «yo narrador». La felicidad del «yo experimentador» se llama felicidad instantánea y es el resultado de lo que sentimos en cada momento: el estar estirados en el quirófano cuando nos hacen una colonoscopia nos genera un dolor durante cada uno de los minutos que dura la intervención. El encontrarnos en un atasco de tráfico cuando vamos al trabajo nos provoca una gran infelicidad instantánea. Una buena cena con los amigos o explicar un cuento a nuestros hijos al acostarlos nos genera felicidad momentánea durante cada uno de los segundos que estamos comiendo, riendo o leyendo.

Pero una cosa es lo que sentimos y otra cosa lo que recordamos haber sentido. Lo que recordamos pasa por la «traductora» del «yo narrador». Y ya sabemos que el narrador manipula un poco la realidad y lo que recordamos haber sentido o experimentado no es exactamente lo mismo que dijimos sentir en el momento que pasó. Unos minutos después de la colonoscopia no recordamos que la experiencia fuera tan mala si en el momento final no sentimos un dolor muy agudo. Durante una visita turística a una ciudad, pasamos calor y sudamos mientras caminamos. Pero unos días o unos meses más tarde, el yo narrador ha depurado nuestra experiencia y hace que nos quede el buen recuerdo de haber estado en una ciudad interesante.

Vosotros mismos podéis constatar la diferencia entre los dos tipos de felicidad (o los dos tipos de «yo») si os planteo la siguiente disyuntiva: imaginad que podéis elegir el viaje que siempre habéis soñado. Podéis escoger viajar al lugar más idílico del mundo con las personas que más queréis del mundo. ¿Adónde iríais? Ahora cambiamos la propuesta. Podéis elegir el viaje de vuestros sueños, pero con una condición: no podéis sacar fotografías y, una vez finalizado el viaje, todo lo que haya pasado quedará borrado de vuestra memoria. ¿Elegiríais el mismo viaje? Normalmente la gente elige un viaje diferente. En realidad, muchos de nosotros, cuando hacemos vacaciones, en realidad estamos construyendo una memoria de la que podremos disfrutar posteriormente. Por esto, cuando viajamos, muchos de nosotros pasamos más tiempo haciendo fotos, que disfrutando del momento. Para muchos es más importante construir una memoria que nos permita ser felices después, que disfrutar del presente.

Kahneman explica que, cuando los encuestadores como Richard Easterlin preguntan a la gente cuál es su nivel de felicidad, lo que en realidad están calculando es la memoria de la felicidad. Es decir, cuando se nos pregunta «¿Cuál es nuestro nivel de felicidad?», quien responde es el «yo narrador». El mismo que responde al final de la colonoscopia o del experimento del agua fría. Para medir la «felicidad instantánea», uno tiene que preguntar al «yo experimentador». Pero ¿cómo se hace eso? Pues del mismo modo que Kahneman y sus asociados lo hicieron durante las colonoscopias: preguntando por el grado de felicidad en cada momento del día. Para ello, Kahneman propone llamar a cada persona analizada a diferentes horas del día y se le pregunta qué actividad está realizando y qué nivel de felicidad le genera hacerla. Por ejemplo, cuando llaman por la mañana y pillan al sujeto en el coche, atrapado en un atasco yendo al trabajo, este dice: «Estoy en el coche, en un atasco, y esto me genera un placer cero». Si después le llaman al trabajo y está en una reunión, dice: «Estoy en una reunión y el nivel de felicidad es 4». O: «Estoy en casa dando la cena a los niños y la felicidad es 6», o «Estoy en la cama con mi pareja y no puedo atender al teléfono, por favor, llame más tarde… ¡pero ya le adelanto que será un 10!». Después se obtiene la media y se calcula una especie de índice que, según Kahneman, tiene que ver con la felicidad instantánea.

Es interesante ver que los norteamericanos, los únicos que, de momento, han sido estudiados por Kahneman, evalúan las diferentes actividades que llevan a cabo a lo largo del día. Por orden de peor a mejor, el ranking de actividades diarias es:

20. Ir al trabajo (tráfico, trenes, autobuses, etc.)
19. Hablar con el jefe en el trabajo
18. Trabajar
17. Volver del trabajo (tráfico, trenes, autobuses, etc.)
16. Cuidar a los niños
15. Tareas domésticas
14. Utilizar el computador (fuera del trabajo)
13. Hacer las compras
12. Cocinar
11. Echarse la siesta
10. Hablar por teléfono
9. Mirar la televisión
8. Socializar después del trabajo
7. Rezar / ir a misa
6. Hacer ejercicio
5. Almorzar
4. Cenar
3. Relajarse
2. Socializar en el trabajo
1. ¡Practicar sexo!

No sorprende que a la gente no le guste perder el tiempo yendo y volviendo del trabajo. Tampoco sorprende que a la gente le guste más socializar en el trabajo, que trabajar o hablar con el jefe, o que le encante comer (almorzar o cenar), relajarse o practicar sexo. Lo que más sorprende de la lista es el poco entusiasmo con el que los americanos (¡y las americanas!) valoran el tiempo que dedican a sus hijos. Esta nota tan baja referida al tiempo destinado a los hijos resultará clave para entender la conclusión final de este capítulo. Recordadlo porque volveremos a este punto.

Por tanto, tenemos dos medidas de felicidad: una de la memoria de la felicidad (o felicidad a largo plazo o la felicidad experimentada por el «yo narrador») y la otra de felicidad instantánea (la del «yo experimentador»). Fijaos en que esto nos complica la vida a los economistas, porque si existen dos tipos de felicidad, la pregunta de si el dinero genera felicidad carece de sentido. Esa pregunta debe ser sustituida por dos preguntas distintas: 1) ¿El dinero genera memoria de felicidad? Y 2) ¿El dinero genera felicidad instantánea?

El dinero sí compra la memoria de la felicidad...

Los economistas Betsey Stevenson y Justin Wolfers[3] utilizan las encuestas de felicidad realizadas por la empresa Gallup en más de cien países del mundo, y las relacionan con los ingresos de los ciudadanos. Como acabamos de ver, cuando a un encuestado le preguntan: «Entre 1 y 4, ¿cuán feliz eres?», lo que estamos analizando es su «memoria de felicidad» ya que quien responde es su «yo narrador». Los resultados de la relación entre «memoria de felicidad» e ingreso se pueden ver en el gráfico 11 de su artículo, que reproduzco en la página siguiente. En el eje horizontal se representan los niveles de renta o ingreso, y en el vertical, el nivel de felicidad o «satisfacción vital» (*life satisfaction*, en inglés). El gráfico nos muestra una serie de puntos que representan la media para cada país y una flecha. Si miramos solo los puntos negros, vemos que la relación entre renta y felicidad es enormemente positiva. Esto significa que, cuanto más ricos son de media los países, más felices son sus ciudadanos. La paradoja de Easterlin, pues, parece que es un fenómeno estadístico de los años setenta que ha desaparecido de los datos más actuales. En el gráfico también aparecen unas flechas que atraviesan los puntos. Si la flecha apunta hacia el nordeste significa que, dentro de aquel país, los ciudadanos ricos son más felices que los pobres. Si apunta hacia el sudeste, significa que los pobres son más felices que los ricos. Si miramos

3. Betsey Stevenson; Justin Wolfers, «Economic Growth and Subjective Well-Being: Reassessing the Easterlin Paradox», *Brookings Papers of Economic Activity*, Economic Studies Program, The Brookings Institution, vol. 39 (Spring), 2008 pp. 1-102.

la dirección de las flechas en el gráfico de Stevenson y Wolfers, vemos que todas, absolutamente todas ellas apuntan hacia el nordeste. Es decir, no solo la gente que vive en países ricos es, de media, más feliz que la que vive en países pobres, sino que, dentro de todos y cada uno de los países del mundo, la gente rica tiene un grado de satisfacción vital superior al de la gente pobre. La paradoja de Easterlin, por tanto, ya no existe en los datos actuales.

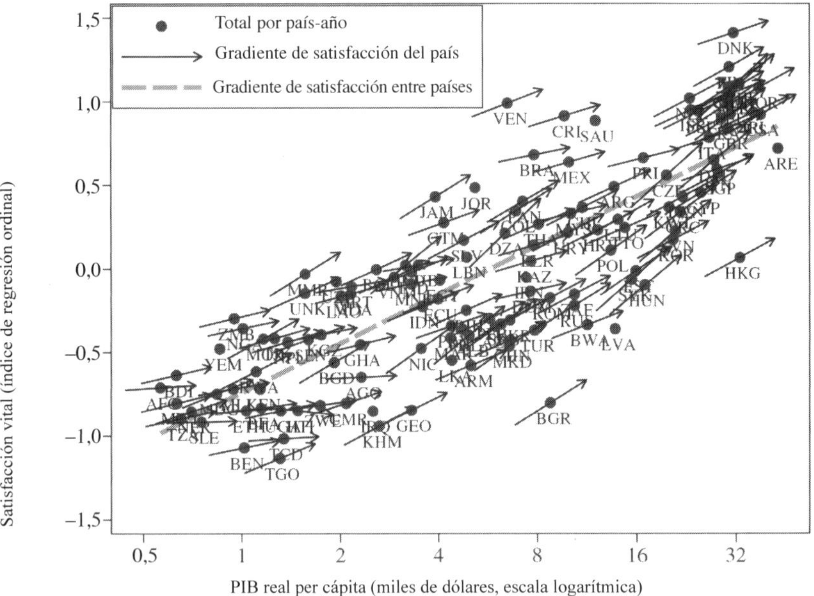

... pero no siempre da la felicidad instantánea

Por lo que respecta a la felicidad instantánea, Kahneman nos explica en su libro que, después de analizar el bienestar de 450.000 personas, llega a una conclusión un poco diferente:[4] entre las personas que ganan menos de 75.000 dólares, el dinero sí da la felicidad. Es decir, ganar más dinero comporta más bienestar perso-

4. Daniel Kahneman, *Thinking Fast and Slow*, Nueva York, Farrar, Straus & Giroux, 2011, capítulo 37.

nal o felicidad… siempre y cuando ganes menos de 75.000 dólares. Ahora bien, entre la gente que gana más de 75.000, ingresar más dinero no necesariamente implica un aumento del bienestar.

Este resultado es misterioso. Al fin y al cabo, la gente que cobra 75.000 dólares se muere de ganas de cobrar un poco más. ¿Por qué querría cobrar más si eso no les da más felicidad instantánea? O, dicho de otro modo, ¿por qué ganar más dinero no genera más felicidad a partir de 75.000 dólares? La respuesta se nos empieza a mostrar si recordáis lo que os he explicado unas líneas más arriba: los americanos (y sorprendentemente las mujeres americanas) no dan una puntuación demasiado buena al rato que pasan con sus hijos. ¿Cómo puede ser que no les guste pasar un rato con los niños si, cuando les preguntan qué es lo que les da mayor felicidad en la vida, normalmente responden que son los hijos? Pues bien, la clave del misterio radica en el hecho de que cuando los investigadores llaman a las madres y les preguntan «¿Qué estás haciendo ahora mismo y cuán feliz eres?», las madres responden que están con sus hijos… ¡y que también están haciendo otras cosas! Es decir, están haciendo la cena, atendiendo a los grupos de WhatsApp de padres del colegio, están pensando en lo que tienen que hacer al día siguiente en la empresa, están respondiendo correos electrónicos e intentando enterarse de las noticias del día a través de la televisión, Facebook y Twitter.

Todo ello nos conduce a la pregunta que encabeza este capítulo. ¿Recordáis lo que ocurría cuando escuchabais dos o tres canciones a la vez? Si escuchabais vuestra canción favorita, experimentabais un placer enorme. Si escuchabais vuestra segunda canción favorita, también experimentabais un placer enorme. Y lo mismo con la tercera, cuarta y quinta canciones favoritas. Pero si las escuchabais las cinco a la vez, ¡el sonido era insoportable! Pues lo mismo ocurre con las otras actividades de la vida: jugar con los niños puede gustarte mucho. Mirar Facebook o cocinar, también, pero hacer las tres cosas al mismo tiempo te genera una ansiedad similar a la que experimentas escuchando dos canciones al mismo tiempo.

La solución al misterio de Kahneman es la siguiente: no es que a la gente no le guste ganar más de 75.000 dólares. ¡Claro que quieren ganar más! El problema es que, a partir de 75.000 dólares, para ganar más tenemos que complicarnos la vida haciendo muchísimas actividades. Y esto no nos genera bienestar adicional alguno. Al contrario, nos genera estrés, ansiedad y malestar. Esta es la razón por la cual cuando preguntas a las personas que ganan más de 75.000 dólares, su sensación de felicidad instantánea no es más alta por ganar más dinero. Ahora bien, cuando ha pasado el tiempo y solo queda la memoria redactada por el «yo narrador», resulta que el cerebro hace limpieza y olvida los malos momentos. Por este motivo, aunque en el momento de trabajar no experimenten más felicidad, los ricos tienen la percepción de ser más felices. O, dicho de otro modo, aunque el «yo experimentador» diga lo contrario, para el «yo narrador», el dinero sí nos da la felicidad.

12

Los datos de nuestra historia

El naufragio del *Essex*

12 de agosto de 1819. El ballenero *Essex* zarpa del pueblo de Nantucket (Massachusetts, EUA) con veintiún marineros a bordo, en un viaje que se prevé de dos años y medio. La tripulación es muy joven: el capitán del barco, George Pollard, tiene veintinueve años; el segundo de a bordo, Owen Chase, tiene veintitrés, y el marino más joven solo tiene catorce.

En el siglo XIX, la caza de ballenas es un negocio muy lucrativo. Su grasa está muy cotizada, ya que se emplea para las lámparas de aceite, para las velas y para engrasar las máquinas de la primera revolución industrial. De todas las grasas de ballena, la más apreciada es la de cachalote porque al quemar no produce nada de olor y, además, da una llama continua, sin parpadeos, muy adecuada para leer.

El capitán del *Essex* sabe que, en el Atlántico Norte, el océano de la costa de Massachusetts, ya casi no quedan ballenas debido a la sobreexplotación de las últimas décadas. Por esto planea un largo viaje hacia el sur del Pacífico. Y eso queda muy lejos. Cuatro meses después de zarpar, el *Essex* bordea el cabo de Hornos, en la punta sur de Chile, y llega a lo que sus marineros pensaban que era el destino: el océano Pacífico. Pero resulta que allí tampoco encuentra demasiadas ballenas. El capitán pone rumbo a las islas Galápagos, donde hacen escala antes de adentrarse en el océano más extenso e inhóspito del planeta. Después de cazar hasta trescientas tortugas que utilizarán para alimentarse unas cuantas semanas, zarpan en dirección oeste.

El 20 de noviembre de 1820 (más de un año después de haber salido de la costa de Massachusetts), los marineros avistan una gran familia de ballenas en el horizonte. La suerte les sonríe: ¡son cachalotes! Los balleneros se aprestan a bajar las cuatro barcas de pesca balleneras y, armados con arpones, empiezan la caza. El capitán Pollard se queda de guardia en el *Essex* supervisando la operación desde la distancia. El líder del grupo de cachalotes es un gigante de 30 metros, con una gran cicatriz en la cara. Tiene un comportamiento errático y parece violento. Los balleneros disparan los arpones contra todos los miembros de la familia de cetáceos que salen a la superficie. Uno de los arpones ha alcanzado al gigante de la cicatriz. Con el arpón clavado en el lomo, el cachalote se sumerge y desaparece durante varios minutos. Cuando vuelve a la superficie se encuentra a unos 500 metros del *Essex*, flotando inmóvil. Parece querer desafiar al capitán con su mirada. La cicatriz que le cruza la cara le dibuja una expresión de rabia, como si estuviera enfadado por la agresión que están sufriendo los suyos. Finalmente consigue cruzar su mirada con la del capitán, que lo observa atentamente desde el barco. Ambos están quietos y respiran nerviosos.

De repente, el gran cetáceo empieza a nadar a gran velocidad en dirección al barco. Pollard pone cara de incredulidad y se siente seguro: sabe que los cachalotes nunca atacan los barcos de los humanos. Pero aquella ballena se acerca a su barco a una creciente velocidad sin apartar la mirada de los ojos del capitán: 400 metros, 300 metros. Cuando se encuentra a 250 metros, Pollard empieza a darse cuenta de que aquella ballena no es como las demás y parece que sí va a embestir al *Essex*. Intenta maniobrar el gran barco ballenero para evitar un desastre. Pero el barco es demasiado lento. El cachalote nada cada vez más deprisa: 200 metros, 100 metros. Parece que la colisión es inevitable y Pollard es presa del pánico: sabe que están a 5.000 kilómetros del continente y que un naufragio tendría consecuencias horrendas para él y su tripulación. Gira desesperadamente la rueda del timón en un intento de esquivar al gigante marino. Cuando el cachalote está a tan solo 50 metros, sumerge la cabeza y desaparece bajo el agua. El silencio ensordece al capitán, aterrorizado. De pronto, una violenta sacudida lo tira por la borda. El gigante marino ha impactado con el ballenero. Pollard cae al agua y se hunde. Como puede, consigue nadar hasta la superficie, temiendo un ataque feroz del cachalote herido. Pero la bestia desaparece y abandona al capitán dentro del agua, como si supiera que le hará más daño si lo deja vivo que si lo mata. Mientras Pollard nada hacia el barco se da cuenta de que el cetáceo ha provocado un agujero catastrófico y que el *Essex* se irá a pique en cuestión de horas.

Desde la lejanía, los marineros ven que el barco empieza a hundirse; sueltan los arpones y reman hacia el *Essex* para intentar rescatar los instrumentos de navegación y toda la comida y agua posibles. ¡Todos saben lo que representa un naufragio en medio del océano Pacífico! Tres horas más tarde, el *Essex* descansa en el fondo del mar y los veintiún hombres permanecen aturdidos flotando dentro de cuatro barquitos de remo en la zona más remota de todo el planeta Tierra.

La situación de aquellos pobres miserables marineros es calamitosa. Si naufragar en aquel lugar hoy en día ya sería una catástrofe, en 1820 es mucho peor: los instrumentos de navegación son rudimentarios y los barcos de remos son para cazar ballenas, no para cubrir travesías de miles de kilómetros. Además, nadie en el mundo se ha enterado de su naufragio: no tienen radio, ni internet, ni teléfono, ni WhatsApp ni ningún sistema de comunicación. Saben que no llegará ninguna expedición de rescate. Están solos en alta mar. Pocas personas en la historia han estado más aisladas de otros seres humanos que aquel grupo de veintiún desdichados.

Después de analizar la situación, los marineros llegan a la conclusión de que tienen tres alternativas. La primera es remar hacia el oeste en dirección a las Marquesas, unas islas que actualmente forman parte de la Polinesia Francesa. Según sus cálculos, las Marquesas están a 2.000 kilómetros y es la tierra habitada más próxima. Creen que pueden llegar a ellas en menos de un mes, y tienen suficientes alimentos y agua para lograrlo. El problema es que uno de los marineros dice que ha oído rumores de que aquellas islas están pobladas por caníbales. Esto asusta al resto de la tripulación: no les apetece remar durante cuatro semanas para poner pie en tierra firme y acabar en la olla de unos salvajes.

La segunda opción es dirigirse hacia el norte en dirección a Hawái, un archipiélago que se encuentra a unos 3.000 kilómetros de distancia. Está un poco más lejos que las Marquesas, pero creen que también tienen suficientes alimentos y agua para llegar. El problema de navegar hacia el norte es que es la época de los tifones y ellos, marineros experimentados, saben que difícilmente podrán sobrevivir a una tempestad en el Pacífico con aquellas embarcaciones tan frágiles.

La tercera opción es ir hacia el este e intentar llegar a la costa de Chile. En este caso, el problema es que las corrientes y los vientos les van en contra y, para llegar hasta allí, primero tienen que navegar unos 1.000 kilómetros hacia el sur y luego 4.000 más hacia el este. Este trayecto tiene unos 5.000 kilómetros y puede durar hasta tres meses. No tienen bastantes alimentos ni agua.

Morir devorados por caníbales, morir ahogados en medio de una tormenta tropical o morir de hambre en el intento de llegar a la costa de Chile: estas son las tres alternativas a las que se enfrentan esos pobres desdichados. La idea de los dientes de los caníbales clavándose en sus carnes es tan atroz, que optan por no ir a las islas Marquesas. La imagen del reciente naufragio aún está tan viva en la memoria, que deciden no enfrentarse a los tifones de Hawái. Optan, pues, por la tercera opción: navegar hacia el sur y arriesgarse a morir de hambre y sed.

Al cabo de un par de meses, y después de haber sido atacados por una orca (que destruye una de las cuatro barcas) y un tiburón blanco, las provisiones empiezan a agotarse. Uno a uno, los marineros van muriendo por falta de agua y alimentos. Los primeros muertos son «enterrados» a la manera de los marinos: sus cuerpos son lanzados al mar, envueltos con la poca ropa que tienen. Finalmente, los supervivientes acaban comiéndose los cadáveres de los que mueren. ¡Ironías del destino! Quisieron evitar a los caníbales y han acabado canibalizándose entre ellos.

Cuando ya hace noventa días que el *Essex* se ha hundido, el barco ballenero *Dauphin*, que, curiosamente, también había zarpado de Nantucket, Estados Unidos, avista una barca a la deriva. Desde lejos parece vacía, pero al acercarse encuentran huesos humanos. Dos esqueletos están completos y a su lado hay una montaña de huesos. Los marineros deducen que los primeros hombres que murieron fueron devorados por el resto hasta que solo quedaron dos, que acabaron muriendo de hambre. Cuando intentan sepultar a las pobres víctimas, uno de los esqueletos enteros se mueve. Es el capitán Pollard. Él y el marinero que está a su lado han pasado tanta hambre y tanta sed que sus cuerpos son casi solo huesos, hasta el punto de que los marineros habían creído que estaban muertos. Pero aún están vivos y los marineros los llevan a su barco. Cuando recupera el conocimiento, Pollard explica que hay dos embarcaciones más a la deriva con otros tripulantes del *Essex*. Durante las tres semanas siguientes, los marineros del *Dauphin* se dedican a buscarlas hasta que consiguen rescatar con vida a seis marineros más. Entre los supervivientes está el segundo de Pollard, Owen Chase.

Al cabo de unos años, ya de vuelta a Nantucket, Chase escribe un libro en el que explica la tragedia de los hombres del *Essex*. Aquella narración acaba siendo una fuente de inspiración para un famoso escritor norteamericano, Herman Melville, que la utiliza para escribir una de las novelas más famosas y leídas de todos los tiempos. El protagonista de la novela no es, no obstante, ni Pollard, ni Chase ni ninguno de sus marineros. Tampoco lo es el *Essex*. La protagonista de la famosa novela es aquella gigantesca ballena violenta de mirada profunda con una cicatriz en la cara. Le pone el nombre de Moby Dick.

El stick de hockey

Todos hemos oído alguna vez que vivimos en un mundo calamitoso, plagado de catástrofes, y que, por culpa de un sistema económico que nos oprime, cada día hay más pobres, y la distancia entre ricos y pobres es cada vez mayor. «Antes, las cosas iban mejor», se lamentan muchos abuelos. En este capítulo analizaremos lo que nos dicen los datos sobre cómo va el mundo y lo haremos comparando los datos de hoy con los del pasado. Solo si utilizamos datos, y no prejuicios, supersticiones o rumores intencionados, podremos saber de verdad si el mundo mejora o empeora.

La mejor manera que tenemos hoy en día para evaluar los ingresos de los ciudadanos del planeta es el PIB per cápita. El producto interior bruto es la suma del valor de todos los bienes y servicios que se producen en una economía durante un año. El problema es que no podemos sumar el número de bicicletas fabricadas con el número de pizzas cocinadas, la cantidad de masajes hechos o de peras y manzanas recolectadas. Ya lo advierte el dicho: no se pueden sumar peras y manzanas. Para poder calcular la producción total de un país, lo que debemos hacer es convertirlo todo a una sola moneda. Por ejemplo, dólares:[1] multiplicamos el número de bicicletas por su precio en dólares y obtenemos el valor total en dólares de todas las bicicletas producidas. Hacemos lo propio con las pizzas, los masajes, las manzanas, las peras y todos los bienes y servicios finales producidos en la economía y obtenemos el valor en dólares de la producción de cada uno de estos bienes y servicios. Puesto que estos valores sí se pueden sumar (no se pueden sumar manzanas y peras, pero sí, en cambio, los dólares que valen las manzanas y las peras), los sumamos. El resultado de esta suma es el producto interior bruto (PIB): el valor de todos los bienes y servicios finales producidos en la economía en un año.

1. Lo podríamos calcular también en euros, pesos o en cualquier otra moneda. Aquí utilizaré dólares porque, a continuación, utilizaré datos de la Fundación Gapminder, de Suecia, que mide el PIB mundial en dólares.

Aunque parezca mentira, el concepto de PIB no se inventó hasta los años treinta del siglo XX, cuando estalló una gran crisis, conocida con el nombre de la Gran Depresión. Empezó con el crack de la bolsa de Nueva York en el año 1929: de repente, las autoridades norteamericanas se dieron cuenta de que la economía no iba bien, que los trabajadores perdían el trabajo y que miles de empresas cerraban. Les parecía que la situación era peor que en otras recesiones, pero no lo sabían con total seguridad porque nadie medía la actividad económica del país con suficiente precisión. Esto hizo que algunos economistas calcularan el producto interior bruto o PIB.

El PIB nos da una medida aproximada de lo que ha sido producido en un país, pero también nos muestra cuánto han ganado los ciudadanos de ese país durante un año. ¿Por qué? Pues porque cuando se produce una bicicleta, la empresa que la vende obtiene unos ingresos, con los que paga los sueldos de los trabajadores, los beneficios de los empresarios que han invertido capital en ella, y los intereses de los bancos que han prestado dinero a la empresa. Todo esto son ingresos para los trabajadores, los empresarios y los propietarios de los bancos. Además, con el dinero ingresado por la venta de la bicicleta, el fabricante paga los materiales empleados en la fabricación: los neumáticos, los pedales, el manillar, etc., y esto son ingresos para los fabricantes de estos componentes. Es decir, además de representar el valor de la producción hecha en una economía durante un año, el PIB también corresponde, más o menos, a la suma de todos los ingresos obtenidos por todos los trabajadores, empresarios y banqueros durante el mismo período. Podemos afirmar, pues, que la producción y los ingresos son, en realidad, las dos caras de la misma moneda.

Si dividimos el PIB total de una economía entre el número de ciudadanos, obtenemos el PIB per cápita, que es una medida aproximada de los ingresos que tienen, de media, los ciudadanos de un país. De hecho, si sumamos el PIB de cada país del globo y lo dividimos entre la población mundial sabremos cuánto ganan, de media, los ciudadanos del planeta Tierra. El resultado es que los terrícolas ganan en la actualidad el equivalente a 9.700 dólares de media.[2] ¿Cómo hemos llegado hasta aquí?

Pese a que la maldición del PIB no se implementó hasta la década de los treinta, los historiadores económicos han intentado calcular el PIB per cápita mundial aproximado para los distintos períodos de la historia hasta llegar al 8000 a.C. Esta es una fecha importante porque, más o menos, es cuando los humanos inventaron la agricultura, empezaron a abandonar la vida nómada de cazadores recolectores y formaron pueblos y ciudades para domesticar plantas y animales. Para poder compararlo, los historiadores han transformado los datos en el valor equivalente en dólares y a precios de hoy.

El resultado se puede ver en el gráfico siguiente, en el que se muestra el PIB per cápita mundial entre el 8000 a.C. y 2016. Hace 10.000 años, el PIB per cápita equivalía a unos 467 dólares actuales. Es decir, si los primeros habitantes de las ciudades hubiesen ingresado en dólares y sus ingresos los hubieran tenido que gastar con los precios que había en 2016, habrían ganado unos 467 dólares de media.

A partir de allí, el mundo siguió evolucionando. Se inventó la escritura, la rueda y el dinero, llegó la era de los metales (primero el bronce y después el hierro), se escribieron los libros sagrados (los Vedas indios, la Biblia cristiana o el Corán islámico), llegó la época del esplendor griego y latino… Pero el PIB per cápita cambió muy poco: los seres humanos continuaban siendo, de media, tan pobres como 8.000 años atrás. El mundo continuó evolucionando, cayó el Imperio romano, Europa quedó inmersa en la os-

---

2. Lógicamente, los norteamericanos han ingresado dólares, pero la gente del resto del mundo ha obtenido ingresos en sus respectivas monedas: los europeos han ingresado euros; los colombianos, pesos; los chinos, yuanes; los nigerianos, nairas, y así los ciudadanos de cada país han tenido ingresos expresados en la moneda propia. Para poder sumar todas estas cantidades, los economistas las han expresado —o «traducido»— previamente en dólares. Por esto no digo que los ingresos de los terrícolas son 9.700 dólares, sino el equivalente a 9.700 dólares.

curidad fundamentalista medieval y, de hecho, los humanos se empobrecieron un poco: de media, el PIB cayó hasta los 450 dólares anuales por persona. Marco Polo estableció vínculos comerciales con la China (en aquel tiempo líder tecnológico mundial), Gutenberg inventó la imprenta, Colón redescubrió las Américas y el Renacimiento llegó a Europa. Pero el PIB per cápita continuaba siendo prácticamente el mismo. Es decir, la curva del PIB per cápita mundial en el gráfico 1 es casi plana entre el 8000 a.C. y 1760. De hecho, cuando en el año 1760 empezó la Revolución Industrial en Holanda e Inglaterra, la media mundial casi no había cambiado en relación con la del 8000 a.C., ya que era de 650 dólares por persona. Vemos que, durante 9.700 años, los seres humanos vivieron, de media, con el equivalente a unos 500 o 600 dólares anuales: ¡si hoy ingresarais 500 dólares anuales y tuvierais que gastarlos con los precios de hoy, seríais extremadamente pobres y no os llegaría ni para comer! Pues esto es lo que ha tenido que hacer la humanidad a lo largo de casi toda la historia: vivir en un estado de pobreza extrema.

Gráfico 1. PIB per cápita mundial entre el 8000 a. C. y 2016 (equivalente en dólares de 2016)

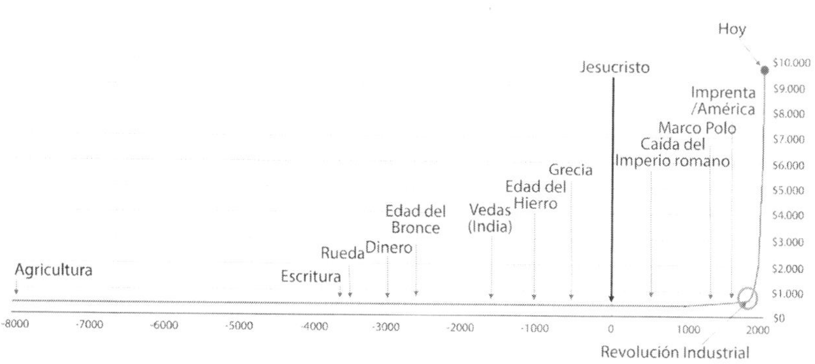

¿Qué significa ser «pobre»?

Ya sé que a muchas personas les gusta visualizar el pasado como un mundo idílico donde la gente era feliz sin las vicisitudes y las catástrofes que tenemos hoy en día. Pero reflexionemos un momento sobre cómo era la vida, por ejemplo, en la época medieval. Empecemos por la comida. A lo largo de la historia, la producción de alimentos ha sido más bien escasa, hasta el punto de que una gran parte de la población vivía bajo la amenaza constante de la hambruna. En aquel entonces no había supermercados donde comprar alimentos cuando la despensa estaba vacía. Los campesinos almacenaban la cosecha en silos y tenían que vivir todo el año con aquello. Cuando la producción no era suficientemente abundante, los alimentos se acababan antes de la cosecha siguiente y pasaban hambre hasta morir. Y esto era muy frecuente: la cosecha era mala por culpa de las guerras, los saqueos, las epidemias que mataban los cereales, los animales o los árboles frutales, o por las incidencias meteorológicas (sequías, inundaciones, granizos o heladas). Cuando la cosecha era buena, los campesinos simplemente llegaban al final del año sin pasar hambre, sin ningún tipo de lujo y sin posibilidad de ahorrar para comprarse una casita en la playa. Cuando la cosecha era mala, vivían en el umbral de la muerte bajo la amenaza del hambre y la penuria.

La dieta de aquella gente no era variada ni saludable. En Europa, básicamente comían cereales con los que elaboraban pan negro de cebada, centeno, trigo sarraceno, mijo o avena. En las Américas, el cereal básico era el maíz y en Asia, el arroz. La harina refinada para hacer pan blanco solo estaba al alcance de los más ricos. El 70 % de la dieta de la gente normal (es decir, los pobres) era este tipo de pan que mezclaban con vino, caldo o leche para hacer sopas. Carne, casi no comían. En la Europa medieval los pobres no tenían derecho a cazar perdices, patos, cisnes o codornices, ya que estos animales estaban reservados para que la nobleza y los ricos jugaran a cazar. Cuando se mataba un cerdo, los ricos se quedaban la carne blanca y los pobres se comían el hígado, las vísceras, los pies, las orejas y la sangre, con la que hacían salchichas. Los días de fiesta grande (como el día de la Navidad cristiana) se sacrificaba un gallo. Las bebidas comunes eran el vino o la cerveza. Beber agua era peligroso porque normalmente estaba contaminada y era portadora de todo tipo de enfermedades. Además, la cerveza era una de las pocas fuentes de proteína al alcance de los más desfavorecidos. Se calcula que en los países del norte de Europa se consumían hasta seis litros de cerveza diarios por persona. Así, pues, la sociedad estaba llena de gente esencialmente borracha todo el día. Por lo menos hasta que se introdujo el café y el té, que eran dos bebidas no alcohólicas que no eran peligrosas porque el agua se hervía y, de este modo, se eliminaban los gérmenes. Como no tenían neveras, solo se podía comer pescado en los pueblos costeros. El resto se tenía que conformar con pescado ahumado o salado (arenques o anchoas). En general, la gente comía dos veces al día: el almuerzo, que se hacía por la mañana tarde, y la merienda, antes de la caída del sol. Los únicos que desayunaban eran los niños y los enfermos. De hecho, desayunar era un signo de debilidad.

En resumen, la dieta que comieron los humanos a lo largo de la historia, por lo menos desde que se inventó la agricultura y hasta que llegó la modernidad, fue desequilibrada y muy pobre. Esto tuvo consecuencias devastadoras en la salud humana. La falta de vitamina C provocaba enfermedades como el escorbuto; la ingesta insuficiente de proteínas provocaba problemas en el crecimiento y el desarrollo muscular, enfermedades del hígado y falta de defensas contra todo tipo de infecciones. Una de las consecuencias de esta malnutrición era una esperanza de vida muy corta, de menos de cuarenta años (hablaré sobre este punto más adelante), y una estatura mucho menor que la actual, a pesar de que tenían nuestro mismo ADN.

En cuanto a las viviendas, es evidente que las casas de la Antigüedad no tenían internet, televisión ni aire acondicionado. Pero tampoco tenían retretes, electricidad ni agua corriente. ¡Ni agua caliente, como es lógico! De hecho, durante la mayor parte de la historia, los hogares no tenían luz artificial, ya que las velas y las lámparas de aceite eran tan caras que solo se las podían permitir las gentes acomodadas. Los suelos de las casas no tenían ni parquet, ni madera ni piedra. Eran de arena, con lo cual se convivía con todos los insectos y animales de la tierra. Las casas de la gente normal no tenían habitaciones separadas, de modo que todos los miembros de la familia vivían en una sola habitación, y dormían en el suelo sobre colchones de paja. Cuando hacía frío, llevaban los animales dentro de casa para que generaran calor. La historia del portal de Belén, donde nació el niño Jesús, donde no solo estaban el padre, la madre y el hijo, sino también el buey y la mula, no es una fantasía ideada por los poetas cristianos medievales, sino una descripción del sistema de calefacción que se empleaba en la época. Ah, y si tenían que hacer un pipí a media noche, tenían que salir de la cabaña y orinar a la intemperie (hiciera frío o calor) con el riesgo de ser devorados por lobos, osos o leones.

Debido a la ausencia de retretes y de sistemas de alcantarillado, los excrementos humanos y animales iban a parar a los ríos, y esta era una razón que explica que, en vez de beber agua, bebieran cerveza o vino. El agua no era potable y transmitía epidemias recurrentes de cólera, tifus o disentería.

Otro factor característico de tiempos pasados es la falta general de higiene: la limpieza con la que hoy en día nos gusta vivir no existía. En parte porque en las casas no había duchas, ni bañeras ni agua corriente. Tampoco había muchos de los productos que hoy consideramos normales y baratos, como el jabón, el champú o la pasta dentífrica, que entonces solo estaban al alcance de los más ricos, aunque estos tampoco los usaban: los «médicos» de la época creían en teorías totalmente equivocadas sobre la transmisión de las enfermedades, teorías que provenían de los médicos de la Antigua Roma. Creían que las epidemias eran producidas por unos «vapores miasmáticos» (o vapores contaminantes) que entraban en el organismo humano a través de los poros de la piel. Para evitar las enfermedades contagiosas, pues, era bueno acumular montañas de suciedad en la piel para tapar los poros: bañarse o ducharse (por no decir ya enjabonarse) era poco saludable porque dejaba los poros al descubierto. Se cuenta que al rey Luis XIII de Francia (siglo XVII) no lo bañaron hasta que tuvo siete años, y que la reina Elisabeth I (siglo XVI) solo se bañaba una vez al mes. ¡Y eso que era la reina y que, además, estaba considerada una friki de la limpieza y la higiene! Una gran parte de la gente normal no se bañaba jamás en la vida. Tampoco se lavaba el pelo, los dientes o las uñas. ¿Os imagináis cuánto debían apestar?

Todo esto cambió cuando científicos como Louis Pasteur descubrieron que aquellas epidemias no estaban causadas por «vapores miasmáticos» que entraban en el organismo por los poros de la piel, sino por gérmenes que vivían en la suciedad y que entraban en el organismo humano a través del agua contaminada. Las autoridades empezaron a separar las aguas fecales del agua de beber, «limpiaron» el agua añadiéndole pequeñas dosis de cloro y las personas empezaron a ducharse, bañarse y lavarse con regularidad (gracias también, en parte, a la aparición del jabón a precios asequibles para la población normal). ¡Las tasas de mortalidad empezaron a caer en picado!

Aparte de por la falta de higiene, la vida de la mayoría de los seres humanos a lo largo de la historia ha estado marcada por la falta de libertad y por la violencia, las guerras y las invasiones. Cuando una tribu, una ciudad o una nación invadía otra, los derrotados pasaban a ser esclavos de los vencedores y su cultura desaparecía, exterminada, para siempre. Los siervos medievales estaban atados a la tierra de su «señor» feudal, que los explotaba hasta el punto de pasar hambre, y no tenían la libertad de irse a otras tierras. Los líderes no eran elegidos, las leyes eran arbitrarias, la justicia no existía, y la indefensión de los pobres ante los poderosos era absoluta. ¡En todas partes! ¡Siempre!

Finalmente, dejadme hablar de los niveles de educación de la mayor parte de la población mundial: el analfabetismo ha sido la norma. Antes de que Gutenberg inventara la imprenta, los libros escritos a mano eran tan caros que solo estaban al alcance de la nobleza y el clero. Pero incluso después de la aparición de la imprenta y la consiguiente reducción de los precios de libros y periódicos, las tasas de analfabetismo de la población en general eran alarmantes. Los hijos de la gente normal no pisaban el colegio en toda su vida.

En resumen, a lo largo de la historia los seres humanos han vivido con la amenaza constante del hambre, con la muerte al acecho en cada esquina, sin libertades, sin acceso a la educación, al agua potable, a la medicina, a la propiedad, a la higiene ni a ninguna de las comodidades de las que hoy disfrutamos todos y cada uno de nosotros. Este era el panorama entre el año 8000 a.C. y 1760.

A partir de entonces, la situación dio un vuelco. De repente, en 1760, Inglaterra y Holanda iniciaron la revolución industrial: las nuevas tecnologías basadas en la máquina de vapor revolucionaron el mundo del textil y el transporte. Estados Unidos, el Norte de Europa y Japón no tardaron en sumarse a la revolución. Ya en el siglo XX, el cambio llegó a algunos países de América Latina y al resto de Asia y Europa. El PIB per cápita creció de modo memorable. El gráfico 1 (p. 277) muestra cómo después de la revolución industrial el PIB per cápita mundial aumentó vertiginosamente: de los 650 dólares que los humanos ganaban, de media, en 1760, se pasó a los 9.700 que ganan actualmente. Durante casi 10.000 años los ingresos medios de los seres humanos permanecieron estancados en alrededor de 500 dólares, y en los últimos doscientos cincuenta años los ingresos se han multiplicado por veinte. Si miráis el gráfico 1, veréis por qué llamo «stick de hockey» a la evolución del PIB per cápita en todo este período tan largo.

El crecimiento de la renta per cápita (o PIB per cápita) mundial de los últimos doscientos cincuenta años es, con toda seguridad, una de las noticias más importantes de la historia de la humanidad. Pero no por la espectacularidad de las cifras (aunque multiplicar por veinte la renta del individuo medio del planeta parece un hecho extraordinario en sí mismo), sino por lo que significa en términos de pobreza y en términos de cómo vivimos hoy en día en comparación a cómo hemos vivido a lo largo de la historia: el ser humano medio ya no vive en las condiciones deplorables en las que han vivido nuestros antepasados durante 10.000 años. Ya no vivimos con la amenaza permanente de la muerte por inanición o por beber agua contaminada, ya no vivimos con el miedo constante de que se mueran nuestros hijos por culpa de una epidemia de tifus, cólera o peste bubónica. Ya no vivimos en casas diminutas sin habitaciones, sin suelo, sin agua corriente, sin electricidad ni calefacción. De media, ya no vivimos en un mundo sin leyes ni libertad, sin educación ni acceso a médicos y medicamentos más o menos fiables.

Todo ello puede parecer sorprendente a todos aquellos analistas y demagogos que afirman que el «sistema económico actual» (basado en el «neoliberalismo salvaje»; no olvidéis nunca lo de «salvaje») causa mucha pobreza. ¡Como si antes la gente hubiera sido rica y ahora, por culpa de los mercados, mucha gente fuera pobre! Si esto fuera cierto, el gráfico del PIB mostraría un stick de hockey al revés: antes, todo habría sido fantástico y, desde que el sistema actual hubiera entrado en funcionamiento, la renta per cápita habría bajado y ahora tenemos una cantidad enorme de pobres. Lamentablemente para estos analistas, la realidad es exactamente la contraria: la norma histórica ha sido la de una pobreza alarmante, y solo cuando ha llegado el capitalismo, la renta media ha aumentado. Es cierto que aún no ha logrado que todos los pobres dejen de serlo… Pero, tal como veremos más adelante, ha logrado disminuir la pobreza a una velocidad nunca vista. No vivimos en un mundo perfecto, pero vivimos en un mundo que ha mejorado mucho en los dos o tres últimos siglos. Y esto debemos aplaudirlo sin ningún tipo de reserva.

Individuos y no medias: la distribución mundial de la renta

Decir que el PIB per cápita mundial se ha multiplicado casi por veinte entre 1800 y nuestros días significa que los ingresos que los seres humanos obtienen, de media, se han multiplicado casi por veinte. El problema de las medias es que, a veces, pueden dar ideas equivocadas de la realidad de un país o de un planeta. Uno de los chistes que los profesores de estadística explican siempre para alertar del problema habitual de las medias es que, «de media, los seres humanos tienen un testículo». En efecto, si calculamos la media de todos los hombres (que tienen dos) y todas las mujeres (que no tienen ninguno), nos sale que, de media, la humanidad tiene uno. El problema es que no hay casi nadie que tenga un solo testículo y, por tanto, la «media» no corresponde a ningún ser humano real, ni hombre ni mujer.

Con las medias económicas puede ocurrir algo parecido: si os digo que dos personas ganan, de media, 10 dólares cada día, no es lo mismo que una de ellas gane 19 y la otra 1, o que ambas ganen exactamente 10. Pero en los dos casos la media es la misma: ¡10 dólares al día! La diferencia es importante, sobre todo cuando queremos saber cuántos pobres hay en el mundo. En el año 2000, cuando las Naciones Unidas fijaron los objetivos del milenio, definieron que una persona en situación de «pobreza extrema» era aquella que cobraba menos de lo que hoy serían unos dos dólares al día.[3] Fijaos en que en el caso de que tuviéramos dos ciudadanos cobrando ambos unos 10 dólares al día, ninguno de ellos sería pobre. Ahora bien, en el caso de que uno cobrara 19 dólares y el otro 1, uno de ellos sería pobre (¡y el porcentaje de pobreza sería del 50 %!). La renta media es en ambos casos de 10 dólares al día, pero ¡en un caso no hay pobres y en el otro, sí!

Con los países pasa lo mismo. Imaginad un país de 5 millones de habitantes. Que la renta media sea de 10 dólares diarios puede significar que todos los ciudadanos del país ganan más o menos 10. Si fuera así, en este país no habría pobreza. El problema es

---

3. De hecho, en el año 2000 se situó el umbral de la «pobreza extrema» en 1,5 dólares al día. Lo que pasa es que, dado que los precios desde entonces han subido, con los precios actuales, el umbral de la pobreza sería de 1,93 dólares diarios.

que también podría pasar que la mitad de las personas ganaran 19 y la otra mitad, 1. La media seguiría siendo 10, pero en este caso el 50 % de la población estaría por debajo del umbral de la pobreza. O incluso podría pasar que hubiese 45 personas ricas que ganaran 1 millón de dólares cada día, y el resto de la gente ganara 1. En este caso, el 99,99 % de la población estaría en situación de pobreza extrema. Fijaos en que en los tres casos la media es de 10 dólares al día, pero en un caso no hay pobreza, en otro la pobreza es del 50 % y en el tercero es del 99,99 %. Así pues, si queremos hablar de la pobreza, hay que ir más allá de la renta media y se debe estimar los ingresos que obtiene cada ciudadano del mundo.

Una manera de visualizar gráficamente todos estos ejemplos es a través de las llamadas «distribuciones de la renta». Para entender lo que es una distribución, imaginad un conjunto de 10 personas que tienen los ingresos siguientes:

— Una gana 0,5 dólares al día
— Otra gana 1 dólar
— Cuatro personas ganan 1,5 dólares
— Dos ganan 2 dólares
— Una gana 2,5 dólares
— Ninguna de ellas gana 3 dólares
— Finalmente, una persona gana 3,5 dólares

Estos datos se muestran visualmente en el gráfico 2 (p. 286): cada persona está representada por un cuadradito. Puesto que hay una persona que cobra 0,5 dólares al día, ponemos un cuadradito en 0,5. Como hay otra que cobra 1 dólar, ponemos un cuadradito en 1 dólar. Como hay cuatro personas que cobran 1,5, ponemos cuatro cuadraditos (uno encima del otro) en 1,5 dólares. Y así sucesivamente hasta que los hayamos puesto todos. El resultado podemos verlo en el gráfico 2. Si trazamos también una línea que marca el umbral de la pobreza (2 dólares al día), vemos que el área total (el número de cuadraditos) representa la población y el porcentaje de esta área (el porcentaje de los cuadraditos) que queda a la izquierda de la línea de la pobreza es el porcentaje de pobres que hay en este país. Puesto que ocho de los diez cuadraditos (el 80 % del área total) están por debajo de la línea de pobreza, diremos que el 80 % de esta población de 10 personas vive en situación de pobreza extrema.

Gráfico 2. Ejemplo de distribución de la renta de 10 personas imaginarias

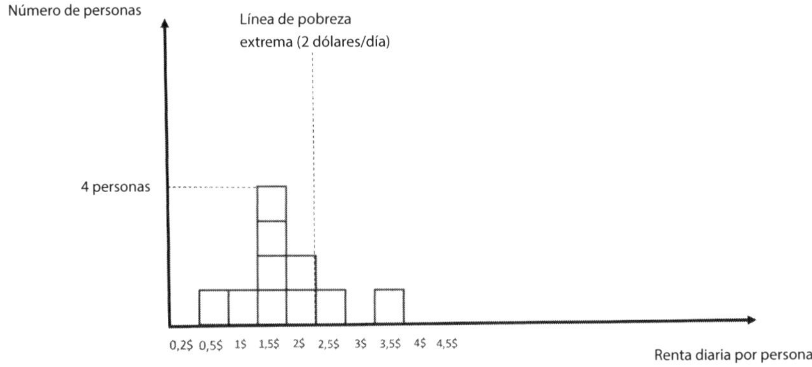

Si en vez de 10 personas tuviéramos 100, el gráfico sería similar, pero con 100 cuadraditos. En el gráfico 3 ponemos un ejemplo imaginario: hay 4 personas que ganan 0,2 dólares al día, 18 personas que ganan 0,5 dólares, 25 que ganan 1 dólar y así hasta llegar a una sola persona que gana 4,5 dólares al día. Si contáis los cuadraditos veréis que 86 de los 100 (el 86 % del área) están por debajo del umbral de la pobreza. Es decir, si estos datos correspondieran a un país real, el 86 % de la población viviría en situación de pobreza extrema. Un aspecto destacable es que la población es ahora mucho mayor que antes y las columnas son mucho más altas. A fin de poderlas introducir en un gráfico, fijaos en que hemos tenido que reducir la altura de cada cuadro (hasta el punto de que ahora ya no son cuadraditos, sino rectangulitos).

Gráfico 3. Ejemplo de distribución de la renta de 100 personas imaginarias

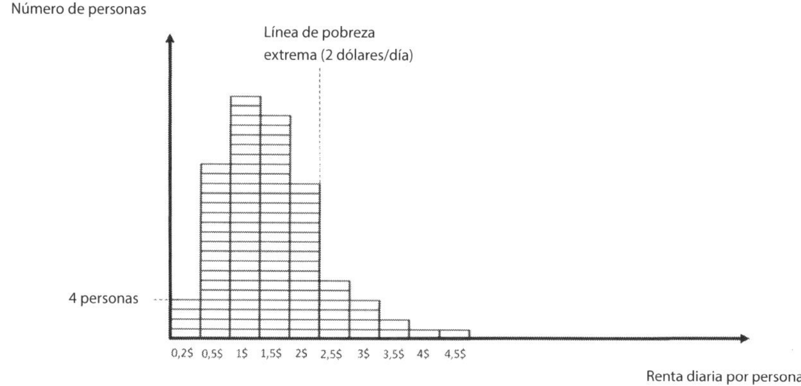

Si hacemos lo mismo para toda la población mundial, obtendremos la «distribución mundial de la renta». Dado que en el mundo hay miles de millones de personas, cada columna tendría millones y millones de pequeños rectángulos. Para que cupieran, tendríamos que ajustar la altura de cada rectángulo de modo que casi no se vería, pero la idea sería la misma: para cada nivel de ingreso, sumaríamos todas las personas que ganan un determinado nivel de renta diaria. Por ejemplo, para el nivel de 0,2, sumaríamos todas las personas del mundo que ganan 0,2 dólares al día. Como nos estamos refiriendo a toda la población mundial, tendríamos que sumar todos los chinos que ganan tal cantidad, más todos los indios, ghaneses, españoles, italianos, y así los ciudadanos de todos los países. Haríamos lo mismo para 0,5, 1 y 2 dólares, e iríamos subiendo hasta llegar a 1 millón de dólares al día. El resultado sería la distribución mundial de la renta.

La Fundación Gapminder, creada por el querido y malogrado profesor Hans Rossling, ha construido esta distribución para cada año entre 1800 y 2015.[4] El gráfico 3 muestra la distribución que había en el mundo en 1800, cuando la población mundial era de 1.000 millones de personas. Cada rectángulo que representa a una persona tiene una altura muy pequeñita (hasta el punto de que casi no se ve). La distribución tiene forma de campana, o quizá de joroba de dromedario. Esto significa que una pequeña cantidad de personas vivían con unos 0,2 dólares al día (la altura del gráfico, que representa la cantidad de gente que ganaba 0,2 dólares), una cantidad un poco más alta de gente ganaba 0,3 dólares y todavía un poco más ganaba 0,5, 0,6 y 0,7. Sin embargo, a partir de 0,7 la cantidad de gente baja: hay menos gente que ganaba 0,8 que 0,7, y aún menos que ganaba 0,9, y así sucesivamente. Vemos que en aquella época casi nadie ganaba más de 10 dólares diarios.

En el gráfico 3 también hay una línea de puntos vertical que corresponde al umbral de la pobreza (casi 2 dólares/día). Vemos que la mayor parte de la población estaba en la parte izquierda del umbral. De hecho, si miramos el porcentaje del área total que está por debajo del umbral de la pobreza, veremos que ¡el 85,9 % de la población mundial (repito, el 85,9 % de la población mundial) vivía en situación de pobreza extrema. Esto significa que, si el 85,9 % de la población mundial viviera hoy en día y pagara los precios que pagamos ahora, tendría que vivir con un salario inferior a 700 dólares (unos 600 dólares) anuales. ¡El 85,9 % de la humanidad! Es decir, antes hemos visto que, de media, la población de 1800 era muy pobre. Ahora vemos que esto no era un problema estadístico relacionado con las medias: la inmensa mayoría de la gente (el 85,9 %) era extraordinariamente pobre.

4. Fuente: <https://www gapminder org/tools/#_state_time_value= 1800;;&chart-type=mountain&locale_id=en>.

Gráfico 4. Distribución mundial de la renta en el año 1800

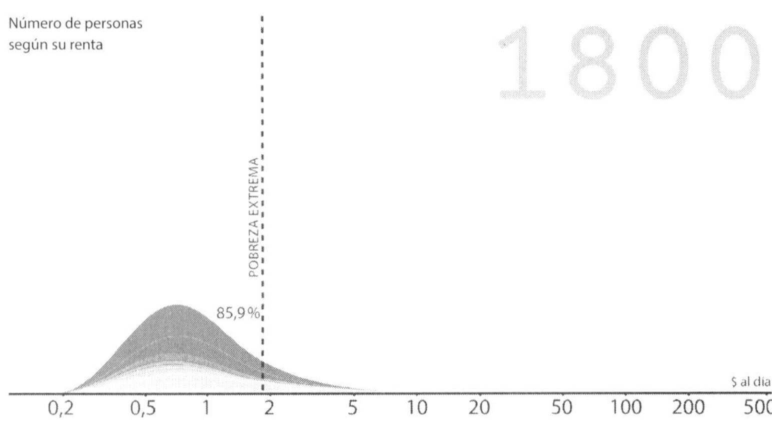

Ya he explicado que a partir de 1800 la renta per cápita (PIB per cápita) se disparó gracias a la revolución industrial: primero en Inglaterra y Holanda, después en Estados Unidos y el resto de Europa, más tarde en Japón y algunos países de América Latina y finalmente, ya durante el siglo XX, en Asia. El gráfico 5 muestra la distribución mundial de la renta de 1976, mucho más alta y ancha que la de 1800. Recordad que el área total representa el número de personas que gana cada nivel de renta. El hecho de que la altura sea mayor indica que en 1776 había mucha más gente que en 1800. Otra cosa que vemos es que una gran parte de la distribución «se ha desplazado hacia la derecha». En 1800 casi nadie ganaba 10 dólares diarios. En 1976, en cambio, mucha gente cobraba 10, 20, 30 e incluso 100 dólares cada día. Muchísima gente de todo el mundo era mucho más rica que en 1800. En tercer lugar, observamos que todavía hay muchísima gente por debajo del umbral de la pobreza. Ahora bien, el porcentaje de personas que están por debajo de 2 dólares al día ha caído a la mitad. De hecho, he decidido mostrar la distribución de 1976 porque es justo el año en que el 50 % de la población vivía por debajo de la pobreza.

Un aspecto que llama la atención del gráfico 5 es que la forma de joroba de dromedario que había en 1800 se ha convertido en una doble joroba de camello: la de la izquierda es donde estaban los pobres del mundo, viviendo con menos de 2 dólares al día. Entre ellos, casi todos los chinos, los indios y la mayoría de los africanos. Fijaos en que esta joroba está situada, más o menos, en el mismo lugar que ocupa la joroba de 1800. Para toda esta gente, los casi dos siglos que habían pasado desde 1800 no habían aportado ningún progreso en absoluto: ¡eran exactamente igual de pobres!

Gráfico 5. Distribución mundial de la renta en el año 1976

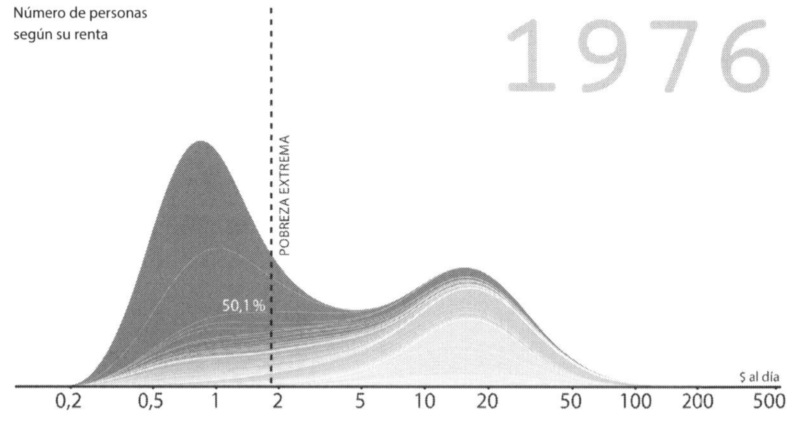

En la joroba de la derecha, situada en torno a los 20 dólares al día (o 7.000 dólares al año), se ubicaba la población de los países más ricos: Europa, Estados Unidos, Japón, Australia y algunos países de América Latina. Entre las dos jorobas había una especie de valle con relativamente poca gente. Es decir, en 1976 en el mundo había dos grupos bien diferenciados: el grupo (o joroba) de los pobres y el grupo (o joroba) de los ricos, con poca gente entre unos y otros. Aquella era una época en la que parecía que los ricos eran cada vez más ricos, mientras los pobres se quedaban igual. Lo que estaba pasando era que en los países que hacían la revolución industrial, la renta media aumentaba, y también lo hacía la renta de los pobres. Es decir, el nuevo sistema económico, tecnológico y social que comportaba la revolución industrial conseguía sacar de la pobreza a la mayor parte de la población. Por el contrario, en los países que todavía no habían hecho la revolución y que continuaban con sistemas económicos y tecnológicos del pasado, la población seguía siendo igual de pobre que en los 10.000 años anteriores.

La razón principal que explica que la joroba de la izquierda (la de la pobreza) sea tan alta es que los dos países más poblados del mundo, China e India, estaban entre los que se habían quedado rezagados. Ambos habían experimentado un sistema de planificación que no funcionó y acabó provocando que los 2.000 millones de personas que vivían en estos dos territorios estuvieran en situación de pobreza extrema.

Y —casualidades de la vida— justo en 1976, cuando la tasa de pobreza caía hasta el 50 %, el líder comunista chino, Mao Zedong, murió (por culpa del tabaco, ya que era fumador crónico, dicho sea de paso). Poco después, sus sucesores implementaron una especie de sistema capitalista en la China (del que hemos hablado en el capítulo «La propiedad») y los ingresos de centenares de millones de chinos empezaron a aumentar a un ritmo espectacular. Lo mismo ocurrió con los ingresos de centenares de millones de indios y de ciudadanos de otros países asiáticos (Malasia, Vietnam o Indonesia). A partir de 1995, incluso millones de ciudadanos africanos empezaron a verse también beneficiados por las reformas y los cambios tecnológicos que experimentaban sus países. Todo esto provocó que la distribución más reciente de la que disponemos, la de 2015, tenga un aspecto muy diferente de la de 1976. Podemos verla en el gráfico 6.

Gráfico 6. Distribución mundial de la renta en el año 2015

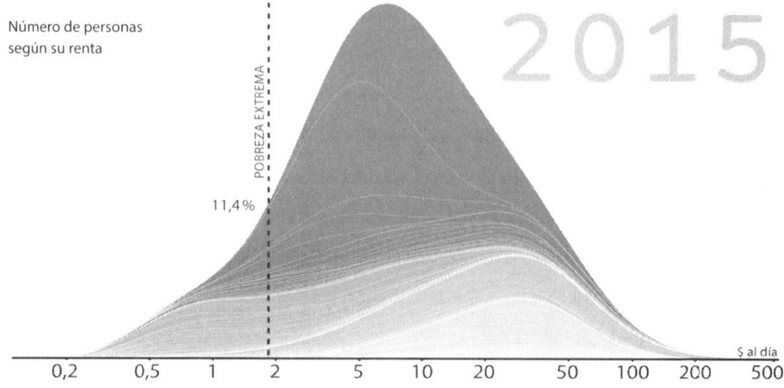

En primer lugar, llama la atención que hayan desaparecido las dos jorobas. El mundo ha dejado de ser un «camello» para volver a ser un «dromedario». La nueva joroba, sin embargo, no está situada por debajo de la línea de la pobreza, como en 1800, sino que está centrada sobre los 10 dólares al día. Esta nueva y gigantesca joroba representa la nueva clase media mundial, formada por los chinos, los indios, una gran parte de los europeos y americanos. Un segundo aspecto a destacar del gráfico 6 es que la mayor parte del área ya no se encuentra en el lado izquierdo del umbral de la pobreza sino en el derecho: actualmente solo el 11,4 % de la población mundial vive en situación de pobreza extrema. Esto es un progreso enorme, sobre todo si recordáis de dónde venimos: ¡en 1976 el 50 % eran pobres! Es decir, hace solo cuatro días (bien, cuatro días no, pero sí cuatro décadas), la mitad de los ciudadanos del mundo vivían en situación de pobreza extrema. Hoy, por el contrario, solo el 11,4 % viven en esa situación trágica. El progreso que ha experimentado la mayor parte de la humanidad ha sido casi milagroso: hemos pasado de tener el 85,9 % de la población mundial en situación de pobreza extrema en el año 1800, a tener el 50 % en 1976, y solo el 11,4 % en 2015. Sí, es cierto que en nuestro mundo todavía hay pobres, muy pobres, demasiados pobres que viven en las mismas condiciones deplorables de nuestros bisabuelos. Y tenemos que seguir esforzándonos para eliminar toda la miseria que aún queda. Pero esto no debe hacernos olvidar de dónde venimos: hace doscientos cincuenta años, el 85,9 % de la población mundial era pobre y hoy ya solo lo es el 11,4 %. La mayoría de nosotros hemos conseguido vivir en unas condiciones infinitamente mejores de lo que ha sido la norma a lo largo de la historia.

Desigualdades de renta

Las estimaciones de las distribuciones mundiales de la renta como las mostradas en los gráficos 4, 5 y 6 (y las distribuciones correspondientes a todos los demás años que no mostramos aquí, pero que podéis encontrar en la web de Gapminder) también permiten a los economistas calcular las desigualdades de renta. Las desigualdades de renta son las diferencias entre lo que ganan los diferentes ciudadanos del planeta Tierra. De alguna manera, las desigualdades se reflejan en la «distancia» que hay entre la población que está en la derecha del gráfico (los ricos) y la población que está en la izquierda (los pobres). Hay muchas maneras de calcular «distancias», es decir, desigualdades entre los diferentes ciudadanos del mundo. Afortunadamente, casi todas las mediciones indican más o menos la misma tendencia, que reproducimos en el gráfico 7. Entre 1800 y 1976, las desigualdades globales aumentaron constantemente. La razón es que un grupo reducido, pero cada vez mayor, de seres humanos vivían en países que experimentaban las revoluciones industriales: las reformas económicas e institucionales y los adelantos tecnológicos de estas revoluciones propiciaban que los ciudadanos de estos países fueran cada año más ricos e ingresaran más dinero. Eran la mayoría de los europeos, americanos y algunos asiáticos. Algunos ciudadanos de estos países se quedaban atrás, pero, sobre todo, los que se quedaban atrás eran los ciudadanos de los países que no introducían reformas ni progreso tecnológico. La distancia entre el primer grupo (los pobres que se quedaban igual) y el segundo grupo (los ricos que iban progresando) crecía año tras año. Por esta razón las desigualdades aumentaron a lo largo de los siglos XIX y XX.

Gráfico 7. Desigualdades mundiales de la renta de 1800 a 2015

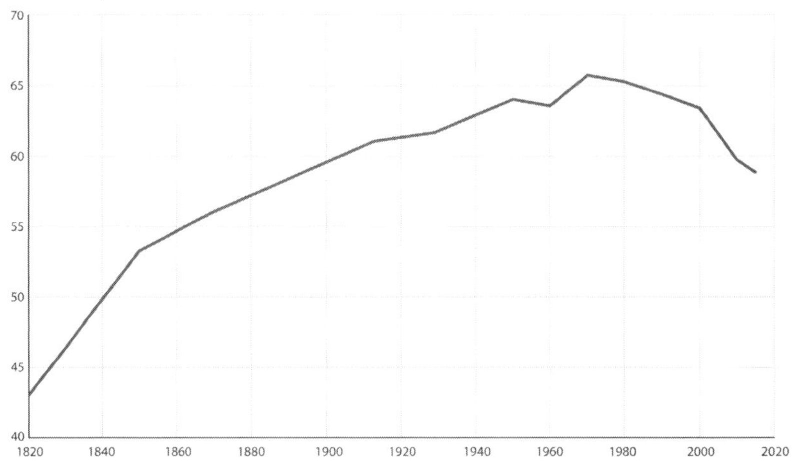

Esto nos lleva de nuevo al año 1976. ¿Os acordáis de las dos jorobas? Justo en aquel momento se produjo la máxima desigualdad en el mundo: la mitad de los habitantes eran pobres, en el sentido de que estaban por debajo del umbral de la pobreza, y la otra mitad estaban por encima. A partir de entonces se han producido las reformas en los grandes gigantes asiáticos, y los países más poblados del mundo han empezado a crecer. Los ingresos de centenares de millones de ciudadanos (sobre todo, pero no solo, los de los chinos y los indios) han aumentado entre un 10 y un 12 % anuales. Las rentas de los pobres se han ido acercando a las de los ricos a un ritmo vertiginoso que los economistas llaman «la gran convergencia»: debido al acercamiento de las rentas de la mayoría de los pobres (sobre todo asiáticos) al nivel de las rentas de los ricos, la brecha entre ricos y pobres ha empezado a estrecharse. Las desigualdades en el mundo se han ido reduciendo. Y esta es la situación actual: los grandes países asiáticos, liderados por China e India, siguen creciendo más que nosotros, los europeos o los americanos, y a consecuencia de ello las diferencias globales siguen bajando. Este proceso perdurará mientras China, India y el resto de Asia crezcan más que los países ricos.

Es verdad que las desigualdades dentro de los países (las distancias entre norteamericanos ricos y pobres, entre españoles ricos y pobres, y entre chinos ricos y pobres) han aumentado. Pero este aumento ha sido pequeño en comparación con la reducción registrada en las distancias entre países. Esto se puede ver comparando los gráficos de la distribución de la renta de 1976 y 2015 (gráficos 5 y 6): la distancia que había entre los ciudadanos ricos y los pobres del planeta disminuyó y sus dos jorobas se convirtieron en una. Al contrario de lo que muchos piensan, las desigualdades en el mundo no son cada día mayores, sino todo lo contrario. Es más, las desigualdades se están reduciendo… ¡por primera vez en la historia!

Mortalidad infantil

En 1847, en el Hospital General de Viena, uno de los mejores de la época, había dos grandes zonas de maternidad: la de los ricos y la de los pobres. Las comadronas eran las encargadas de ayudar a parir a las mujeres pobres. Los médicos, por su parte, se dedicaban exclusivamente a los partos de las mujeres ricas. Un médico de ese hospital, un húngaro llamado Ignaz Semmelweis, descubrió que las tasas de mortalidad, tanto de las madres como de los niños, eran mucho más altas en la zona de los ricos que en la de los pobres. Esto despertó su curiosidad, porque en principio médicos y comadronas seguían los mismos protocolos, y los médicos tenían más conocimientos y recursos para poder actuar en caso de complicaciones. Después de analizarlo todo, Semmelweis dedujo que el problema era que, además de ayudar a las mujeres ricas a dar a luz, los médicos se dedicaban a hacer investigación. Eso quería decir que alternaban los partos con las autopsias y con las investigaciones anatómicas que hacían con cadáveres humanos, y resulta que, entre una operación y otra, ¡no se lavaban las manos! La falta de higiene de los médicos era lo que explicaba las tasas de mortalidad superiores entre sus pacientes.

Semmelweis calculó que, si los médicos se lavaran las manos con agua con cloro después de trabajar con cadáveres y antes de tocar a las mujeres embarazadas, la mortalidad podía pasar del 18 al 2 %. Los médicos de la época encontraron insultante la sugerencia del doctor Semmelweis, hasta el punto de que, no solo lo despidieron sino que incluso consiguieron encerrarlo en un manicomio, donde acabó muriendo solo, pobre y completamente ignorado.

Desde la perspectiva de 2019, puede parecernos inimaginable que los médicos no cumplieran con una rutina tan elemental como lavarse las manos. Pero hoy sabemos cosas que antes se desconocían y que nos han hecho cambiar la manera de ver el mundo. Pocos años después de rechazar la sugerencia de Semmelweis, Pasteur descubrió los gérmenes, y su teoría pasó a ser la dominante en medicina. A partir de entonces, fue obvio que no lavarse las manos podía provocar la transmisión de microbios y causar las enfermedades de las que hablaba aquel pobre médico húngaro. Y, tal como había predicho Semmelweis, cuando los médicos se lavaron las manos, la mortalidad infantil empezó a caer en picado en todo el mundo.

En el gráfico 8 se ve la relación entre el nivel de renta o PIB per cápita de cada país y la mortalidad infantil. En el eje horizontal tenemos el PIB per cápita, y en el vertical, el número de niños que morían antes de llegar a la edad de cinco años por cada 1.000 nacidos. Cada país está representado por un círculo y la medida del círculo es proporcional a la población. Los más grandes corresponden a China e India. En el gráfico 8 mostramos los datos del año 1800. Vemos que todos los círculos se sitúan en la izquierda (el mundo era pobre) y arriba (morían muchos niños). Es interesante destacar que los países que tenían una mortalidad más baja están por encima de 300, y los que la tenían más alta, por encima de 500. Merece la pena indicar que los países que tienen una mortalidad más baja son los más ricos (y en aquella época los más ricos eran Inglaterra y Holanda, que encabezaban la revolución industrial) y los que tenían la mortalidad más alta eran asiáticos y africanos. Es importante constatar que, incluso los países más adelantados tenían una mortalidad superior a 300 por 1.000, es decir, ¡tres de cada diez niños morían antes de los cinco años!

Gráfico 8. Mortalidad infantil y renta per cápita en el año 1800

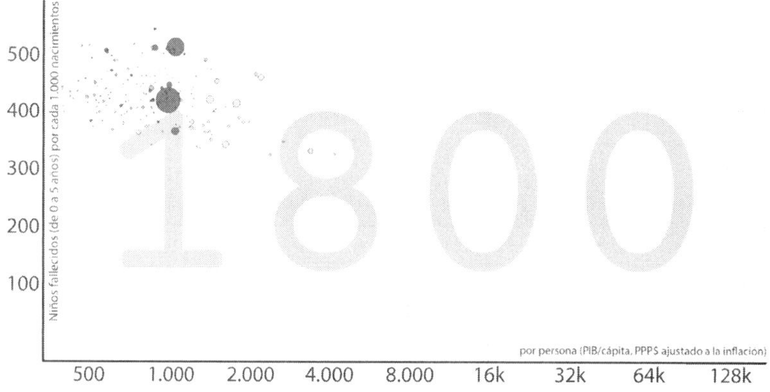

Es difícil imaginar una desgracia mayor que la pérdida de un hijo o una hija. Pues bien, en una época tan próxima a la era moderna como es el año 1800, ¡el 30 % de los niños morían! Entre 1800 y la actualidad han ocurrido muchas cosas. Ya he explicado que los médicos aprendieron que no lavarse las manos era una de las causas de la elevada mortalidad infantil. A esto le tenemos que añadir una constelación de adelantos médicos, como la aparición de las vacunas, que han ayudado a reducir o incluso erradicar enfermedades como la poliomielitis, las paperas, la viruela, la varicela o el sarampión, o el descubrimiento de los antibióticos. Si a esto le sumamos la mejora de la nutrición, de las condiciones de las viviendas, la higiene o la cloración del agua (de la que ya hemos hablado antes), el resultado es que la mortalidad infantil ha caído en picado en todos los países del mundo. En el gráfico 9, que muestra la relación entre mortalidad infantil y renta en 2015, vemos que todos los países del mundo están ahora por debajo de 150 niños fallecidos por cada 1.000 nacimientos. Recordad que en 1800 los países más avanzados presentaban una mortalidad por encima de 300. Hoy, los países más atrasados están por debajo de 150 (es decir, menos de la mitad de la cifra que registraban entonces los países más aventajados). La media mundial en la actualidad es de 45, y la mayor parte de los países adelantados están por debajo de 10.

Si tenemos en cuenta el sufrimiento que la muerte de una criatura comporta a los padres y los familiares, el enorme progreso alcanzado por la humanidad en la lucha contra la mortalidad infantil es, a buen seguro, uno de los factores que más ha contribuido en nuestro bienestar.

Gráfico 9. Mortalidad infantil y renta per cápita en el año 2015

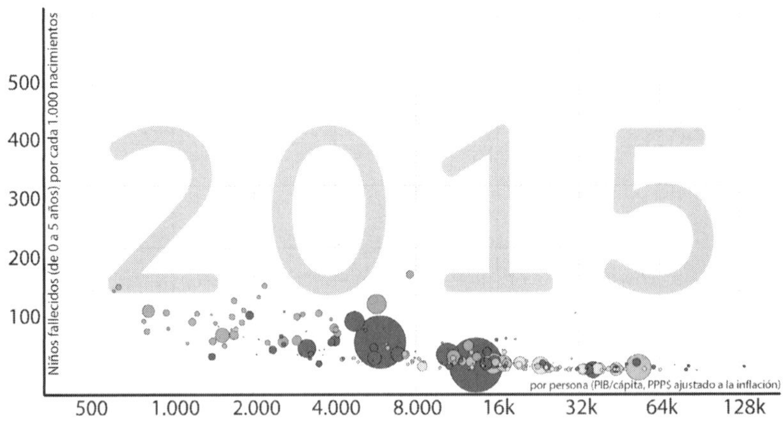

Salud: esperanza de vida

Además de progresar en lo económico y de reducir drásticamente la mortalidad infantil, los dos últimos siglos los humanos hemos disfrutado de una notable mejoría en nuestra salud. Una de las medidas de salud más ampliamente utilizadas por los científicos sociales es la esperanza de vida. El gráfico 10 muestra la relación entre el PIB per cápita y la esperanza de vida en 1800. Vemos que los puntos se concentran todos en la izquierda (éramos pobres) y abajo (vivíamos pocos años). De hecho, si nos fijamos en las cifras del eje vertical vemos que la esperanza de vida estaba entre los veintitrés años de India o Yemen, y los cuarenta y dos de Islandia. En la mayor parte de los países estaba alrededor de los treinta y siete.

Gráfico 10. Esperanza de vida y PIB per cápita en el año 1800

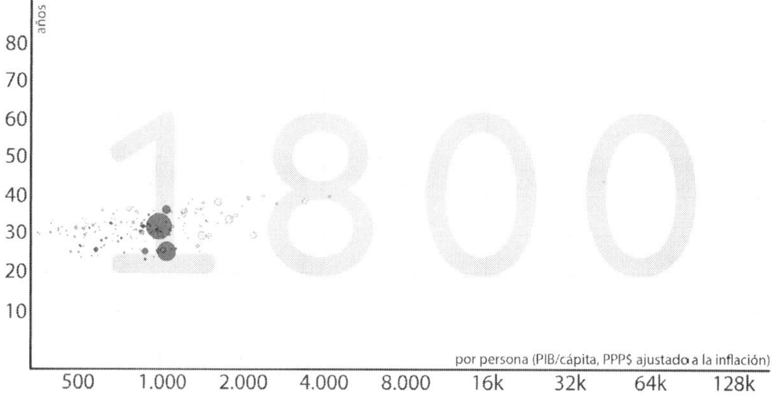

La esperanza de vida es la edad media a la que los ciudadanos de un país fallecen. Lógicamente, si hay muchos niños que mueren antes de llegar a los cinco años, la edad media baja. Es decir, no es que en 1800 todos los humanos se murieran a los treinta y siete años: había unos cuantos que llegaban a los sesenta o setenta, pero como había muchos que morían antes de llegar a los cinco, la media era muy baja. La disminución de la mortalidad infantil que hemos explicado en el apartado anterior ha contribuido a aumentar la esperanza de vida. Pero muchos de los progresos médicos, higiénicos y nutricionales que han permitido reducir la mortalidad infantil también han ayudado a que las personas que no morían antes de los cinco años vivieran vidas más largas y saludables. Hoy en día hay mucha más gente que llega a los ochenta, noventa o incluso cien años, que en el año 1800.

El gráfico 11 nos muestra la esperanza de vida en todos los países del mundo en 2015. La media mundial ha pasado de treinta y siete a setenta años. El país con la esperanza de vida más alta es Andorra, con ochenta y cinco años de media, seguido de Japón e Islandia, con 83,3. En el otro extremo tenemos los países africanos que están sufriendo la pandemia del sida (una enfermedad que mata a gente joven y sexualmente activa) como Lesoto, con cuarenta y siete años, o la República Centroafricana, con cuarenta y nueve.

Gráfico 11. Esperanza de vida y PIB per cápita en el año 2015

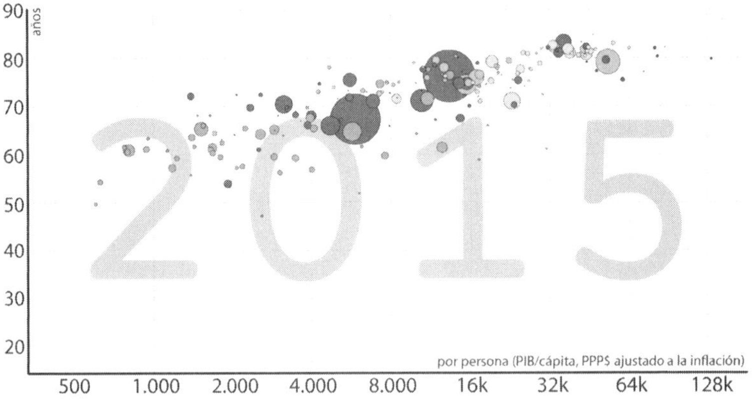

La natalidad

Otro dato importante que ha evolucionado mucho durante los últimos doscientos años es la tasa de natalidad o fertilidad, es decir, el número de hijos que cada mujer procrea de media. Todos hemos constatado en nuestras familias que la cantidad de hijos ha disminuido rápidamente en los últimos decenios. Pues bien, este fenómeno que observamos en nuestras casas es, de hecho, una tendencia global y casi universal. El gráfico 12 muestra la natalidad para cada país del mundo en el año 1800 en relación con el PIB per cápita del mismo año. Vemos que todos los países están en la izquierda (son pobres) y arriba (tienen muchos hijos). En 1800 las mujeres tenían entre cinco y siete hijos en casi todos los países. Una de las razones por las que las familias tenían tantos hijos era la elevada mortalidad infantil de la que hemos hablado antes: dado que una gran proporción de niños no llegaban a adultos, si los padres querían que dos de sus descendientes llegaran a la edad de reproducirse, debían tener cinco o seis hijos. Otra cosa que hay que mencionar y que se ve en el gráfico 7 es que los países que en 1800 eran relativamente más ricos tendían a tener tasas de natalidad relativamente menores. Y este es un dato importante: a medida que los países se vuelven más ricos, las mujeres tienen cada vez menos hijos.

Gráfico 12. Número de hijos por mujer y PIB per cápita en 1800

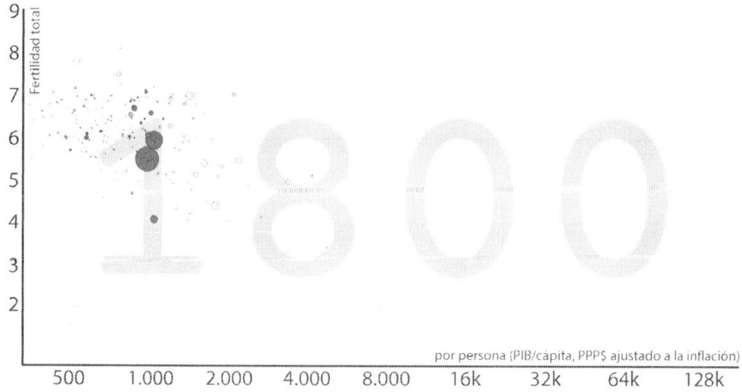

A lo largo de los siglos XIX y XX, la natalidad cayó progresivamente. El gráfico 13 nos muestra los datos más recientes que corresponden a 2015. Vemos que la situación ha cambiado radicalmente: en la mayor parte de los países, la natalidad es ahora de dos hijos por mujer. De hecho, hay muchos países donde la tasa de natalidad es inferior a 2. Es cierto que aún hay varios países, sobre todo africanos, con tasas de fertilidad próximas a 5, pero en vez de ser la norma, como en 1800, ahora son la excepción. Otra cosa que observamos en el gráfico 13 es que los países ricos siguen teniendo menos hijos que los pobres.

Que las mujeres de los países ricos tengan menos hijos que las de los países pobres nos puede parecer paradójico. Al fin y al cabo, las familias que tienen más dinero se pueden «permitir» tener más hijos. Pero la realidad es que los ricos no tienen más hijos, sino menos. Una de las posibles explicaciones es que, a medida que los países se enriquecen, las tecnologías se complican. Y para poder trabajar con tecnologías más sofisticadas, se necesita una educación superior. En las sociedades primitivas, para sobrevivir solo hacía falta tener un cuerpo con salud y poca cosa más, ya que el trabajo en el campo o en la fábrica no requería demasiada formación. Por esto los padres ponían a los hijos y a las hijas a trabajar a la edad de diez años. Hoy en día, con salud y sin educación casi no se puede encontrar trabajo. Para sobrevivir laboralmente con las tecnologías del siglo XXI hay que tener formación profesional o universitaria (y si uno tiene un par de másteres, aún mejor). Esto significa que los padres han de mantener a los hijos y las hijas durante muchos más años. Es decir, los costes de criar a los hijos han aumentado espectacularmente. Por esto, aunque las familias actuales sean más ricas que hace doscientos años (y, por tanto, puedan tener más hijos), los costes de criar a los descendientes también han aumentado, y lo han hecho hasta el punto que ahora los padres y las madres deciden tener menos hijos y darles más educación que hace dos siglos.

Gráfico 13. Número de hijos por mujer y PIB per cápita en 2015

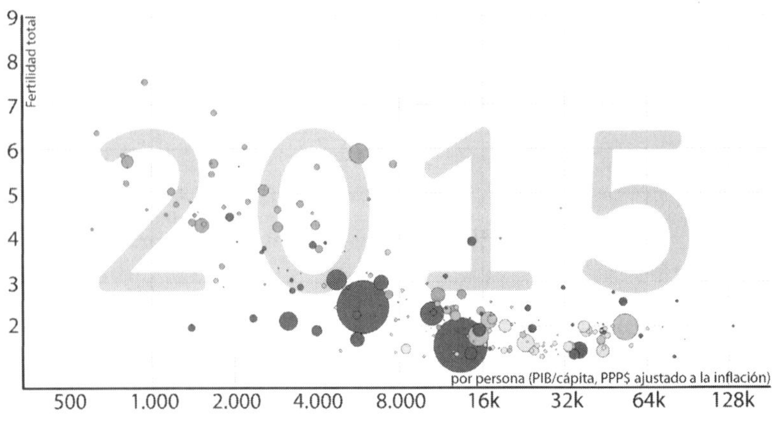

Población mundial

La natalidad, la mortalidad infantil y la esperanza de vida son tres elementos esenciales que nos ayudan a explicar la evolución de la población mundial a lo largo de la historia. Los historiadores han calculado que en el año 8000 a.C. en el planeta Tierra había solo 5 millones de seres humanos. Durante los siguientes ocho milenios, la población creció muy despacio. De hecho, cuando nació Jesús en el año 1, el planeta tenía 300 millones de habitantes. No se alcanzó la cifra de 1.000 millones hasta el año 1800. Es decir, tardamos 9.800 años en pasar de 5 millones a tener el primer millardo[5] de personas. A partir de entonces, la tendencia se aceleró y la población empezó a crecer exponencialmente, de modo que para alcanzar el segundo millardo no hubo que esperar 9.800 años más, sino 125 años. Es decir, en 1925 el planeta albergaba a 2.000 millones de seres humanos. Solo 35 años después, en 1960, llegó el tercer millardo. El cuarto tardó 14 años, y los siguientes tres tardaron 13, 12 y 13 años, respectivamente. En 2012, la población llegó a los 7.000 millones, y a día de hoy roza los 7.500.

Fijaos en que, al igual que el PIB per cápita que hemos visto al principio del capítulo, la población mundial también dibuja una forma de stick de hockey: ha permanecido más o menos plana entre el principio de los tiempos y el año 1800, y ha explotado espectacularmente entre 1800 y nuestros días. De hecho, no solo la cantidad de gente ha aumentado, sino que lo ha hecho a un ritmo cada vez más acelerado: entre el año 8000 a.C. y el año 1000, la tasa de crecimiento de la población fue del 0,05 %. Entre los años 1000 y 1800, la tasa aumentó un poco hasta el 0,055 %. Durante el siglo XIX, la tasa se multiplicó por 10 hasta el 0,5 % anual. Y entre 1900 y hoy en día, ¡la población ha crecido a un ritmo de 0,69 % cada año!

---

5. Un millardo son mil millones.

Gráfico 14. Población mundial entre 8000 a.C. y 2015

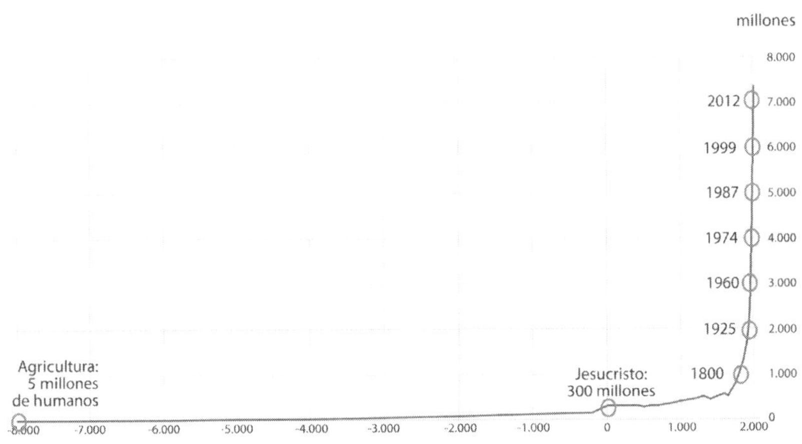

¿Por qué la población creció tan poco entre 8000 a.C. y 1800? ¡No será porque las mujeres no tuvieran hijos! De media, durante todos aquellos milenios, las mujeres tenían seis hijos a lo largo de la vida, es decir, casi tres veces más que las mujeres actuales. El problema es que cuatro de estos seis hijos morían antes de llegar a ser lo bastante mayores como para tener descendientes. Grosso modo, de cada pareja de padres solo quedaba viva una pareja de hijos. Y si a cada pareja de padres le sobrevive solamente una pareja de hijos, la población se mantiene más o menos constante (o aumenta muy lentamente). Fijaos en que esta estabilidad de la población humana se conseguía a cambio de una tragedia humana que hoy nos resulta difícil concebir: dos de cada tres niños morían antes de los quince años. ¿Os imagináis la infelicidad que causaba esta catástrofe? Si esto sucediera hoy en día estaríamos hablando de una crisis humanitaria sin precedentes. Pero esta fue la situación normal durante la mayor parte de nuestra historia.

Durante el siglo xx aparecieron todas las mejoras médicas, sanitarias e higiénicas que redujeron la mortalidad infantil. En aquella época ya no morían cuatro de cada seis niños, sino dos de cada seis. Pero las madres continuaban teniendo, de media, seis hijos (recordad que el primer gráfico de la tasa de fertilidad que hemos visto antes correspondía a 1800 y las mujeres tenían seis hijos de media). Es decir, una pareja de padres tenía seis hijos de media, de los que sobrevivían cuatro: de cada dos progenitores, sobrevivían cuatro hijos, ocho nietos, dieciséis bisnietos, etc.: la población crecía exponencialmente. Durante el siglo xx la mortalidad infantil siguió bajando hasta llegar casi a cero, lo cual contribuyó a que la población se disparara todavía más.

Este crecimiento acelerado de la población ha llevado a muchos analistas a predecir un futuro terrible para la humanidad: si proyectamos una línea recta que prolongue hacia el futuro lo que hemos vivido en el pasado, parece que llegaremos a tener 20.000 millones de personas en la Tierra y no habrá suficientes recursos naturales para que todas sobrevivan con dignidad, ¿no? ¡Pues no! Ya hemos visto antes que durante el siglo xx la media de hijos cayó en picado. De hecho, hemos visto que a principios del siglo xx las mujeres tenían dos hijos de media. Es decir, cada pareja de padres tenía una pareja de hijos y los dos sobrevivían (casi siempre) hasta llegar a los quince años. Dos padres, dos hijos, dos nietos, dos bisnietos: la población se estanca debido a la caída de la natalidad. Por tanto, estamos volviendo a una situación en la que la población crecerá muy poco, tal como pasó entre el año 8000 a.C. y 1800. Sin embargo, esta vez la estabilidad no se consigue por la tragedia de la muerte de millones de niños, sino gracias a la decisión libre de las madres y los padres de tener solo una pareja de hijos… de media. ¡El mundo es mucho más civilizado!

Teniendo en cuenta la tasa de natalidad de las mujeres hoy en día y la reducida mortalidad infantil en casi todos los países del mundo, los expertos calculan que la población crecerá hasta los 11.000 millones y después ya se estancará para siempre.

El mundo mejora, y mejora mucho…

En resumen, vivimos en un mundo que mejora y en el que cada día hay menos pobres, donde las desigualdades disminuyen, donde la mortalidad infantil cae en picado, la esperanza de vida aumenta y la natalidad se reduce. Para no inundaros con los datos estadísticos, no os mostraré las cifras de alimentación, hambre, violencia, guerras, libertad, democracia, educación o discriminación femenina. Simplemente os diré que nunca en el planeta había habido tantos alimentos, nunca tan poca gente había muerto de hambre y nunca tan poca gente había muerto de manera violenta por culpa de guerras y violencia interna. Nunca tanta gente había vivido en países democráticos y relativamente libres. Nunca tanta gente había vivido tantos años con buena salud. Nunca tantos niños habían ido al colegio durante tantos años. Y nunca las diferencias de escolarización entre niños y niñas habían sido tan bajas.

Sí, es cierto que el mundo en el que vivimos no es perfecto y que, en efecto, tenemos problemas graves. Entre los más importantes están los medioambientales, cuyas consecuencias todavía no entendemos suficientemente bien. También tenemos problemas éticos en nuestra relación con los animales, a los que negamos derechos y torturamos sin compasión. Pero esto no significa que el mundo no haya mejorado. Es más, ha mejorado a un ritmo que nuestros abuelos ni siquiera podían soñar.

… ¡pero la gente no lo sabe!: Proyecto ignorancia

Una de las cosas que apasionaba al profesor Hans Rossling era encuestar a la gente sobre el estado del mundo. Realizaba encuestas a transeúntes, estudiantes y profesores universitarios, a premios Nobel, profesionales, expertos y periodistas. El resultado alarmante que encontraba en todas las encuestas era que, en general, la gente creía que el mundo estaba mucho peor de lo que estaba en realidad. Y eso pasaba con los expertos y los no expertos, los profesores y los estudiantes, los periodistas y los premios Nobel: todos parecían ignorar el verdadero estado del mundo.

La pregunta es: ¿por qué normalmente las personas tienden a pensar que el mundo está peor de lo que está en realidad? La respuesta tiene que ver con la historia del *Essex* que he explicado al principio. Recordémosla: los marineros podían haber ido a las islas Marquesas, pero habían oído rumores de que allí había caníbales. Podían haber navegado hacia Hawái, poro allí había riesgo de tifones tropicales y la huella que el naufragio les había dejado en el cerebro era demasiado reciente. Por este motivo tomaron la decisión de navegar hacia el sur, donde les esperaba una muerte trágica, lenta y agónica de hambre y sed.

La imagen de los caníbales zampándoselos era tan atroz que descartaron ir a las islas Marquesas. Nadie tenía ninguna evidencia de que aquellos caníbales existieran de verdad. Pero el mero pensamiento de morir de una manera tan abominable les hizo optar por una muerte lenta pero conocida. Quizá ahora esta decisión pueda parecernos un poco estúpida, pero dejadme que os aporte un dato: en el mundo mueren cada año menos de diez personas por ataques de tiburón.[6] Sin embargo, las personas temen nadar a oscuras por miedo a ser devoradas por un tiburón. ¿Por qué? Seguramente porque a todos se nos quedó grabada la escena de la película *Jaws* (*Tiburón*) en la que una chica que nada desnuda en la oscuridad nocturna es devorada por un tiburón. En cambio, cada año mueren, de media, 1,3 millones de personas por culpa de accidentes de coche. Sí, sí: 3.300 personas mueren en accidentes de tráfico cada día, y esto no evita que muchos de nosotros conduzcamos después de beber vino o mientras leemos un whatsapp o el correo electrónico. Morir en un accidente de coche nos resulta más familiar que acabar siendo devorados por un tiburón y, por tanto, no nos da tanto miedo. En la historia del *Es-*

---

6. Se han contabilizado 548 muertos por ataque de tiburón en todo el mundo entre los años 1958 y 2016, esto es 9,45 muertes anuales de media.

sex, los tiburones son los caníbales, y los accidentes de tráfico, el morirse de hambre.

Para analizar esta situación, los psicólogos hablan del «sesgo de negatividad»: las noticias negativas, las tragedias o las crueldades tienen un impacto mucho mayor en nuestro cerebro que las noticias positivas. Una pequeña imagen negativa nos impide ver racionalmente la parte positiva de las cosas. En cambio, al revés no es verdad: una pequeña imagen positiva no nos impide ver su parte negativa. Imaginad, por ejemplo, un recipiente lleno de fresas rojas y sabrosas, un plato atractivo que nos despierta el apetito. Imaginad que, en medio de tanta frescura, de pronto entre las fresas aparece una cucaracha. Automáticamente, la estampa idílica y apetitosa se convierte en un cuadro repugnante. Si nos ocurre esto, seguramente tiraremos todas las fresas a la basura. ¡No se salvará ni una sola! Es como si la cucaracha hubiera contaminado todas las fresas, incluso las que nunca tocó. Imaginad ahora la situación contraria: un recipiente lleno de cucarachas es una imagen repugnante. Pero si, de repente, entre las cucarachas aparece una sola fresa, ¿os va a cambiar la percepción de las cucarachas del mismo modo que una sola cucaracha os ha cambiado la percepción del plato de fresas? ¡Seguro que no! Un recipiente lleno de cucarachas es repugnante tanto si hay una fresa como si no. Pues esto mismo ocurre con las noticias: las malas noticias (como las cucarachas) nos llaman tanto más la atención que las buenas (como las fresas), hasta el punto de que las eclipsan.

¿Por qué nos ocurre esto? ¿Por qué prestamos más atención a las malas noticias que a las buenas? Pues seguramente es culpa de la evolución. O más bien tendría que decir que es «gracias» a la evolución: nuestros ancestros son aquellos que, cuando oían un ruido en el bosque, pensaban que era un lobo o un oso y se escondían rápidamente. Es decir, son los que cuando oyeron cualquier noticia enseguida pensaron lo peor. Los valientes y los optimistas, que pensaban que el ruido «solo» era el viento o unos niños jugando, fueron sorprendidos por el lobo o el oso y fueron devorados, a pesar de que en el 99,9 % de las ocasiones no fuera verdad. Con tal de que una sola vez fuera un lobo y no el viento, el optimista que no prestó atención acabó devorado por la bestia y no se reprodujo. El que echó a correr, en cambio, sobrevivió y se reprodujo… y nosotros somos sus descendientes. Nuestros genes, por tanto, llevan una alarma que se activa ante las noticias negativas y que nos hacen pensar lo peor. Si hace diez años oímos que en África se pasaba hambre, aquella noticia nos quedó grabada en el cerebro y, aunque después alguien nos haya dicho que esto ya no es así, nuestro cerebro continúa recordando la parte negativa.

Naturalmente los periódicos, las radios, los canales de televisión y los expertos, sabedores de cómo funciona nuestro cerebro, nos bombardean constantemente con noticias negativas. Saben que es lo que más vende, lo que más oyentes y espectadores genera y, si eres un experto, lo que hace que la probabilidad de que te vuelvan a llamar para pedirte consejo sea más elevada. En definitiva, tenemos un cerebro predispuesto a ver la parte negativa del mundo y, para acabarlo de arreglar, lo alimentamos constantemente con noticias negativas. Las positivas ni tan solo aparecen en las noticias. Y, si aparecieran, no les concederíamos importancia.

No es de extrañar, pues, que todos pensemos que el mundo es mucho más desastroso de lo que es en realidad. Por esto es importante analizar los datos. Y la verdad es que los datos nos muestran, sin atisbo de duda, que la humanidad ha progresado y ha alcanzado niveles de bienestar inconmensurables. ¡Y esto debemos celebrarlo!

Epílogo

El cristal de Murano

En el prefacio he explicado la historia de aquel pequeño grupo de vidrieros que, en 1204, escapó de los horrores del saqueo de Constantinopla y se trasladó a Venecia. Cuando estaban haciendo fortuna en la próspera república europea, unas autoridades preocupadas por los incendios que causaban sus hornos los expulsaron y los obligaron a vivir en la isla de Murano, de donde no podían salir. De un modo totalmente involuntario, el duque de Venecia creó lo que hoy en día llamaríamos un «clúster del vidrio», del que surgió una de las innovaciones más importantes y que más impacto ha tenido sobre el bienestar de los seres humanos a lo largo de la historia: el vidrio transparente.

El vidrio transparente revolucionó el mundo de tal manera que hoy resulta difícil pensar cómo habrían sido nuestras vidas sin este material durante el último milenio. Sin el vidrio transparente, las lupas y las gafas no se habrían inventado y mucha menos gente habría tenido acceso a la cultura. Tampoco habríamos tenido microscopios, ni telescopios, ni habríamos descubierto los microbios que han causado epidemias y devastación a lo largo de los siglos, ni habríamos podido hacer la revolución científica que siguió al Renacimiento. Sin todos estos adelantos científicos y tecnológicos, las revoluciones institucionales e industriales que llevaron la prosperidad y la salud de la que hemos hablado en el último capítulo tampoco se habrían dado. Posiblemente, el porcentaje de pobres del mundo continuaría cerca del 85 %, más de tres de cada diez niños seguiría muriendo antes de llegar a los cinco años y la esperanza de vida continuaría siendo de menos de cuarenta años. ¡Quién iba a decir que una insignificante migración de vidrieros que huían del saqueo de Constantinopla, tan pequeña que pasó inadvertida por todos los historiadores y otros expertos de la época, acabaría cambiando de una manera tan determinante el destino de la humanidad!

En el capítulo 4 hemos hablado de lo que Nassim Talem llama «los cisnes negros»: aquellos episodios extraños que nadie cree que puedan suceder nunca hasta que acaban sucediendo. Y no solo acaban sucediendo, sino que acaban teniendo consecuencias enormes. El invento del vidrio transparente por parte de uno de los vidrieros exiliados a la isla de Murano es un ejemplo claro de cisne negro. Seguro que los expertos de la época decían que un vidrio completamente transparente no podía existir porque nadie había visto nunca ninguno, igual que los cisnes de color negro. Pero de la misma manera que los exploradores holandeses, al llegar a Australia, vieron cisnes negros, un vidriero de Murano descubrió un vidrio transparente que todos los sabios de la época decían que no podía existir. En efecto, en el siglo XIII ya vivíamos la tiranía de unos expertos incapaces de predecir nada que fuera importante. Al igual que los sabios del FMI, que no predijeron correctamente NINGUNA de las 220 recesiones que ha habido en el mundo desde 1999, los sabios de la historia no han podido predecir los grandes episodios que han configurado nuestro mundo: los caminos de la economía están repletos de curvas imprevisibles que nunca se sabe dónde nos llevarán.

Ahora bien, que no podamos predecir los giros del camino no significa que no podamos entender por qué ocurren las cosas. Una de las lecciones que he intentado transmitir a lo largo de este libro es que muchos de los fenómenos económicos que parecen incomprensibles se pueden entender. Eso sí, los tenemos que analizar con algo más de rigor, profundidad y amplitud que los cuñados superficiales o los opinadores aficionados.

Cuando lo hacemos, vemos, por ejemplo, que a menudo lo

más importante no es lo que se ve, sino lo que no se ve, o que las acciones de las autoridades acaban teniendo consecuencias inesperadas: el duque de Venecia exilió a los vidrieros a Murano porque quería evitar los incendios en la ciudad, y esto acabó revolucionando el mundo. Los ingleses dieron un premio a cualquier indio que les trajera la cabeza de una cobra muerta porque querían exterminar las serpientes venenosas, y, con esta medida, el número de serpientes en India aumentó en lugar de disminuir. Bush propuso aranceles a las importaciones de acero coreano para proteger los puestos de trabajo estadounidenses, pero el paro aumentó. De entrada, estas historias pueden parecernos sorprendentes e inverosímiles, pero una vez analizamos cómo la decisión afecta a los incentivos de los implicados, la lógica económica es todo menos inescrutable.

Otra cosa que he intentado en este libro, para no quedarme en el análisis superficial (y equivocado), es algo que quizá os haya sorprendido: he incorporado a la economía conceptos de otras disciplinas, como la psicología, la biología evolutiva, la antropología o la historia. Esto nos ha ayudado a entender cómo se comportan los seres humanos y por qué adoptan algunas decisiones que a primera vista parecen incomprensibles. Hemos analizado por qué la impaciencia puede resultar catastrófica para nuestros hijos y cómo los podemos ayudar a tener más autocontrol. También hemos estudiado por qué en unos países hay más estafadores y mentirosos que en otros, o el motivo por el que hacemos regalos y por qué nos cuesta tanto elegirlos. La historia y la antropología nos han ayudado a entender por qué las instituciones o las reglas del juego nos dicen cuáles son los países que progresan e innovan y cuáles los que se estancan y fracasan, o por qué todas las revoluciones industriales acaban creando más puestos de trabajo de los que destruyen. La psicología y la biología evolutiva también nos han ayudado a entender la relación entre el dinero y la felicidad, o por qué la mayor parte de la gente cree que el mundo va cada día peor cuando, en realidad, cada día va mejor.

Esto nos lleva a la última lección de la historia de los cristaleros de Murano: para entender el mundo en el que vivimos ahora es muy importante saber de dónde venimos. Los opinadores económicos hablan demasiadas veces sin tener en cuenta lo que dicen realmente los datos que arroja la historia. Por ejemplo, es evidente que en el mundo actual hay pobreza, desigualdades, niños que mueren antes de los cinco años. Los analistas que ignoran los datos y desconocen la historia observan el mundo actual, señalan estos problemas y llegan a la conclusión de que el sistema económico que tenemos no funciona y se tiene que cambiar porque genera pobreza, desigualdades, mortalidad infantil y obliga a muchas niñas a abandonar el colegio. Esta conclusión puede tener sentido si se saca una foto del mundo hoy y se analiza aisladamente.

Ahora bien, una vez observados los datos y viendo de dónde venimos, llegamos a la conclusión contraria: desde que tenemos el sistema económico que tenemos, la tasa de pobreza en el mundo se ha dividido por 8 (del 85,9 % en 1800 al 11 % en 2015), la mortalidad infantil se ha dividido por 10 (de más del 40 % en 1800 al 4 % en la actualidad), la esperanza de vida ha pasado de treinta y siete a setenta años en menos de dos siglos, y hemos pasado de un mundo en el que las niñas no iban al colegio a un mundo donde más de la mitad de los estudiantes universitarios son chicas. Y, por lo que respecta a las desigualdades, las diferencias entre ricos y pobres aumentaron mientras la parte de mundo que había adoptado la economía de mercado crecía, y la otra parte, que se había quedado en la Edad Media o había adoptado el socialismo, se quedaba atrás. Durante este período, que más o menos va de 1800 a 1975, la distribución mundial de la renta pasó de ser como la joroba de un dromedario pobre a las dos jorobas de un camello: en la joroba rica estaban los humanos que vivían en países con economías de mercado y en la joroba pobre estaban los que vivían en regímenes socialistas y feudales. A partir del momento en que estos últimos introdujeron reformas de mercado (hacia los años setenta), las desigualdades empezaron a bajar y las dos jorobas se convirtieron de nuevo en una sola. La diferencia es que, en esta ocasión, la joroba que ha quedado eliminada es la pobre, y no la rica, que es lo que había sucedido a lo largo de toda la historia.

Vemos, pues, que analizando los datos que nos muestra la historia, descubrimos que el sistema económico que tenemos nos ha permitido progresar como nunca lo habíamos hecho y que, en vez de destruirlo, lo que debemos hacer es el máximo esfuerzo posible para que llegue a los lugares del planeta a los que todavía no ha llegado. Ciertamente en el mundo todavía hay pobres, desigualdades, niños que mueren y niñas que no van al colegio, pero esto no significa que el mundo no haya mejorado, que no lo haya hecho muy rápidamente y que no lo haya hecho gracias al sistema económico que los analistas superficiales tanto critican. Igual que los libros que los monjes medievales escribían a mano, las lecciones que nos da la economía se ven mucho mejor cuando se observan los datos con lupa. Naturalmente, con una lupa… hecha con cristal de Murano.

Agradecimientos

Este libro es una adaptación literaria del programa *Economia en colors,* producido por El Terrat y emitido por TV3 entre el otoño de 2017 y el invierno de 2018. Quiero dar las gracias a todas las personas que hicieron posible el programa de televisión, empezando por los directores Oriol Bosch y Tian Riba, con quienes mantuve no pocas conversaciones que ayudaron a mejorar el texto. Ni Oriol ni Tian aceptaron nunca mis ideas acríticamente, y sus réplicas, preguntas y enmiendas parciales no solo ayudaron a hacer los guiones más claros, sino que también me ayudaron a pensar mejor sobre cada uno de los temas que trato en el libro.

También quiero mostrar mi agradecimiento a todo el equipo de rodaje (la gran y eficientísima Carolina Tebé, Albert Pericas —hombre parco en palabras con una agudeza intelectual hilarante—, el excazador de Pokémons David Mata y su oído perfecto, así como también Ana Escudero, Francesc Canals, Bernat Gras, Gerard Tàrrega y Aritz Sanjurjo) por las enriquecedoras discusiones que sostuvimos mientras íbamos en coche o comíamos en las distintas ubicaciones donde tuvieron lugar los rodajes. También estoy agradecido al resto del equipo de producción y postproducción (Xen Subirats —que este año no pudo acompañarnos tanto como nos hubiera gustado—, Rosa Bover, Jaime Ávila, David Vilar, Josep Serra, Ferran Gil, Oriol Querol, Xavi Dàvila, Jordi Joan Garcia, Jorgina Miralles, Jordi Bransuela, Mariona Mas, Celso Brandiaran, Òscar Vallejo, Froilán Lugilde, Julio César Chico, Isaac Martínez Nuño, Gemma Gil y Marc Mateu), por haber hecho posible la gran experiencia que fue *Economia en colors.*

Finalmente, quiero agradecer a todos los invitados al programa sus contribuciones, y a los alcaldes y alcaldesas de los pueblos y ciudades de Cataluña (además del de Bruselas) que acogieron el rodaje de distintas partes del programa con los brazos abiertos. Una mención especial para las autoridades de Sant Feliu de Guíxols, donde grabamos íntegramente el capítulo 12, por su hospitalidad y generosidad.